全球新能源发展报告
（2022）

GLOBAL NEW ENERGY
DEVELOPMENT REPORT 2022

国家能源集团技术经济研究院　编

社会科学文献出版社
SOCIAL SCIENCES ACADEMIC PRESS (CHINA)

全球新能源发展报告

编委会

主　任　孙宝东
副主任　王雪莲
委　员　倪　伟　李俊彪　贾海燕　姚　云　刘长栋
　　　　迟东训　朱吉茂

编写组

主　编　张　帆
成　员　滕霄云　潘　莹　米剑锋　肖玲娟　刘大正
　　　　姜大霖　刘姝威　李　兴　吴　璘　李　涛
　　　　张景开　高　华

编者语

2022年，全球性疫情的持续与俄乌冲突等事件导致全球能源产业链发生深刻的改变，这在一定程度上是迈向更安全、更清洁能源体系的历史转折点。

尽管全球存在诸多不确定性，但是新能源各行业保持增长，并持续获得发展动力。欧洲加速清洁能源转型，提出了更高的清洁能源发展目标；美国的《通胀削减法案》明确拨款补贴清洁能源；日本出台绿色转型（GX）计划……面对复杂严峻的外部环境和新冠病毒感染疫情新发多发的压力，中国风电、光伏发电装机规模继续领跑全球，新能源各行业继续高质量跃升发展，大型风电、光伏发电基地快速建设，屋顶光伏项目继续快速推进，海上风电加速建设……

2022年也是《全球新能源发展报告》推出的第六年。本书完稿于2022年下半年，在风电、光伏发电全面进入平价时代后，新能源各行业仍在飞跃发展，我们希望通过这项工作，尽可能持续地记录全球新能源各行业的历史踪迹。我们继续对2021年及之前的历史数据进行了全面梳理和重点归纳，希望尽可能展现全球新能源各行业发展的面貌。本书涵盖了风电、太阳能发电、储能、氢能四大行业，并以专题讨论的形式对当前热点话题展开理性分析。限于作者水平，书中难免存在疏漏与不足，恳请各位读者谅解、批评和指正！

本书的编写得到业内专家的悉心帮助与大力支持，在此表示衷心感谢！

编　者

二〇二二年十一月

目 录

第一章 全球风电发展现状与前景展望

一 全球风电发展现状与特点 ………………………… 3
（一）装机容量 …………………………………… 3
（二）发电量 ……………………………………… 8
（三）成本 ………………………………………… 11
（四）技术 ………………………………………… 15
（五）企业 ………………………………………… 17

二 中国风电发展现状与特点 ………………………… 20
（一）装机容量 …………………………………… 20
（二）发电量 ……………………………………… 24
（三）成本 ………………………………………… 27
（四）技术 ………………………………………… 29
（五）市场与企业 ………………………………… 32

三 前景展望 …………………………………………… 37
（一）全球 ………………………………………… 37
（二）中国 ………………………………………… 43

第二章 全球太阳能发电发展现状与前景展望

一 全球太阳能发电发展现状与特点 ………………… 60
（一）装机容量 …………………………………… 60

（二）发电量 ·· 67
　　（三）成本与投融资 ··· 69
　　（四）技术与制造 ·· 73
　　（五）国际贸易摩擦 ··· 80
二　中国太阳能发电发展现状与特点 ························· 82
　　（一）装机容量 ··· 82
　　（二）发电量 ·· 83
　　（三）政策 ·· 85
　　（四）成本、融资与电站交易 ··························· 88
　　（五）技术和制造 ·· 92
　　（六）市场与出口 ·· 95
三　前景展望 ·· 99
　　（一）全球 ·· 99
　　（二）中国 ···106

第三章　全球储能发展现状与前景展望

一　全球储能市场发展概况 ······································120
　　（一）基本情况 ··120
　　（二）抽水蓄能发展现状 ·································121
　　（三）新型储能发展现状 ·································128
二　中国储能产业发展状况 ······································153
　　（一）基本情况 ··153
　　（二）抽水蓄能发展现状 ·································155
　　（三）新型储能发展现状 ·································158

（四）产业发展趋势 …………………………………… 166

第四章 全球氢能产业发展现状与前景展望

一 全球氢能产业发展动态 …………………………………… 177
（一）发展现状 …………………………………… 177
（二）主要国家和地区发展概要 …………………………………… 180

二 中国氢能产业政策发展概况 …………………………………… 186
（一）国家层面的相关支持政策 …………………………………… 186
（二）地方层面的产业规划 …………………………………… 194

三 产业规模 …………………………………… 195
（一）燃料电池汽车产销规模 …………………………………… 195
（二）氢气生产供应规模和格局 …………………………………… 196
（三）基础设施建设规模和格局 …………………………………… 198

四 中国氢能产业重点环节分析 …………………………………… 201
（一）制氢 …………………………………… 201
（二）储氢与加氢站 …………………………………… 205
（三）燃料电池系统及零部件等 …………………………………… 207

五 中国重点企业趋势分析 …………………………………… 210
（一）能源企业 …………………………………… 210
（二）上市公司 …………………………………… 213

六 产业发展趋势 …………………………………… 222

专题讨论之一：全国碳市场启动一周年回顾 …………………………………… 225
专题讨论之二："东数西算"工程与西北风光大基地的协同发展

分析 ……………………………………………… 235
专题讨论之三：CCUS全流程技术发展研究 ……………… 243
专题讨论之四：全国戈壁沙漠新能源资源调查及新能源基地
规划分析 ……………………………………… 255

附录：统计数据 ……………………………………… 273
图表索引 ……………………………………………… 325

第一章
全球风电发展现状与前景展望

一 全球风电发展现状与特点

（一）装机容量

2021年，全球风电新增装机容量达93.6GW，创历史第二高，较2020年减少1.8%。截至2021年底，全球累计装机容量达837GW，同比增加12.3%。其中，陆上风电新增装机容量72.5GW，同比下降18.0%，累计装机容量780GW；海上风电新增装机容量21.1GW，同比增长205.8%，创历史新高，累计装机容量57GW（见图1-1）。

图1-1 2011~2021年全球风电新增装机容量和累计装机容量

资料来源：全球风能协会（GWEC）。

1. 亚太地区引领全球风电发展，新增装机容量前5名的国家占比下降

2021年，得益于中国继续高速发展和越南的强劲增长，亚太地区再次成为全球风电增长引擎，新增装机容量占全球新增装机容量的58.9%，比2020年下降1个百分点。因美国新增装机容量的大幅下降，北美洲地区的占比下降3.3个百分点至14.3%。欧洲、拉丁美洲、非洲和中东地区的风电新增装机容量创历史新高，新增装机容量占比分别是18.6%、6.2%、1.9%（见图1-2）。

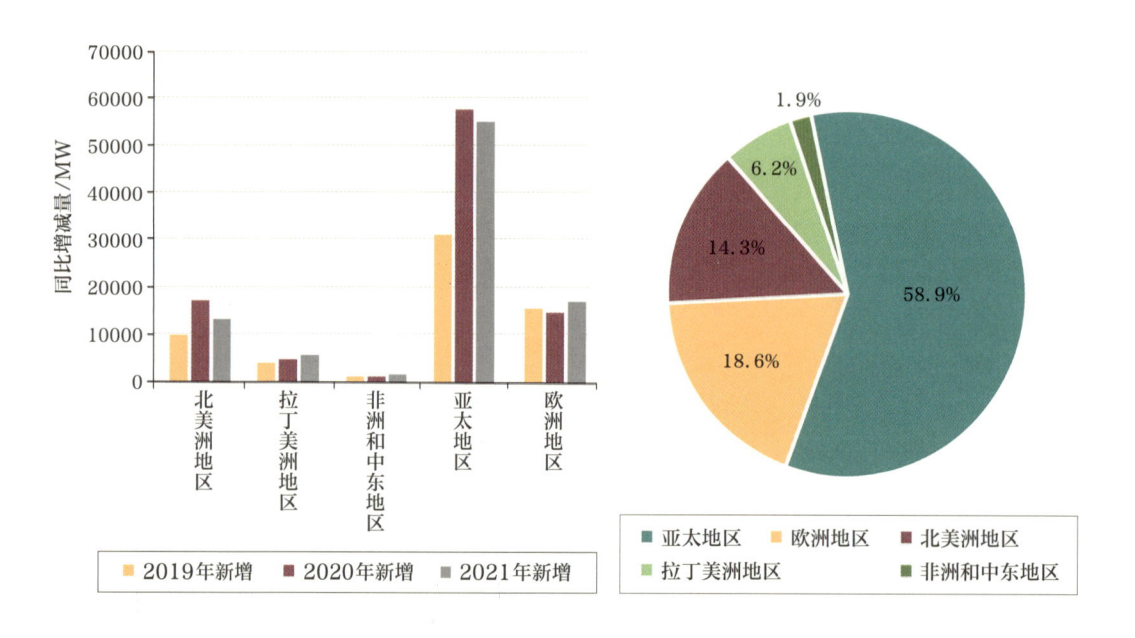

图1-2 2021年全球风电新增装机容量分布情况

资料来源：全球风能协会（GWEC）。

随着风电新兴市场装机容量的快速增长，2021年新增装机容量前5名的国家新增装机容量占全球新增装机容量的74.3%，较2020年下降6.8个百分点。新增装机容量前5名的国家由高到低依次是中国（47.6GW）、美国（12.7GW）、巴西（3.8GW）、越南（2.7GW）和英国（2.6GW）。

累计装机容量前5名的国家与2020年一致，仍是中国、美国、德国、印度和西班牙，累计装机容量分别是338.3GW[①]、134.4GW、64.5GW、40.1GW、28.2GW。这5个国家累计装机容量占全球累计装机容量的72%，较2020年下降1个百分点。

2. 中国和美国陆上风电新增装机容量同比下降

因中国和美国陆上风电开发速度放缓，2021年全球陆上风电新增装机容量为72.5GW，同比下降18%。欧洲、拉丁美洲、非洲和中东地区的陆上风电新增装机容量达历史最高水平（见图1-3）。截至2021年底，全球陆上风电累计装机容量达到780GW。

图1-3 2020～2021年全球各地区及主要国家陆上风电新增情况
资料来源：全球风能协会（GWEC）。

2021年，亚太地区陆上风电新增装机容量达37.5GW，同比下降

[①] 该数据来自全球风能协会，因统计口径不同，与中国国家能源局发布的328.5GW有所不同。

31.0%，主要原因是中国陆上风电新增装机容量的大幅下降。尽管2021年中国陆上风电新增装机容量为30.7GW，亦是除2020年之外的最高装机容量，但是与最后一年有补贴的2020年相比，仍下降39.4%。值得一提的是越南，在越南固定电价补贴（FIT）政策（2021年10月底到期）的推动下，2021年陆上风电新增装机容量为2.7GW，同比增长21倍，是全球增长最快的国家，也是全球新增装机容量排名第四的国家。澳大利亚因电网延迟问题得到解决，2021年陆上风电新增装机容量达1.7GW，同比增长59.2%，创历史新高。印度新增1.5GW，同比增长30.4%。

2021年，北美洲地区陆上风电新增装机容量13.4GW，同比减少3.7GW，主要是由于美国供应链等问题导致部分陆上风电项目延期，同时，2021年6月，美国国家税务局决定将2016年到2017年开工建设项目的并网期限再延期一年，即2016年开始建设的项目在2022年前并网，即可享受100%美国生产税收抵免（PTC）机制补贴。因此，2021年美国陆上风电新增装机容量为12.7GW，同比下降24.6%。

2021年，欧洲地区陆上风电新增装机容量达14.1GW，同比增长19.1%，超过历史最高水平。其中，瑞典是新增规模最大的欧洲国家，达2.1GW，是2020年新增装机容量的2倍。德国从2018年开始，因其烦琐的审批流程，陆上风电新增装机容量大幅减少，近两年审批流程得到一定程度的优化，陆上风电新增装机容量不断增加，2021年新增装机容量为1.9GW。土耳其新增1.4GW，略高于2016年创下的历史最高纪录。法国新增1.2GW，同比下降9.6%，自2017年达到历史最高水平（1.7GW）以来，法国陆上风电新增装机容量一直呈下滑趋势，项目核准壁垒不断增加给法国风电行业发展带来不利影响。

2021年，拉丁美洲地区陆上风电新增装机容量达5.8GW，同比增长27.3%。巴西是拉丁美洲增长的主要驱动力，巴西陆上风电新增装机容量达3.8GW，同比增长66.7%，创历史最高纪录。巴西风资源条件较好，风电具有较强竞争力，2014年后，每年的陆上风电新增装机容量基本在2GW，但2019年由于新冠病毒感染疫情等原因，部分项目建设延期，新增规模大幅下降，延期的项目主要集中在2021年和2022年并网。不利的政策环境和经济不稳定导致墨西哥和阿根廷2021年新增装机容量分别为473MW和669MW，分别下降17.6%和34.0%。

2021年，非洲和中东地区陆上风电新增装机容量达1.8GW，同比增长119.8%。除了埃及和南非，越来越多的非洲国家开始建设风电项目。肯尼亚的首个102MW的风电项目于2021年并网成功。

3. 海上风电新增装机容量创历史新高

2021年，全球海上风电新增装机容量21.1GW，同比增长205.8%，创历史新高。新增装机容量主要来自亚太和欧洲地区，其中亚太地区新增装机容量为17.8GW，占总新增的84.4%；欧洲地区保持稳定增长，新增3.3GW，占比为15.6%。截至2021年底，海上风电累计装机容量达57GW（见图1-4），占全球风电累计装机容量的6.8%，较2020年增加2个百分点。

新增

- 挪威 0.01%
- 荷兰 1.8%
- 丹麦 2.9%
- 越南 3.7%
- 英国 11.0%
- 中国 80.6%

21.1GW

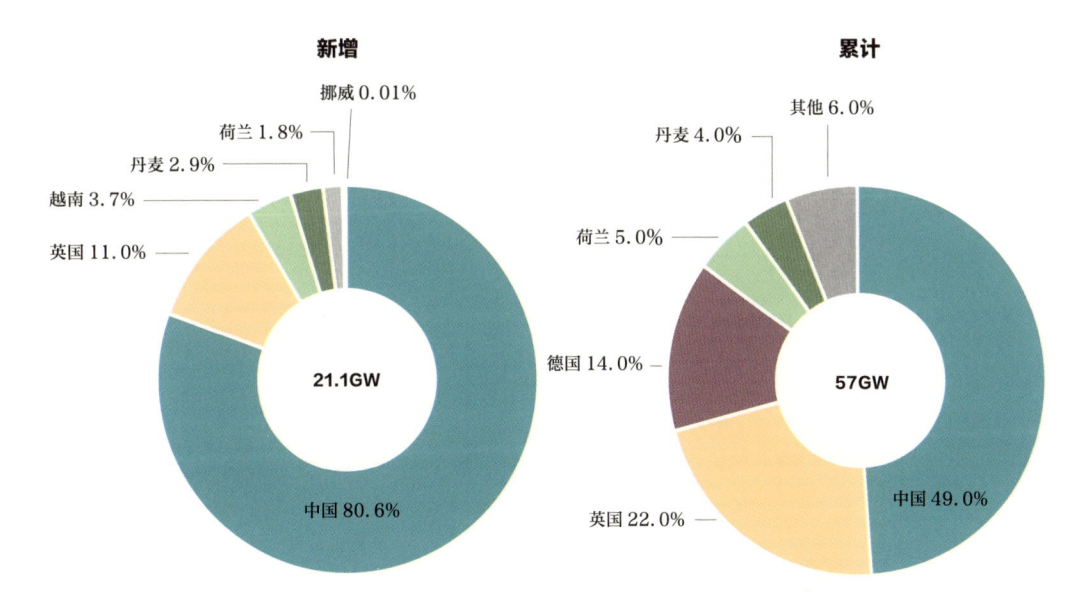

累计

- 其他 6.0%
- 丹麦 4.0%
- 荷兰 5.0%
- 德国 14.0%
- 英国 22.0%
- 中国 49.0%

57GW

图1-4 2021年海上风电新增及累计装机容量按国家分布
资料来源：全球风能协会（GWEC）。

分国别来看，中国2021年海上风电新增装机容量为17.0GW，连续第四年海上风电新增装机容量居全球第一，是全球第一大海上风电市场。

2020年，英国海上风电发展速度有所放缓，但是随着第二轮差价合约（CfD）拍卖中标项目和一个漂浮式海上风电项目的陆续并网，2021年英国海上风电新增装机容量为2.3GW，是欧洲新增和累计规模最大的国家。

越南因固定电价补贴（FIT）政策到期的影响，2021年共有20个潮间带项目并网，海上风电新增装机容量为779MW，新增规模排名全球第三。

2021年，海上风电新增的国家还有丹麦（605MW）、荷兰（392MW）以及挪威（3.6MW）[①]，挪威的3.6MW是TetraSpar漂浮式基础示范项目，是挪威投运的第二台漂浮式海上风电机组。

全球海上风电累计装机容量排名第三的德国，2021年竟无一台海上风机并网，仅有一个小型的海上风电项目处于建设中。德国海上风电近两年新增装机容量快速下降，主要是因为政策的不确定性和短期项目储备不足。

（二）发电量

随着装机容量的不断增加，风力发电量继续快速增长。2021年，全球风力发电量达到1861.9TWh，同比增长16.6%。风电在全球电力结构中占比不断提高，从2001年的0.2%、2011年的2.0%增长至2021年的6.5%（见图1-5）。

---

① 全球海上风电新增装机容量21.1GW由四舍五入得到，根据图1-4中占比计算得到的数据与此处有出入。

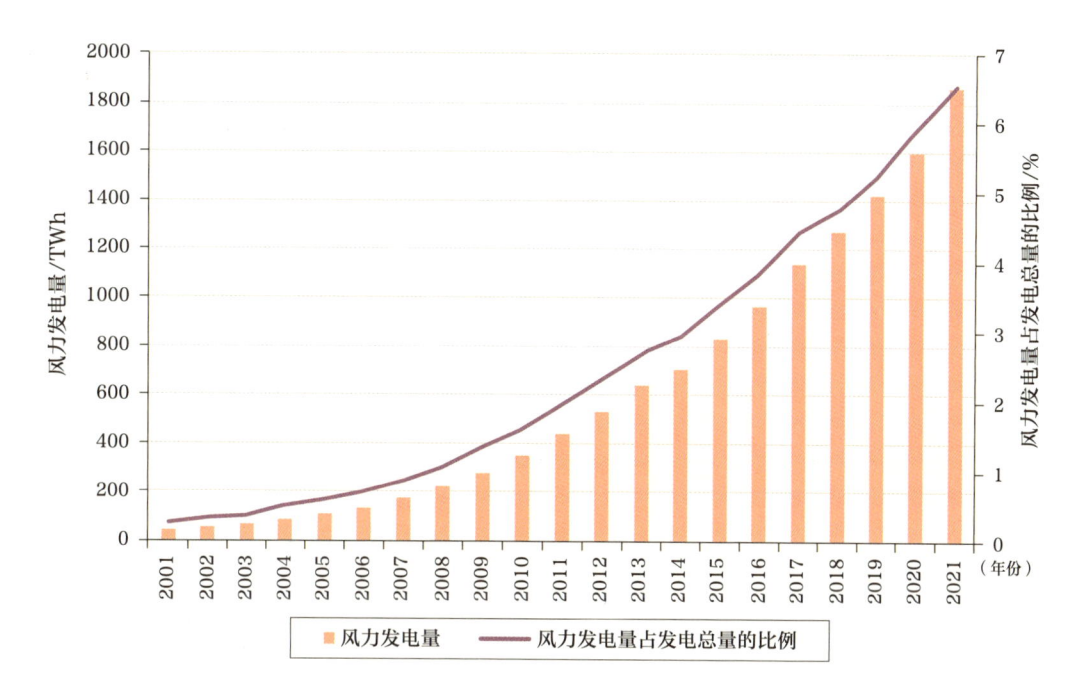

图1-5　2001~2021年全球风力发电量及其占比

资料来源：英国石油公司（BP）。

1. 全球有20个国家的风力发电量占比超过10%

2021年，全球有32个国家的风力发电量占其发电总量的5%以上，与2020年一致；20个国家的风力发电量占比在10%以上，其中波兰的风力发电量占比减少1个百分点至9.0%；巴西、智利和澳大利亚的风力发电量占比增长至10%以上。

2021年因风电出力较低，丹麦的风力发电量下降1.6%，同时，电力需求增长较快，同比增长12.8%，因此，丹麦风力发电量占比下降8.8个百分点至48.0%，但其仍是全球风力发电量占比最高的国家。事实上，不仅丹麦风电出力较低，欧洲大部分国家的风电出力比较低，爱尔兰、德国、英国等国家的风力发电量都有所下降，因此，风力发电量占比也均有下降（见图1-6）。

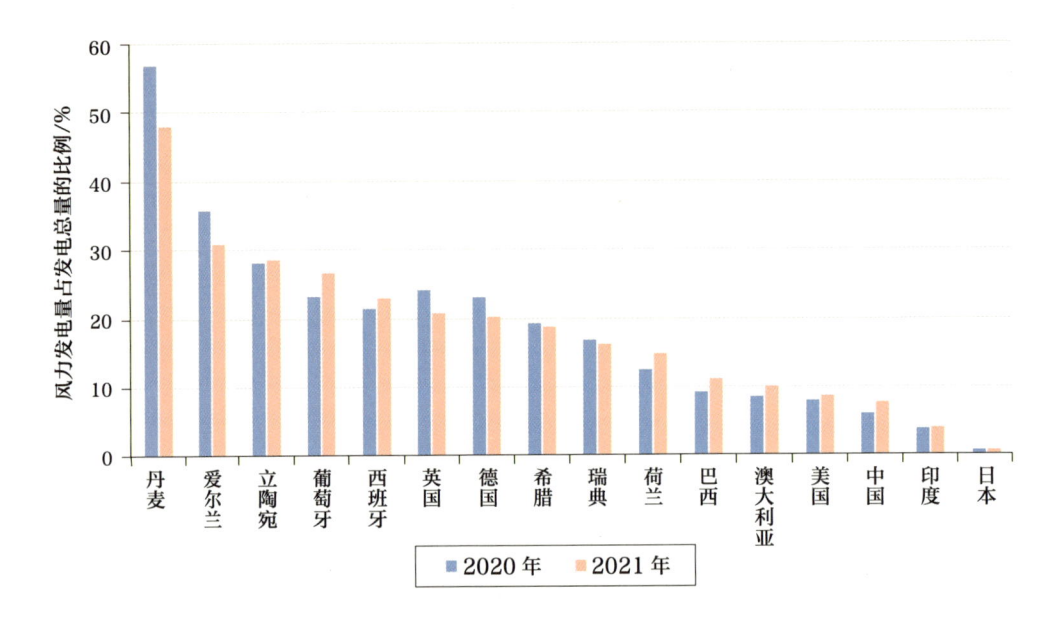

图1-6 2020年、2021年全球主要风电国家风力发电量占比

资料来源：英国石油公司（BP）。

分地区来看，欧洲地区风力发电量占比最高，为12.5%，同比下降0.8个百分点。其次是北美洲地区，为8.2%，同比增长0.6个百分点。紧随其后的是拉丁美洲地区（8.0%）、亚太地区（5.6%）、非洲地区（2.7%）、独联体（CIS）（0.3%）和中东地区（0.2%）。

2. 中国风力发电量最高，陆上风电容量系数[①]持续提升

2021年，全球风力发电量增速高出2011～2021年平均增速1.5个百分点。一方面，新增并网容量不断提高；另一方面，随着大机组、高塔筒的应用，从相同的风资源中获得更多电力，使得风电容量系数不断提高。2021年，风资源较好的地区（如美国、拉丁美洲）新增装机容量占比大幅提高，使2021年陆上风电加权平均容量系数同比增长3个百分点至39%，

[①] 容量系数（Capacity Factor）是指统计周期内，风电机组实际发电量与该机组额定理论发电量的比值×100%，即年容量系数=年实际发电量/装机容量×100%。

较2010年提升11个百分点。

分国家来看，2021年，中国风力发电量达655.6TWh，为全球风力发电量最高的国家，占全球风力发电量的35.2%。其次是美国和德国，风力发电量分别为383.6TWh、117.7TWh（见表1-1），占比分别为20.6%、6.3%。排名前10位的国家风力发电量占全球风力发电量的82.1%。

表1-1　2021年风力发电量排名前10位国家

单位：TWh，%

排名	国家	发电量	同比增长	2020年排名
1	中国	655.6	40.9	1
2	美国	383.6	12.7	2
3	德国	117.7	-10.7	3
4	巴西	72.3	27.1	6
5	印度	68.1	13.0	5
6	英国	64.5	-14.2	4
7	西班牙	62.4	10.8	7
8	法国	37.0	-6.7	8
9	加拿大	35.1	-1.2	9
10	土耳其	31.1	25.8	11

资料来源：英国石油公司（BP）。

（三）成本

平准化度电成本（LCOE，简称"度电成本"）是发电项目每千瓦时上网电量所发生的成本，主要取决于项目总造价（CAPEX）、运维费用（OPEX）、融资成本、项目经济寿命以及容量系数等。

1. 陆上风电LCOE继续下降，仍是最具竞争力的发电技术

风电机组呈现大型化趋势，叶轮直径不断增大，轮毂不断增高，这些变化使得风机利用率不断提升。同时因为规模效益、竞争加剧以及产业链越发成熟等，陆上风电项目的总造价、运维费用及LCOE逐步下降。

2021年，新投产的陆上风电项目的LCOE平均为33美元/兆瓦时（合0.21元/千瓦时）①，同比下降15.4%。海上风电LCOE平均为75美元/兆瓦时（合0.48元/千瓦时），同比下降10.7%。陆上风电已成为成本最低的发电技术（见图1-7）。

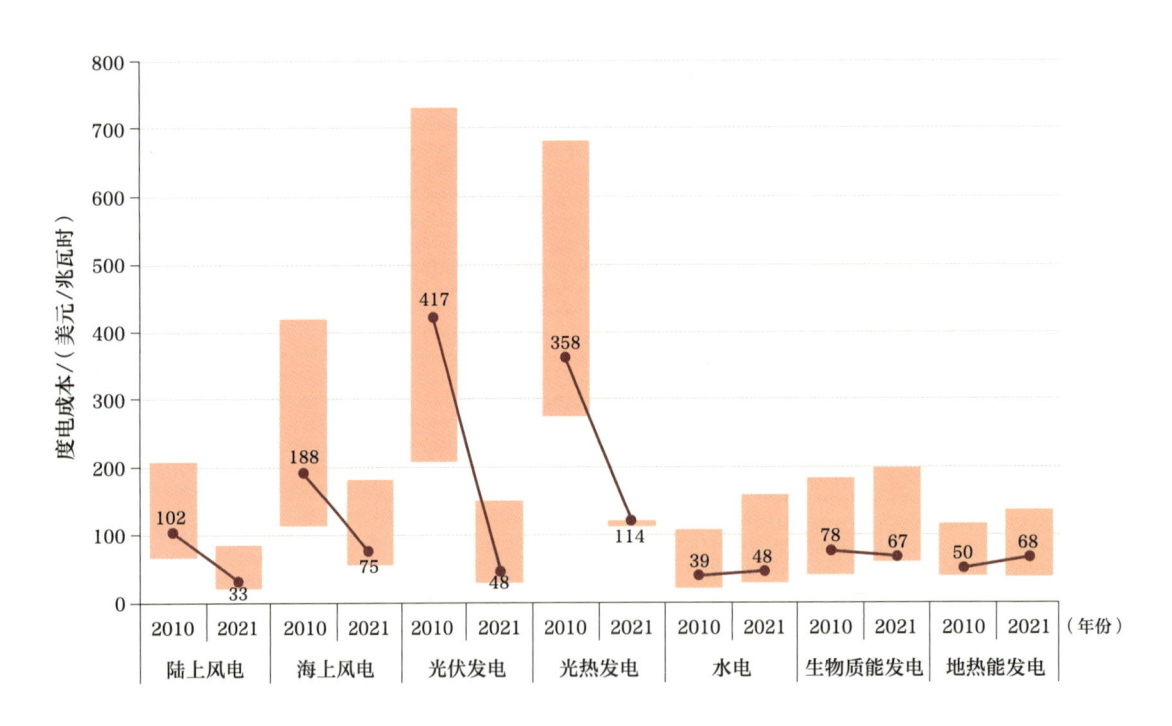

图1-7 2010年、2021年不同发电技术的 LCOE 变化
资料来源：国际可再生能源署（IRENA）。

---

① 2021年人民币平均汇率为1美元兑6.3757元人民币。

分国家来看，巴西由于风资源条件好和大风机的应用，其LCOE全球最低，为23美元/兆瓦时；其次是西班牙、中国、美国、加拿大、印度，陆上风电LCOE均低于30美元/兆瓦时；日本仍是陆上风电成本最高的国家，超过140美元/兆瓦时。

2. 各国海上风电LCOE下降幅度存在差异

全球海上风电新投产项目的LCOE在过去11年间下降60%，2021年同比下降10.7%。一方面，项目总造价不断降低，过去11年降低41%；另一方面，容量系数整体上呈上升趋势，从2010年的38%提升至2021年的39%。事实上，2017年海上风电容量系数达到最高值45%，但随着中国海上风电装机规模的不断提高，中国海上风电容量系数却不高，这在一定程度上降低了全球平均的容量系数。

分国家来看，丹麦海上风资源条件好，项目总造价全球最低，容量系数全球最高，因此，2021年其海上风电LCOE全球最低，为41美元/兆瓦时。紧随其后的是荷兰和英国。中国海上风电LCOE也处于较低水平，主要原因是中国风机和人工成本比欧洲国家低，同时，中国的海上风电项目离岸距离、水深都比欧洲近、浅。日本海上风电还处于发展的初级阶段，且融资成本较高，其海上风电LCOE最高（见表1-2）。

表1-2 2010年、2021年全球主要国家或地区海上风电LCOE

单位：美元/兆瓦时

国家或地区	2010年			2021年		
	最低值	加权平均值	最高值	最低值	加权平均值	最高值
亚洲	127	187	219	69	83	112
中国	119	178	196	64	79	103
日本	187	187	187	184	196	212
韩国	—	—	—	133*	180*	227*

（续）

国家或地区	2010年			2021年		
	最低值	加权平均值	最高值	最低值	加权平均值	最高值
欧洲	127	163	297	51	65	140
比利时	226	226	226	82*	83*	86*
丹麦	108	108	108	41	41	41
德国	177	179	186	80*	81*	83*
荷兰	—	—	—	48	59	128
英国	201	210	217	49	54	92

注：* 表示该数据是2020年新并网项目的度电成本。
资料来源：国际可再生能源署（IRENA）。

3. 风电LCOE降速低于光伏发电

过去11年，陆上风电、海上风电LCOE的下降速度均低于光伏发电。陆上风电从2010年的102美元/兆瓦时下降至2021年的33美元/兆瓦时，下降幅度达68%；海上风电从188美元/兆瓦时下降至75美元/兆瓦时，下降幅度达60%；而光伏发电从417美元/兆瓦时下降至48美元/兆瓦时，下降幅度高达88%，为所有发电技术下降最快的（见表1-3）。

表1-3 2010年、2021年不同发电技术的项目总造价、容量系数及LCOE

发电技术	项目总造价（美元/千瓦，%）			容量系数（%）			LCOE（美元/兆瓦时，%）		
	2010年	2021年	增幅	2010年	2021年	增幅	2010年	2021年	增幅
陆上风电	2042	1325	−35	27	39	44	102	33	−68
海上风电	4876	2858	−41	38	39	3	188	75	−60

(续)

发电技术	项目总造价（美元/千瓦，%）			容量系数（%）			LCOE（美元/兆瓦时，%）		
	2010年	2021年	增幅	2010年	2021年	增幅	2010年	2021年	增幅
光伏发电	4808	857	−82	14	17	21	417	48	−88
光热发电	9422	9091	−4	30	80	167	358	114	−68
水电	1315	2135	62	44	45	2	39	48	23
生物质能发电	2714	2353	−13	72	68	−6	78	67	−14
地热能发电	2714	3991	47	87	77	−11	50	68	34

资料来源：国际可再生能源署（IRENA）。

（四）技术

1. 全球陆上风机单机容量和叶轮直径仍继续增加

风电机组大型化趋势愈加明显。从2021年订购情况来看，全球陆上风机加权平均单机容量为4.4MW，较2020年增加0.5MW，提升12.8%。3.0MW以下机型继续显著降低，2021年同比下降14个百分点。而6.0MW及以上机型继续增加，增加了3个百分点（见图1-8）。

6MW及以上陆上风机的订单容量为10.8GW，其中，中国（5.8GW）、芬兰（1.9GW）与瑞典（651MW）的市场订单容量位居前三。截至2021年底，陆上风机最大订购机型是德国Nordex的N163/6.8机组。

叶轮直径也在不断增加。2021年，最大叶轮直径可达195米，较2020年增加25米。2021年，叶轮直径主要集中在150～190米，而2020年主要集中在135～165米。

2020年

- ≥6.0MW, 4.0%
- ≤2.99MW, 22.0%
- 3.0~3.99MW, 26.0%
- 4.0~4.99MW, 32.0%
- 5.0~5.99MW, 16.0%

2021年

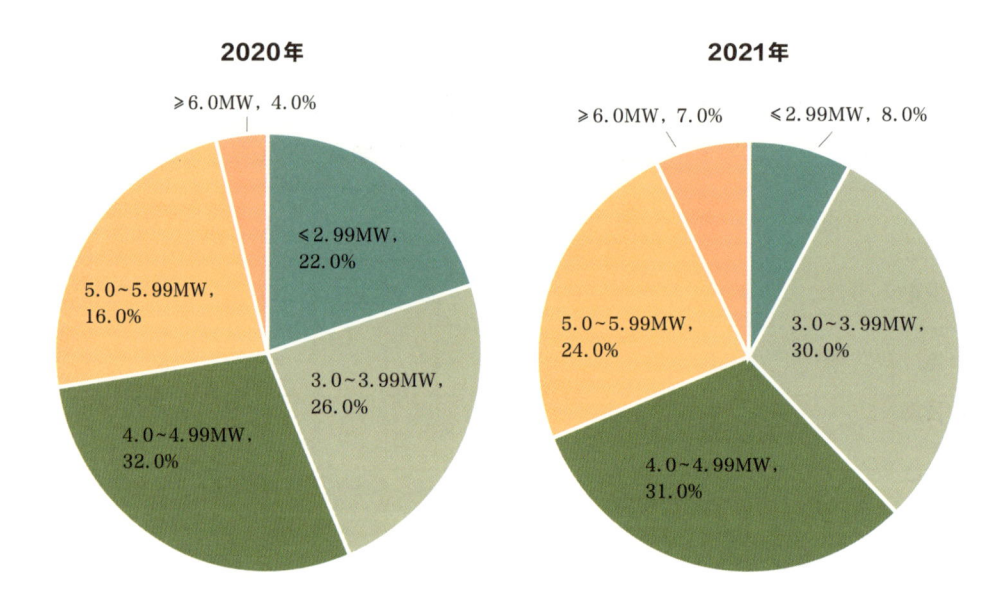

- ≥6.0MW, 7.0%
- ≤2.99MW, 8.0%
- 3.0~3.99MW, 30.0%
- 4.0~4.99MW, 31.0%
- 5.0~5.99MW, 24.0%

图1-8 2020年、2021年陆上风机订购机型占比对比情况

资料来源：国家能源集团技术经济研究院。

2. 海上风机加权平均单机容量同比增长40.9%

海上风机持续向大型化迈进。从2021年订购情况来看，全球海上风机加权平均单机容量达到13.4MW，较2020年增长40.9%。2021年订购的风机以10.0MW及以上容量为主（见图1-9），单机容量最小的是中国浙江苍南订购的6.3MW风机，最大的是来自英国、美国和德国的项目，机型是西门子歌美飒SG-15.0-236和维斯塔斯V236-15.0。

分国家来看，英国订购的单机容量最大，加权平均达到14.4MW；其次是美国（13.5MW）、德国（12.3MW）；中国和法国订购风机的加权平均单机容量低于10MW，中国为8.3MW，法国仅有一个项目，单机容量为7MW。

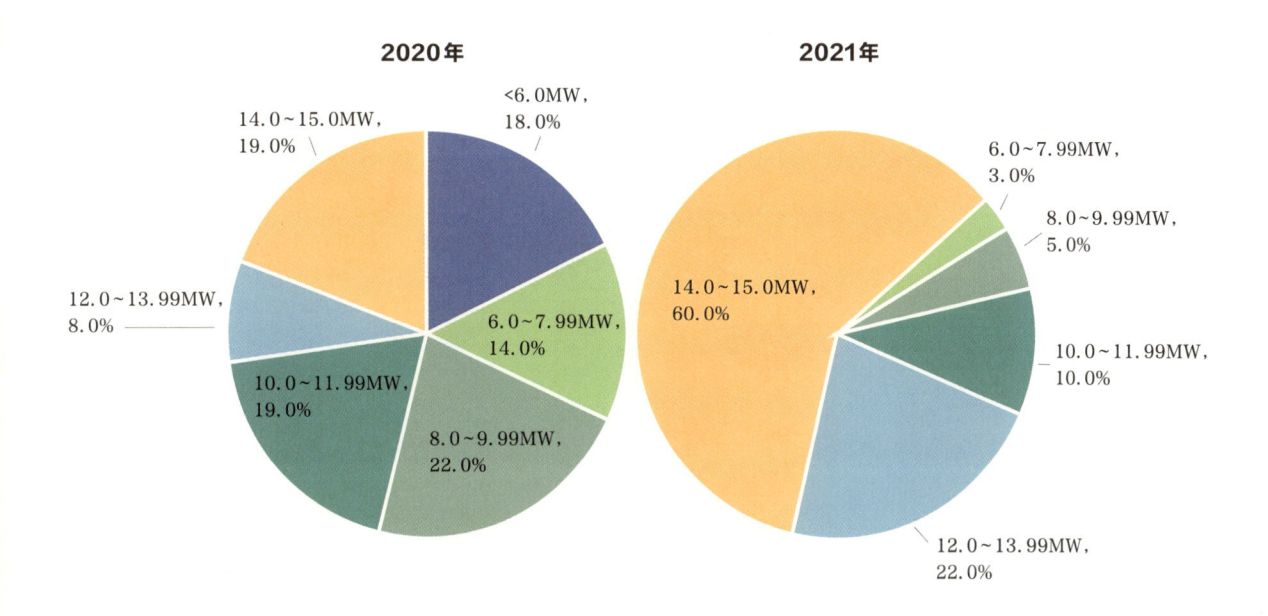

2020年
- <6.0MW, 18.0%
- 6.0~7.99MW, 14.0%
- 8.0~9.99MW, 22.0%
- 10.0~11.99MW, 19.0%
- 12.0~13.99MW, 8.0%
- 14.0~15.0MW, 19.0%

2021年
- 6.0~7.99MW, 3.0%
- 8.0~9.99MW, 5.0%
- 10.0~11.99MW, 10.0%
- 12.0~13.99MW, 22.0%
- 14.0~15.0MW, 60.0%

图1-9 2020年、2021年海上风机订购机型占比对比情况

资料来源：国家能源集团技术经济研究院。

（五）企业

1. 前十大整机企业市场集中度回升至83.3%

近年来，全球整机企业市场集中度不断提高，但由于中国的整机需求在2020年出现爆发式增长，这一局面暂时有所改变。2020年，全球前十大整机企业的市场份额之和同比减少4.6个百分点；到2021年，前十大整机企业的市场份额之和同比增加1.5个百分点至83.3%（见图1-10）。

值得注意的是，2021年全球前四大整机企业的市场份额之和仅为44.3%，同比下降6.7个百分点，较集中度最高的2018年下降13.8个百分点。一方面，中国整机企业崛起，在近两年处于需求旺盛时期，浙江运达、东方电气、上海电气等整机企业的市场份额不断提升，一定程度上均摊了中国前两家整机企业的市场份额，同时，德国的两家整机企业Nordex和Enercon的市场份额也快速提升。另一方面，2021年中国海上风

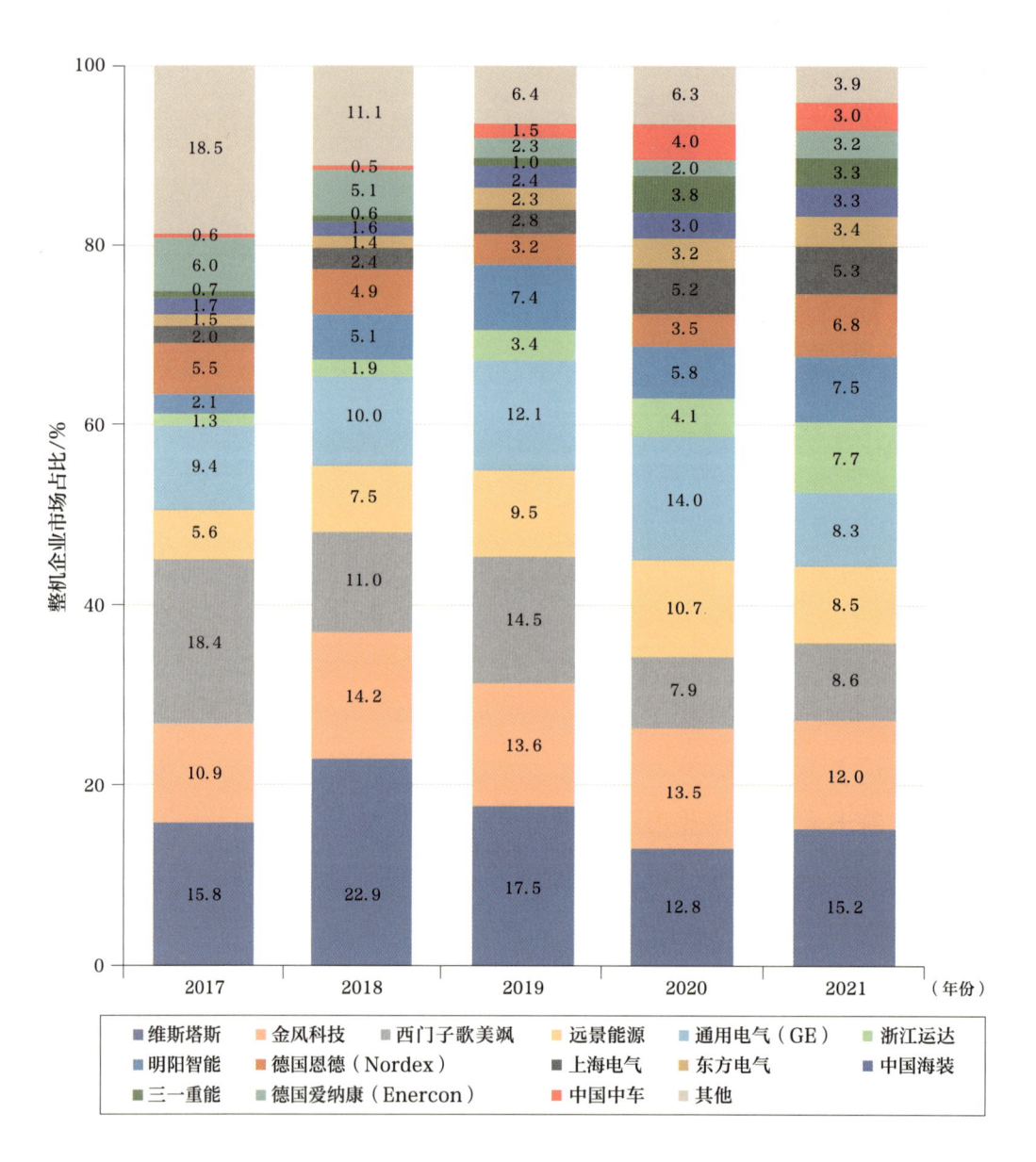

图1-10 2017～2021年全球风电整机企业市场占比

资料来源：彭博新能源财经（BNEF）。

电新增装机促进了明阳智能、上海电气等整机企业的市场份额大幅提升。

2021年，在全球前十大整机企业中，中国企业占了其中的6个席位。维斯塔斯凭借越南、巴西等市场规模的快速增加，取代了GE，重回第一。美国风电新增装机规模大幅下降，给GE产生不利影响，使之市场占有率排名跌至第五位，金风科技、西门子歌美飒、远景能源分别列第二至第四位。浙江运达在全球的市场份额几乎翻了一倍，超过明阳智能，排名第六位，一方面是因为其在中国市场的新增装机容量快速增长，另一方面是因为其业务首次扩大至越南市场。

值得注意的是，越南因固定电价补贴（FIT）政策取消，2021年新增装机容量大增，使得该地区成为中国和欧美风电整机企业竞争的新战场，在统计的3.5GW装机容量中有75.2%的装机容量来自欧美风电整机企业，剩余24.8%则来自中国风电整机企业。

2. 中国海上风电整机企业市场占比达84.6%

2021年，中国海上风电补贴退坡，新增装机容量同比大增。上海电气、明阳智能、金风科技和中国海装占据了全球海上风电整机企业前四名的位置，其中上海电气以24.4%的市场份额位列第一（见图1-11），上海电气和明阳智能是海上风电新增装机容量超过陆上的两个企业。在2021年新增的所有海上风电项目中，有84.6%的海上风机来自中国整机企业。

近年来一直处于第一位的西门子歌美飒（除2016年外）下滑至2021年的第六位。维斯塔斯凭借越南海上风电市场列第五位，超过西门子歌美飒。

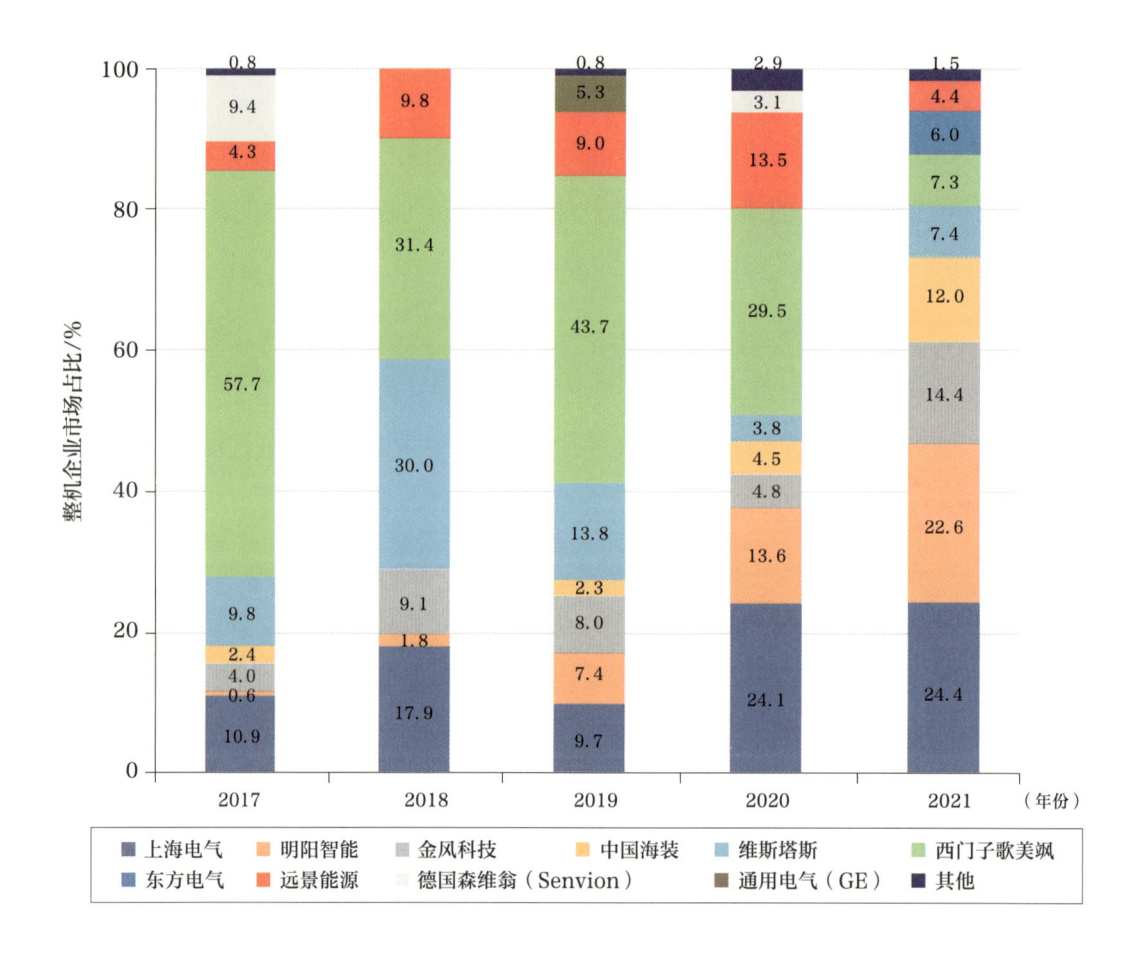

图1-11 2017～2021年全球海上风电整机企业市场占比

资料来源：彭博新能源财经（BNEF）。

二 中国风电发展现状与特点

（一）装机容量

1. 风电产业仍保持高速增长①

2021年，中国风电新增装机容量47.6GW，同比降低33.6%，占全部

---

① 中国部分的数据采用的是国家能源局的数据，是并网数据。而全球部分的数据采用的是全球风能协会（GWEC）的数据，是吊装数据。因此，数值有所不同。

新增装机容量的27.0%（见图1-12），仅低于54.9GW光伏发电新增装机容量。

图1-12 2012~2021年中国风电新增装机容量及累计装机容量
资料来源：国家能源局。

在2021年新增装机容量中，陆上风电为30.7GW，同比下降55.2%，但较2019年仍增长19.3%。尽管陆上风电进入平价时代，但在国家碳中和目标的推动下，陆上风电继续保持30GW以上的增长。2021年，海上风电进入退补抢装阶段，新增装机容量高达16.9GW，同比增长445.2%，是此前累计装机容量的1.8倍。

截至2021年底，全国风电累计装机容量达328.5GW，同比增长16.7%，占电力总装机容量的13.8%，其中海上风电累计装机容量达26.4GW，跃居全球第一。

2022年，风电新增装机容量增势不减，1~6月，全国风电新增装机并网容量为12.9GW，同比增长19.4%。截至2022年6月末，全国累计并网容量达342GW，占总发电设备并网容量的14%。

2. 在海上风电的推动下，中部、东部、南部地区保持领先优势

在江苏、广东等沿海地区海上风电的推动下，2021年，中部、东部、南部地区保持领先优势（见图1-13），占比为64.4%。排名前三的省份分别为江苏（6875.9MW）、广东（6301.9MW）、甘肃（3513.4MW）。

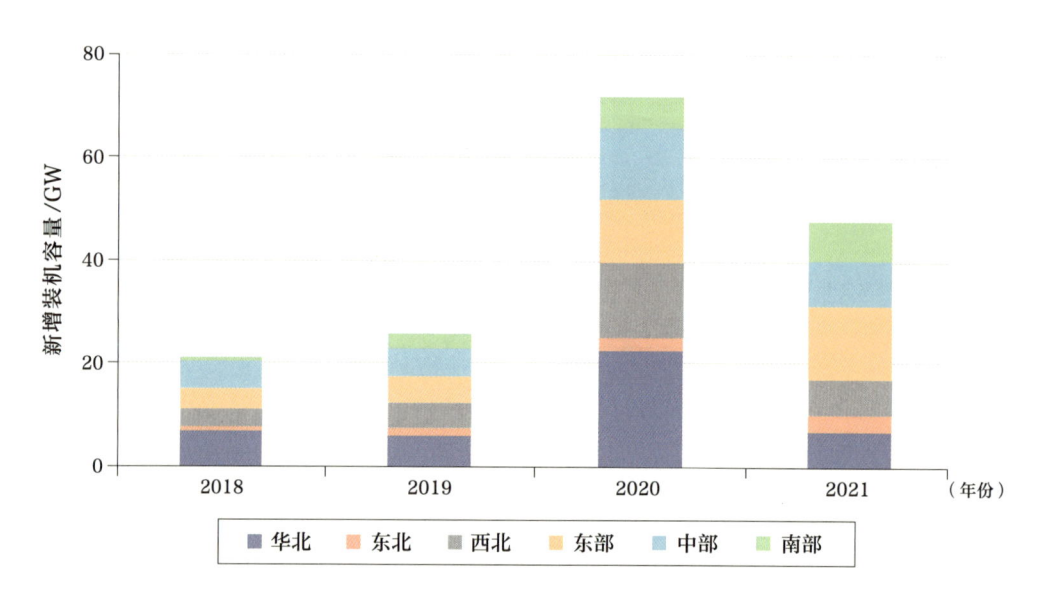

图1-13　2018~2021年中国风电新增装机容量区域分布

资料来源：国家能源局、中电联。

2021年，陆上风电新增装机并网容量前三名为甘肃（3513.4MW）、河南（3319.1MW）、河北（2704.0MW），其中，甘肃在弃风限电率大幅下降后，较2020年抢装期新增760MW，同比增长超360%。内蒙古、湖北为新增规模超2GW的地区，其中，湖北因补贴政策延期至2021年6月30日，全年增量同比增加近140%。

2022年，海上风电进入平价元年，新增装机容量以陆上为主，因

此，风电新增装机容量继续回归三北（华北、东北、西北）地区。2022年1～6月，三北地区新增装机容量占全国新增装机容量的72.2%。西北地区领跑全国，新增装机容量高达4077MW，占全国市场的份额为29.6%，其中，甘肃新增装机容量占比较高。华北、东北地区新增装机容量基本一致，分别由内蒙古、吉林主导。东北地区自"十四五"起重启风电市场，增速迅猛，2022年上半年依然维持较高增速，成为各大发电集团、风机制造企业的竞争焦点。中部、东部、南部地区较"十三五"期间市场份额明显下滑。

3. 海上风电向其他沿海省份持续推进

中国海上风电进入规模化发展阶段，成为全球海上风电发展的新引擎。中国海上风电连续4年新增装机容量领跑全球，累计装机容量跃居全球第一。截至2021年底，中国海上风电累计装机容量达26.4GW，占全球海上风电累计装机容量的46.3%。

从新增分布来看[①]，2021年，江苏、广东新增装机容量遥遥领先，分别达5.0GW、4.9GW。福建、浙江增量进入第二梯队，分别达1.5GW、1.3GW。因海上风电退补抢装，除江苏作为传统海上风电大省外，广东、福建、浙江等地区也实现同比大幅增长。

"十三五"后期，广东、福建、浙江等省份海上风电开发建设力度加大，海上风电累计装机容量分布进一步均衡。2017年，中国海上风电累计装机容量中有78%来自江苏。截至2021年底，江苏海上风电累计装机容量约11.8GW，约占全国累计装机容量的47%；广东位居第二，约占25%；福建、浙江等其余沿海地区累计装机容量约占28%（见图1-14）。

---

① 海上风电装机容量分布分析采用的数据来自中国可再生能源学会风能专业委员会，该数据2021年新增吊装容量达14.5GW，累计容量达25.4GW。

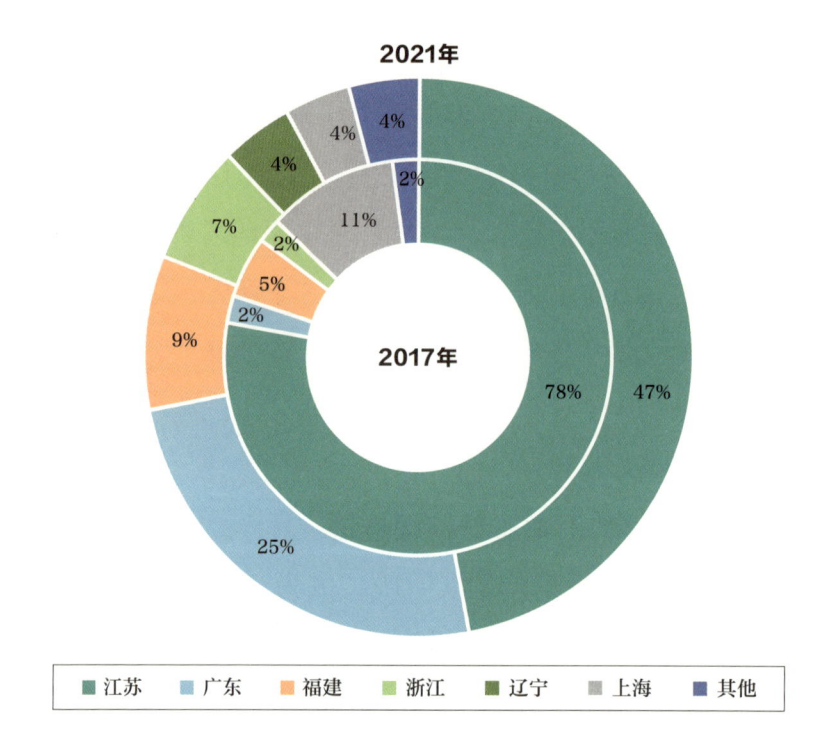

图1-14 2017年、2021年中国海上风电累计装机容量分布

注：其他地区包括山东、河北和天津。

资料来源：中国可再生能源学会风能专业委员会。

（二）发电量

1. 风力发电量保持稳步增长

2021年，中国风力发电量达6556亿千瓦时，同比增长40.5%，占发电总量的比例达7.8%，较2020年提高1.7个百分点（见图1-15）。风力发电在电源结构中的比重逐年升高，风电已成为中国继煤电、水电之后的第三大电源。

风力发电量占比较高的省区集中在三北地区，其中，河北、内蒙古名列前二，分别达16.6%、16.1%，领先优势明显。东北、西北地区近年来弃风限电情况有所好转，风力发电量占比明显提升，多省区已达13%~15%，同比均实现增长。

图1-15 2012～2021年中国风力发电量情况

资料来源：国家能源局、中电联。

中部、东部、南部地区风力发电量占比相对较低。其中，中部、东部省份发电量占比为4%～9%，实现同比增长1.5个～3.0个百分点。得益于近年来大量新增风电并网容量，河南风力发电量占比在中部、东部、南部地区领先，达11.2%，同比增长6.2个百分点。南部地区风力发电量占比相对偏低，除广西（8%）、云南（6.1%）发电量占比偏高外，其余省区均低于2.5%。云南风力发电量占比虽维持在较高水平，但由于风电并网增量及利用率均有所下降，其占比负增长。

2022年1～6月，全国发电总量为39631亿千瓦时，其中，风力发电量为3861亿千瓦时，占比达9.7%。风力发电量占比较高的区域集中在三北地区，其中，吉林风力发电量占比达20.1%，位居全国之首。黑龙江紧随其后，占比达19.8%。除此之外，甘肃、青海、河北及内蒙古4省区领先优势明显，风力发电量占比均超过17%。中部、东部、南部地区由于风资源分布不均等因素，总体风力发电量占比偏低。

2. 风电利用小时数大幅上升

2021年，全国风电平均利用小时数达2232小时，较上年增加159小时（见图1-16）；共8个省份风电平均利用小时数超过2300小时，较上年增加2个省份。

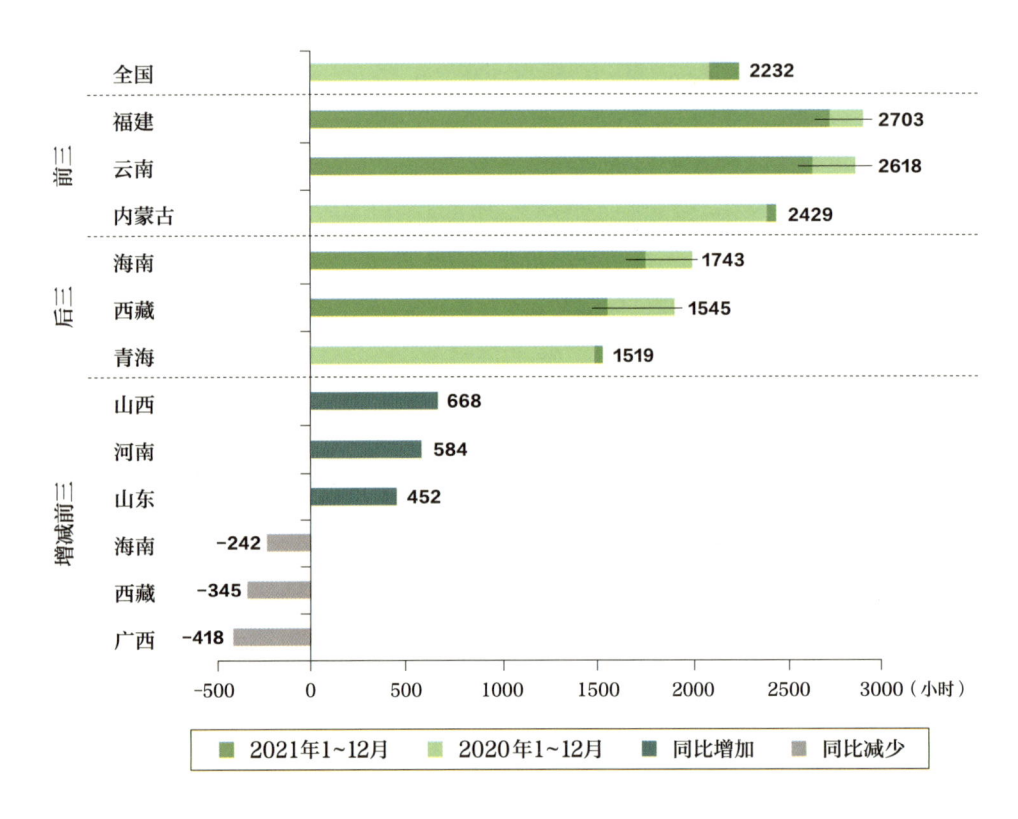

图1-16 2020～2021年中国风电平均利用小时数分析
资料来源：国家能源局、中电联。

2021年，分地区来看，福建地区海上风资源较好，风电平均利用小时数领跑全国。云南水电装机占比较大，但较好的风资源及水电生产黄金期处于枯水阶段，风电平均利用小时数排名第二。尽管如此，上述两省因风资源波动，海上风电、陆上风电抢装导致运行及质量问题，风电平均利用小时数同比均有所减少。内蒙古风资源良好，风电消纳能力近年来得以提升，风电平均利用小时数同比略增，排名第三。

2021年，国内电力供给出现短缺，第三季度尤为明显，部分地区风电平均利用小时数增长明显，其中，山西、河南增速凸显。海南、西藏由于风资源较差，累计装机容量较小，风电平均利用小时数全国排名落后。2021年，华南、西南地区风电消纳能力整体偏低，抢装也导致运行稳定性较差，广西、云贵川等地区风电平均利用小时数同比均显著下降。

2022年1~6月，全国风电平均利用小时数达1154小时，较上年同期降低58小时。共3个省份实现风电平均利用小时数超过1300小时，较上年同期减少4个省份。西藏风电平均利用小时数增幅尤为明显，但其风电并网基数较小，代表性有限。云南风电平均利用小时数名列全国第二，远高于平均水平，但同比降幅较大，主要是由于水力发电量同比大幅增长。福建保持全国排名第三，主要是由于其近年来大量新增海上风电装机容量。

（三）成本

1. 风机投标价格总体下降

2021年，整机企业竞争十分激烈，风机投标价格总体下降，3S机组全年平均投标价格较2020年下降24.2%，较2019年下半年下降31.5%。风机投标价格从2010年下半年开始首次低于4000元/千瓦，此后10年风机投标价格长期在3400~4200元/千瓦波动。2021年下半年，风机投标价格维持在2500元/千瓦左右（见图1-17）。

风机投标价格继续下降主要有以下四方面原因：①陆上风电补贴退坡倒逼整机企业降本；②整机企业竞争激励，部分整机企业仍以低价抢占市场；③风机大型化趋势下，提升风资源利用率，同时，风机单位功率的重量减小使零部件采购成本节约，促进风机降本；④各家整机厂商纷纷在邻近优质资源的地区投产了新机型，提升产能及优化产业链，在一定程度上节约了运输成本。

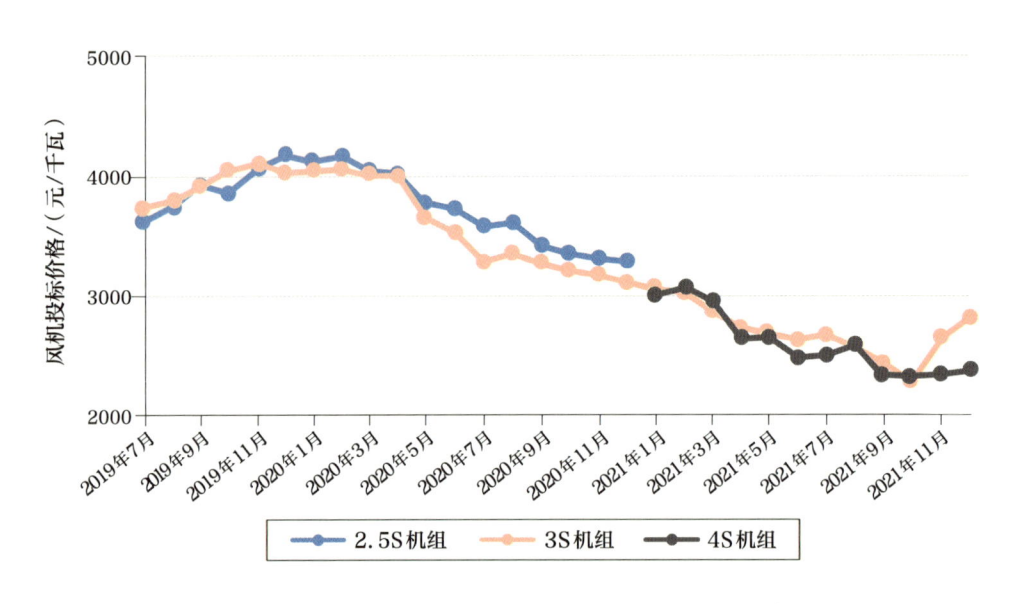

图1-17 2019年7月至2021年12月风机投标价格

资料来源：金风科技。

2. 陆上风电LCOE继续下降，海上风电小幅波动

2021年，陆上风机价格继续下降，陆上风电项目总造价也随之下降了13.5%，竞争力不断增强。2021年，新开工项目的陆上风电LCOE为43.2美元/兆瓦时（合0.28元/千瓦时），同比下降9.3%。

2021年是海上风电获得国家补贴的最后一年。2020年下半年到2021年上半年，开工的项目增多，受制于短期内设备供应及施工资源紧张问题，风机价格、安装成本等都有一定程度的增加，项目总造价较2020年上半年提高9.1%，但大兆瓦风机的应用，使该阶段的容量系数也增加了2个百分点，因此，LCOE小幅增加1.5%。随着海上风机价格、安装费用等大幅下降，2021年底开工项目的海上风电LCOE下降3.9%至81.8美元/兆瓦时（合0.52元/千瓦时）（见图1-18）。

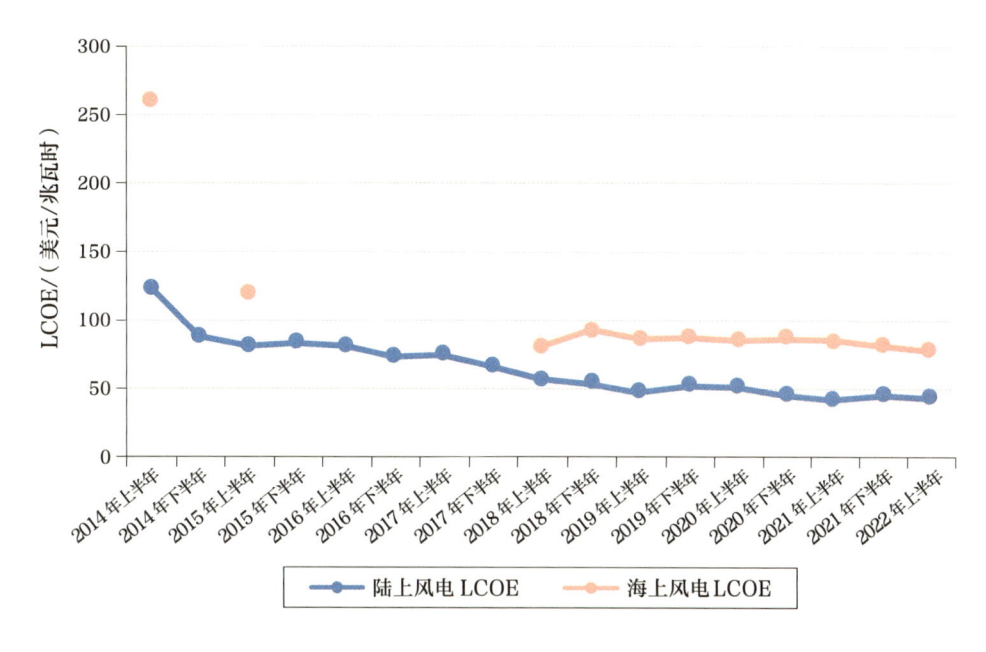

图1-18 2014年上半年至2022年上半年新开工风电项目LCOE

资料来源：彭博新能源财经（BNEF）。

（四）技术

1. 风机大型化趋势明显加速

伴随风电开发重回基地化开发模式和技术进步，2021年新增吊装风机平均单机容量为3.5MW，同比增长31.7%。其中，陆上风机平均单机容量为3.1MW，同比增长20.7%；海上风机平均单机容量为5.6MW，同比增长13.9%（见图1-19）。

2. 海上风机以6.0MW及以上机型为主

2021年，中国新增的海上风机以6.0MW及以上机型为主，单机容量在6.0MW及以上的机型装机容量最多，新增装机容量占比达58%，较2020年增加37个百分点，其中，单机容量在6.0~6.9MW的机型占比最高，达45.9%。

图1-19 2011~2021年新增吊装风机平均单机容量
资料来源：中国可再生能源学会风能专业委员会。

截至2021年底，所有吊装的海上装机容量达25.4GW，以单机容量在4.0~4.9MW及6.0~6.9MW的吊装风机为主要机型，分别占累计装机容量的33.4%和30.1%（见图1-20）。

3. 风轮直径和轮毂高度在不断创新高

2021年，风电机组的风轮直径增速加快。2021年，风轮平均直径达151米，同比增长11.0%，较过去5年的年均增长率6.7%提高4.3个百分点。2021年，以150米及以上的风轮直径为主，占比从2020年的12%增长至66.1%。2021年，吊装的海上风电机组风轮直径最大为186米，陆上风电机组风轮直径最大为175米。此外，轮毂高度也在不断增加。2021年，在新增装机的风电机组中，轮毂平均高度为107米，比2020年增加6米；轮毂最高为166米，同比增加4米。

目前，中国并网运行的风机轮毂最高为140米，采用全钢柔塔机组。但与国外相比，中国仍有一定差距，国外120~160米的高塔筒已经可以

截至2021年底累计装机

- 30.1%
- 45.9%
- 20.9%
- 22.5%
- 33.4%
- 19.2%
- 7.7%
- 9.4%
- 6.2%
- 2.7%
- 0.3%
- 1.6%

2021年新增装机

图例：
- 4.0MW 以下
- 4.0~4.9MW
- 5.0~5.9MW
- 6.0~6.9MW
- 7.0~7.9MW
- 8.0MW 及以上

图1-20　2021年海上风电新增及累计装机的不同机型占比

资料来源：中国可再生能源学会风能专业委员会。

批量生产。

4. 海上风电采用半直驱技术趋多

按照功率传递的机械连接方式不同，风电机组主要分双馈、直驱和半直驱三大类技术路线。双馈技术仍是国内主流路线。2021年，在新增吊装装机容量中，48.3%的风机采用双馈技术。

半直驱技术由双馈与直驱技术结合，体积与重量相对较小，成本具有较强竞争力，可靠性能够得到有效把控。半直驱机型的装机占比不断增加。2021年，在新增的吊装装机容量中，半直驱机型占比达12.7%，同比增加3个百分点。

近年来，风机大型化驱动越来越多的企业选择半直驱技术路线，尤其是海上风机。明阳智能长期以来采用的是半直驱技术，而金风科技和上海电气在拥有直驱海上风机的基础上，也发布了半直驱海上风机。浙江运达、中国中车、中国海装等整机企业都加入了半直驱大兆瓦海上风机行列。

（五）市场与企业

1. 开发市场

（1）央企在风电开发板块中占据重要地位

在开发企业中，央企占据绝对主力地位。2021年，新增装机的开发企业有200多家，在排名前15的企业中，有10家央企，这10家新增装机容量之和占总新增的58.9%。

截至2021年底，在累计装机容量排名前15的企业中，有10家央企、2家地方国企、3家民营企业。这10家央企的累计装机容量之和占总容量的65.0%（见图1-21），较2020年提升7.7个百分点。

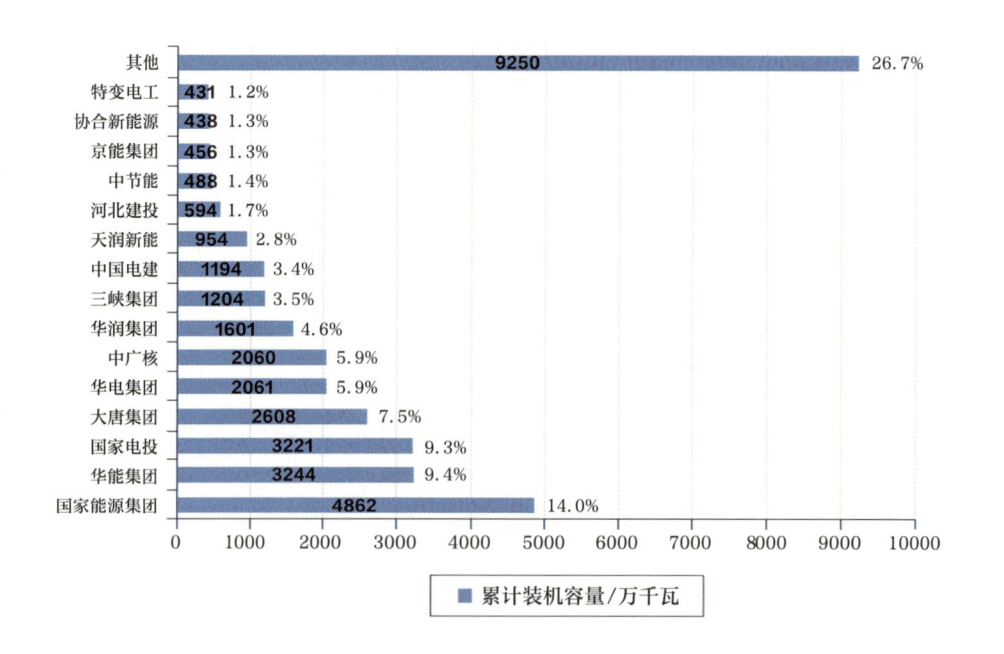

企业	累计装机容量/万千瓦	占比
其他	9250	26.7%
特变电工	431	1.2%
协合新能源	438	1.3%
京能集团	456	1.3%
中节能	488	1.4%
河北建投	594	1.7%
天润新能	954	2.8%
中国电建	1194	3.4%
三峡集团	1204	3.5%
华润集团	1601	4.6%
中广核	2060	5.9%
华电集团	2061	5.9%
大唐集团	2608	7.5%
国家电投	3221	9.3%
华能集团	3244	9.4%
国家能源集团	4862	14.0%

图1-21 截至2021年底中国风电开发企业累计装机容量及其占比

资料来源：中国可再生能源学会风能专业委员会。

（2）海上开发企业更加集中

近年来，更多企业加入海上风电开发的行列。2021年，共有21家开发企业有海上风电新增装机，较2020年增加1家，较2019年增加7家。开发企业以央企和地方国企为主，其中，9家央企新增装机容量占总新增装机容量的比例是77.9%，较2020年增加3.9个百分点；6家地方国企占比为16.0%，较2020年减少3.2个百分点；其余6家为民营企业，占比为6.1%，同比提升0.9个百分点。三峡集团海上风电新增装机容量最高，跃居第一位，华能集团降至第二位。

截至2021年底，海上风电开发企业共31家。在累计装机容量排名前10位的企业中，有8家央企、2家地方国企，这10家企业累计装机容量占总装机容量的83.4%。三峡集团、华能集团和国家能源集团累计装机容量列前三位（见图1-22）。

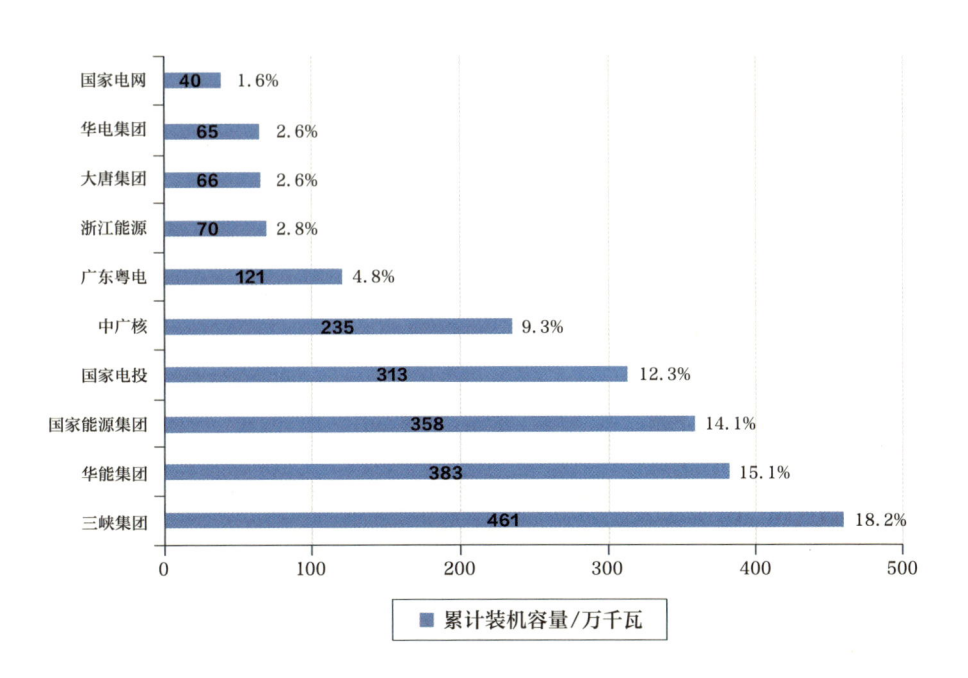

企业	累计装机容量/万千瓦	占比
三峡集团	461	18.2%
华能集团	383	15.1%
国家能源集团	358	14.1%
国家电投	313	12.3%
中广核	235	9.3%
广东粤电	121	4.8%
浙江能源	70	2.8%
大唐集团	66	2.6%
华电集团	65	2.6%
国家电网	40	1.6%

图1-22 截至2021年底中国海上风电开发企业累计装机容量及其占比

资料来源：中国可再生能源学会风能专业委员会。

（3）风电资产交易规模扩大

2021年，上市公司风电资产交易持续活跃。沪深港三地共披露风电领域发生交易39笔，较2020年增加18笔；涉及项目79个，装机容量达1970万千瓦，同比增长54.7%。

从交易涉及地区来看，多点开花，资产交易至少涉及26个省份。往年资产交易范围集中在非限电的中东部地区。三北地区限电形势改善后，从2020年开始，这些地区的交易活跃度有所提升。2021年，三北地区有584.5万千瓦装机项目被并购。

从出售方来看，2021年以整机企业、民营企业以及财务投资人为主。2021年是新能源股权投资基金密集退出的一年，主要是因为新能源股权投资基金在2015～2017年成立，按5～8年存续期计算，2021年进入密集退出期。整机企业竞争激烈，以资源换订单的方式提高中标概率或机组价格，因此2021年也是整机企业资源换订单的时间。

从收购方来看，往年收购方以电力央企为主，2021年，地方能源企业或者传统产业公司也成为重要的收购力量，如山东水发、珠海港、广州能源等也是活跃的收购主体。

从交易标的来看，海陆并举，以陆上为主。2021年，陆上风电并购项目的装机容量占比超过90%。单体项目中80%以上为在运项目，其余为在建项目。

2. 整机市场

（1）行业集中度回调至高点

与全球相比，中国国内整机行业集中度较高。2021年，中国前十大和前四大整机企业的市场份额之和分别是96.6%和61.6%（见图1-23），分别比全球高13.2个百分点和20.3个百分点。

2021年，中国整机市场呈现以下三个特点。第一，整机市场前三名

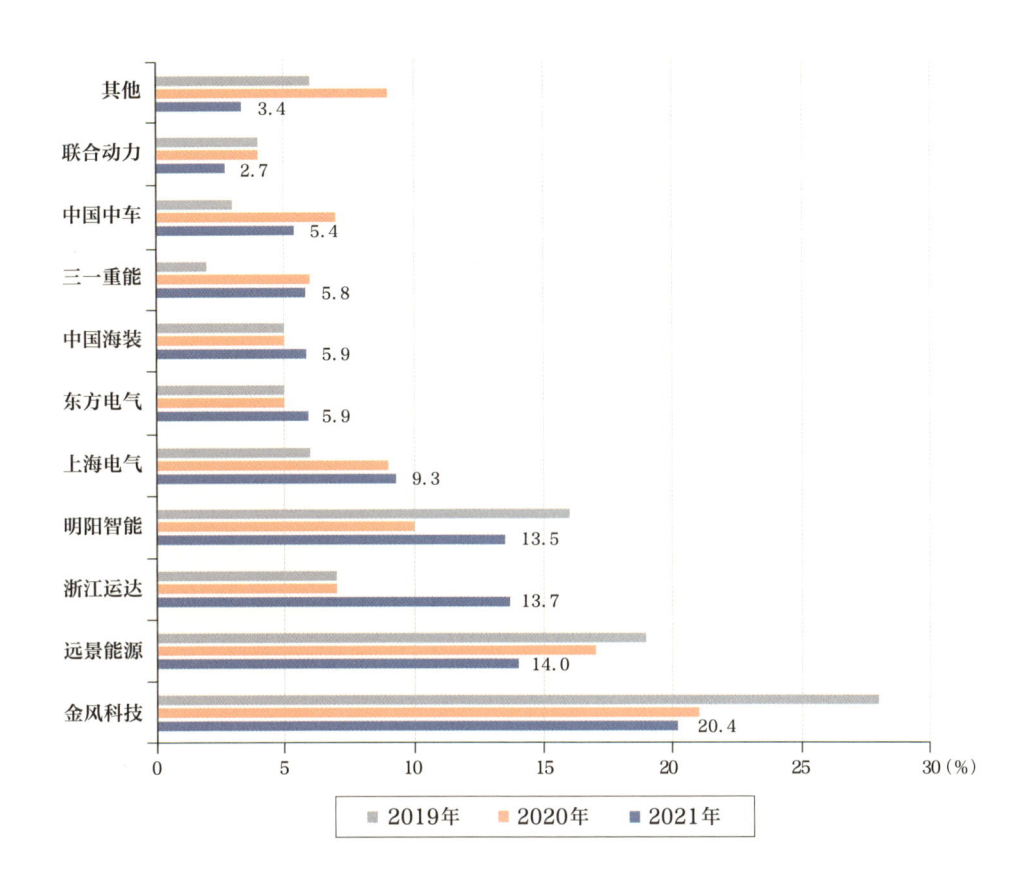

第一章 全球风电发展现状与前景展望

企业	2019年	2020年	2021年
其他			3.4
联合动力			2.7
中国中车			5.4
三一重能			5.8
中国海装			5.9
东方电气			5.9
上海电气			9.3
明阳智能			13.5
浙江运达			13.7
远景能源			14.0
金风科技			20.4

图1-23 2019～2021年新增吊装容量前十大风电整机企业市场份额
资料来源：彭博新能源财经（BNEF）。

企业发生变化。浙江运达凭借风机安装量增长近一倍，首次进入前三名。东方电气和中国海装均上升两位，分别至第六名和第七名。尽管明阳智能和上海电气凭借海上风电优势，市场占比有所提升，但是排名都下降了一位。第二，整机行业集中度大幅回调。2021年，前十大整机企业市场份额之和较2020年增长5.5个百分点，较抢装前的2019年增长1.6个百分点。2020年，行业需求激增导致较小风电整机企业的市场份额快速增长，这稀释了前十大整机企业的市场份额。2021年，整机市场竞争激烈，市场份额进一步集中在前十大整机企业。第三，国外整机企业市场份额较低且占比下降。2021年,三家国外风电整机企业①在中国的安装量仅为1.2GW,较2020年下降49.4%,占中国新增吊装容量的比例仅为0.22%。2021年8月,西门子歌美飒表示,其陆上风机在中国停止销售。

(2)海上整机市场份额相对集中

2021年,有7家整机企业供应海上风机,与2020年企业数量及企业名称是一致的,但前3家的市场份额和排名发生了变化。2021年,前3家的新增装机市场份额为72.5%,较2020年下降9.3个百分点,高出陆上新增装机市场份额15.5个百分点。

2021年,上海电气仍排名第一位,但是市场份额下降了9.5个百分点至28.9%。远景能源的海上风机市场份额仅为5.2%,下降了16.4个百分点。而金风科技、中国海装和东方电气市场份额大幅提升,分别增加9.1个、7.0个和5.6个百分点(见图1-24)。

(3)整机企业赢利能力增强

2021年,整机企业营业收入和净利润实现双增长,但增幅较2020年有所下降。金风科技、明阳智能、浙江运达、上海电气以及东方电气5家企业的平均营收为329.0亿元,同比增长11.8%;平均净利润为19.8亿元,同比增长45.8%。

整机企业的赢利能力有所增强。2021年,5家企业的平均毛利率和净利率均有不同程度的提高,分别是18.9%和5.6%,较2020年分别增加2.1个和1.7个百分点。

---

① 三家国外风电整机企业分别是西门子歌美飒(Siemens Gamesa)、通用电气(GE)、维斯塔斯(Vestas)。

2020年 / 2021年 风电整机企业海上新增装机市场份额

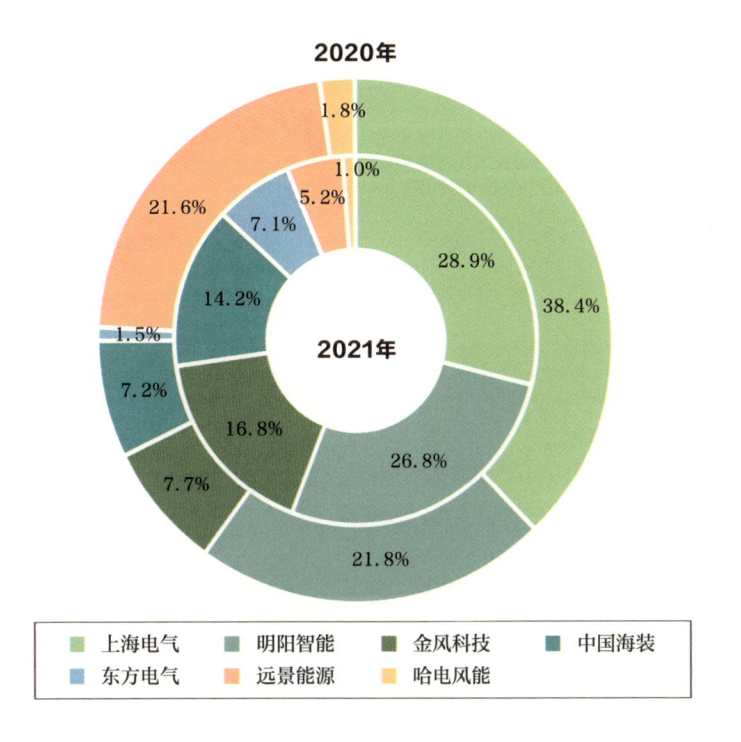

外环（2020年）：
- 上海电气 38.4%
- 明阳智能 26.8%
- 金风科技 21.8%
- 中国海装 7.7%
- 东方电气 1.5%
- 远景能源 1.5%
- 哈电风能 1.0%
- 5.2%
- 1.8%

内环（2021年）：
- 上海电气 28.9%
- 明阳智能 26.8%
- 金风科技 16.8%
- 中国海装 7.2%
- 东方电气 14.2%
- 远景能源 21.6%
- 哈电风能 7.1%

图1-24　2020年、2021年风电整机企业海上新增装机市场份额

资料来源：彭博新能源财经（BNEF）。

三　前景展望

（一）全球

1. 发展前景

（1）全球风电装机容量将稳步增长

我们预估，2022年全球风电新增装机容量将与2021年持平，随后每年新增规模均超过100GW，2022～2030年，年均新增规模达117～132GW。

在"双碳"目标的引领下，未来10年，中国将继续领跑全球风电装机容量的增长，年均新增装机容量将为56～63GW，将占全球新增装机容量的一半。

2022年8月，美国国会通过了生产税收抵免（PTC）机制延期政策，美国风电产业将快速发展，但是其新增装机容量将无法超越2020年的历史最高值。2021年，因供应链问题，部分项目延期至2022年投运，将在一定程度上推动美国2022年装机容量的增长，预计2022年新增装机容量约为12GW，随后两年新增规模会有小幅下降，每年新增装机容量不到10GW，2025年后将回升至16GW及以上。因此，未来10年，美国年均新增装机容量在14GW左右。

欧洲地区为摆脱对俄罗斯能源的依赖推出的种种政策、措施，将为欧洲风电市场提供机遇，欧洲风电将迎来快速发展时期。德国计划到2030年风电装机容量达140GW。未来10年，仅德国就将新增68GW的装机容量。英国、西班牙、土耳其等国家正在逐步通过项目审批简化、市场化交易规模提升等方式，促进本国风电市场的持续繁荣。未来10年，欧洲地区年均新增装机容量将在30GW左右。

受新冠病毒感染疫情、土地和电网限制的影响，近两年印度风电新增装机容量创近10年最低水平。之前规划的项目将在近1~2年内并网。随着电力需求的增加、技术的进步，印度的风电装机容量将在2026年以后快速增长。2022~2030年，印度风电年均新增装机容量可达5~6GW。

非洲和中东地区、其他亚太市场（不包括中国和印度）的风电装机容量都将达到历史最高水平。预计2022~2030年，其他亚太地区在澳大利亚、日本、韩国等国家的带动下，每年将有2~3GW的新增装机容量。越南由于政策原因，新增装机容量存在较大的不确定性。非洲和中东地区将在南非、沙特阿拉伯、埃及、摩洛哥等国家的带动下，新增装机容量将大幅增长，年均新增装机容量可高达5~6GW，较2021年最高值不到2GW的装机容量，增长约2倍。

2022~2025年，拉丁美洲地区风电年均新增装机容量将在5GW左右；随后5年，年均新增装机容量将下降至3GW左右，主要是受巴西和智利的影响。由于政策原因，巴西和智利的新增装机容量都将在2025年后有一定程度的下降。

（2）海上风电建设加速，是拉动全球装机容量增长的主力

欧洲各国不断提高海上风电装机目标，一方面，俄乌冲突背景下，欧洲各国加速能源转型，以摆脱对俄罗斯能源的依赖。另一方面，欧洲海上风电资源较好，已成为可再生能源发电技术中最经济的选择。英国第四轮可再生能源差价合约（CfD）拍卖结果显示，海上风电电价比陆上风电和光伏发电都低，2024~2025年海上风电电价为41.61英镑/兆瓦时（合0.33元/千瓦时）[①]，到2026~2027年将进一步降低至37.25英镑/兆瓦时（合0.30元/千瓦时）。

截至2022年8月，欧洲十国2030年海上风电规划装机容量在140GW以上。截至2021年底，欧洲海上风电累计装机容量28.3GW，到2030年至少需要新增装机容量111.7GW，那么2022~2030年每年至少要新增12GW才能完成规划。

在亚洲地区，在"双碳"目标的驱动下，中国海上风电将继续快速发展，2022~2030年每年新增装机容量将超11GW。除中国外，日本、韩国、越南等国家近年来也加快布局，预计到2030年新增装机容量在13GW左右。

在北美洲地区，美国提高了对海上风电部署的战略关注度，目前处于不同开发阶段的美国海上风电项目的装机容量为40GW，较2020年增长14%，其中包括18个处于审批阶段的项目，总装机容量为18.6GW。从2023年开始，美国海上风电装机容量不断增加。截至2030年底，美国预计有30GW左右的新增装机容量。

---

① 按照1英镑=8.05元人民币折算。

因此，我们预计2022～2030年，全球海上风电年均新增装机容量在30GW左右。

（3）漂浮式风电技术是深远海上风电的发展趋势

漂浮式风机在2016年后由样机技术验证阶段逐渐走向小批量、预商用阶段。截至2021年底，全球漂浮式海上风电项目共17个，累计装机容量为142.37MW，累计装机数量为27台。到2022年底，全球漂浮式海上风电装机容量预计将达到200～260MW。

随着装机容量的增加，漂浮式风机技术已趋于成熟，越来越多的国家开始重视对深水风资源的开发。目前，全球有15个国家正在建设或者计划开发漂浮式海上风电项目，包括韩国、英国、爱尔兰、巴西等，规划的装机容量总计达60.6GW。从规划项目的进展情况来看，预计到2030年，全球漂浮式海上风电装机容量达10GW左右，其中仅有1GW左右在2025年以前完成。

2. 技术趋势

（1）海上风电制氢是未来绿氢生产的主力军之一

海上风电制氢是解决海上风电大规模并网消纳难、深远海电力送出成本高等问题的有效手段。欧洲国家十分重视海上风电制氢技术。一方面，欧洲拥有发展海上风电的资源优势、成熟的海上风电供应链及沿海地区产业集群。欧洲发展的海上风电将是未来可再生能源的主要方面，是实现净零目标的重要技术路线。另一方面，欧洲海上风电离岸越来越远，外送电缆投资成本逐步攀升，采用电解水方式，通过管道或船舶将氢气运输到用氢地，在成本和周期上都具备优势，欧洲部分海域有现成的天然气管道可供使用，这进一步降低了运氢成本。

海上风电制氢是未来绿氢生产的主力军之一。在已经宣布的32GW的电解水制氢项目储备中，有一半来自海上风电。其中，德国、荷兰、丹麦等欧洲国家均已有百万千瓦级以上的海上风电制氢规划。

随着海上风电成本和电解槽设备成本的持续下降,制氢成本也会有较大的下降空间。在未来的发展中,除了要克服海上风电制氢成本较高的问题,还需破解风电的波动性对于制氢设备的影响、储存运输难等一系列技术性难题。预计到2025年,海上风电制氢市场中的主流仍将是试点项目,旨在证明项目的技术经济可行性。

（2）下一代风机将大面积应用

未来的发展重心将聚焦于延长叶轮直径和增加单机容量两方面,以提高风机效率和降低LCOE,5~6MW的陆上风机机型与11~15MW的海上风机机型将成为2025年前的主流机型。从2022年全球招投标项目来看,陆上招投标风机单机容量以5MW和6MW为主,最高单机容量为7.5MW,来自金风科技的GWH182-7.5；海上招投标风机单机容量以11MW以上机型为主,最高单机容量为15MW,来自维斯塔斯的V236-15.0。从技术进步到产业化的速度较历史上任何时期都明显提高。预计到2030年,陆上风机单机容量可达10MW,海上风机单机容量可达20MW。

此外,下一代海上风机不但在提高单机容量方面有所创新,也将聚焦风机模块化设计、适用于中国及其他亚洲市场的低风速风机、适用于亚洲低风速市场的抗台风系列机型等方面。

（3）风机叶片回收再利用逐渐被重视

风电机组中有回收价值的部分包括塔筒、基座、机舱罩以及叶片等,其中85%~90%的报废材料有成熟的回收体系,但风机叶片的回收模式还在探索中。

目前,全球范围内使用较为广泛的风机叶片材料由玻璃纤维增强的热固性树脂基复合材料构成,主要包括环氧树脂、玻璃纤维、轻木等,固化成型后,化学过程不能逆向,不经过新的工艺处理无法自然降解,其中最有回收价值的纤维材料与环氧树脂难以拆分、重复使用。

经过多年探索,风机叶片复合材料回收初步形成了包括综合利用、机械粉碎法、热解法、化学降解法、能量获取法等在内的多条技术路线，但实际应用上，并未实现大规模推广。据中国可再生能源学会风能专业委员会统计，2020年，中国退役风机叶片产生约900吨复合材料固体废物，预计到2025年退役风机叶片产生的固废规模接近5800吨，到2028年将激增至7.4万吨。面对如此庞大的退役风机叶片规模，如何做好退役风机叶片的规模化处置，已成为风电产业可持续发展的重要一环。

3. 成本趋势

（1）风机大型化是陆上风电降本的主要途径

风机大型化将带来LCOE的降低，也是陆上风电降本的关键因素。一是大型化机组可增加发电量，提升容量系数。更大的叶轮直径可增加扫风面积，更高的塔架可获取优质风资源，可有效提高利用小时数，从而增加发电量。二是大型化机组可减少耗材使用，摊薄制造成本。浙江运达陆上风机4.5MW机型较3.5MW机型在输出功率上提升50%。罗兰贝格测算，6MW风机代替3MW风机可以使风机以外的项目总造价和运维费用分别下降6%和14%。

全球风机大型化进程加快，可以看出未来容量系数将不断提高，风机价格、安装成本和运维费用等持续下降，因此，风电LCOE也将持续下降。

（2）海上风电下降空间大于陆上风电

海上、陆上风电的成本构成比例有一定差距，陆上风电成本占项目总造价的70%左右，而海上风电成本占比不到40%。因此，风机大型化是陆上风电降本的最重要因素。而对于海上风电来说，驱动降本的因素较多，主要包括三个方面。一是技术进步，海上风机的大型化及创新、安装设备的技术进步和安装方法的改善、电缆技术进步及输电系统优化等。二是规模化的开发，规模化、集约化的开发带来的规模效益，以及对供应商的议价能力的提升。三是产业链的不断成熟，欧洲近年来的成本快速下降得益于其成熟的本土产业链。

（二）中国

1. 发展前景

自2022年起，中国风电全面进入平价时代。尽管如此，在"双碳"目标的引领下，中国风电市场仍将快速发展。

我们预计，2022年中国风电新增并网规模可达35~40GW。其中陆上风电根据项目及整机企业出货量的相关数据，新增装机容量预计为30~35GW；海上风电经过2020年抢装后，2022年新增规模将大幅下降，装机容量预计在5GW左右。

2023~2025年，中国风电年均新增装机容量达57~63GW，其中陆上风电年均新增48~52GW，海上风电年均新增9~11GW。

"十五五"期间，新增速度将加快，中国风电年均新增装机容量达63~69GW，其中陆上风电年均新增53~57GW，海上风电年均新增10~12GW。

详细预测依据如下。

（1）地方政府"十四五"规划助力风电快速发展

在"双碳"目标得以明确并强化后，各地政府纷纷加码新能源，提出发展目标。截至2022年7月底，全国31个省区市（不含港澳台）均已出台相关省级"十四五"规划，其中有7个省区市明确风电、光伏发电并网目标，总计规划1.5亿千瓦，如果40%是风电，那么这7个省区市的风电发展规模则是6000万千瓦；已明确风电发展规模的23个省区市的新增并网目标是2.5亿千瓦。因此，这30个省区市总计风电新增并网目标是3.1亿千瓦（见表1-4）。假设全部完成规划目标，"十四五"期间，风电年均新增装机容量将为6200万千瓦。

东北、西南地区风电规划成为行业主要焦点。由于消纳困难、电网配套不到位等相关因素，东北三省风电发展自"十二五"初期陆续停滞，至2021年已近10年。2021年，围绕国家松辽清洁能源基地规划，东北三省均发布较高的"十四五"风电发展目标，其中，吉林启动"陆上三峡"工程，风电、光伏发电新增并网目标超过2000万千瓦。西南地区包含三大国家清洁能源基地，四川、云南也相继发布较高的"十四五"风电、光伏发电发展目标，其中，云南新增并网目标超过2500万千瓦（见表1-4）。

表1-4 各省区市"十四五"规划风电、光伏发电并网目标概览

单位：万千瓦，%

省区市	2020年末累计并网规模		"十四五"期间累计并网目标		"十四五"期间新增并网目标		"十四五"期末较"十三五"期末的增长率	
	风电	光伏发电	风电	光伏发电	风电	光伏发电	风电	光伏发电
北京	19	62	30	252*	11	190	57.9	306.5
天津	85	164	200	560	115*	396*	135.3	241.5
上海	82	137	262*	407*	180	270	219.5	197.1
重庆	97	67	350		200		113.4	
河北	2274	2190	4300	5400	2026*	3210*	89.1	146.6
山西	1974	1309	3000	5000	1026	3691	52.0	282.0
辽宁	981	400	3700		2319*		167.9	
吉林	577	338	2200	800	1623*	462*	281.3	136.7
黑龙江	686	318	1686*	868*	1000	550	145.8	173.0
江苏	1547	1684	6300		3069*		95	
浙江	186	1517	641	2762	455*	1245*	244.6	82.1
安徽	412	1370	800	2800	388	1430	94.2	104.4
福建	486	202	900	500	410	300	85.2	148.5
江西	510	776	700	2400	200	1600	37.3	209.3

（续）

省区市	2020年末累计并网规模		"十四五"期间累计并网目标		"十四五"期间新增并网目标		"十四五"期末较"十三五"期末的增长率	
	风电	光伏发电	风电	光伏发电	风电	光伏发电	风电	光伏发电
山东	1795	2272	2800	6500	1005	4228	56.0	186.1
河南	1518	1175	2518*	2175*	1000	1000	65.9	85.1
湖北	502	698	1000	2000	500	1500	99.2	186.5
湖南	669	391	2500		1440*		135.8	
广东	565	797	2564*	2797*	2000	2000	353.8	250.9
海南	29	140	669*		500		295.9	
四川	426	191	1003*	1210*	577	1019	135.4	533.5
贵州	580	1057	1080	3100	500*	2043*	86.2	193.3
云南	881	393	3864*		2590		203.3	
陕西	892	1089	2000	3800	1108*	2711*	124.2	248.9
甘肃	1373	982	3853	4169	2480*	3187*	180.6	324.5
青海	843	1601	1650	4580	807*	2979*	95.7	186.1
内蒙古	3786	1237	8900	4500	5114*	3263*	135.1	263.8
广西	643	190	2450*	1500	1807*	1300	281.0	689.5
西藏	1	137	—	1000	—	863*	—	629.9
宁夏	1377	1197	1827*	2597*	450	1400	32.7	117.0
新疆	2361	1266	8240		4613*		127.2	
总计	28157	25347	133664		80350		150.1	

注：增长率及标"*"数据由计算得出。

资料来源：国家能源集团技术经济研究院。

（2）中央企业聚焦新能源，是风电快速发展的基础

2021年，各大电力央企积极响应国家碳中和目标并采取行动，均已发布"十四五"规划目标，聚焦可再生能源发展，提升清洁能源装机占比。"十四五"期间，11家电力央企①风电、光伏发电装机规模超过4.8亿千瓦。假设完成规划目标，且该规划目标中40%是风电，则11家电力央企的风电年均新增规模就达到3840万千瓦。

同时，也可以看到其他央企及地方能源国企层面也有相当规模的新能源投资计划，有望进一步给风电带来新增装机需求。

（3）风光大基地将成为风电快速发展的核心组成部分

2021年11月，国家发展改革委办公厅、国家能源局综合司发布《关于印发第一批以沙漠、戈壁、荒漠地区为重点的大型风电光伏基地建设项目清单的通知》，涉及内蒙古、青海、甘肃、湖南、安徽等18个省区和新疆生产建设兵团，总规模为9705万千瓦，其中风电规划1360万千瓦，风光装机6155万千瓦，按照40%的比例估算，其中含2462万千瓦风电。2021年底，已有7500万千瓦项目开工建设，其余项目在2022年第一季度陆续开工，其中明确要求在2022年底前投产的有超过45GW风光大基地项目，另有超52GW风光大基地项目明确要求在2023年底前投产。

2022年2月，国家发展改革委、国家能源局印发《以沙漠、戈壁、荒漠地区为重点的大型风电光伏基地规划布局方案》，提出到2030年，风光基地总装机容量约4.55亿千瓦，"十四五""十五五"时期分别规划建设风光总装机容量约2亿千瓦和2.55亿千瓦。该方案的风光大基地集中在三北地区，其中，库布齐、乌兰布和、腾格里、巴丹吉林沙漠基地规划装机容量2.84亿千瓦，采煤沉陷区规划装机容量0.37亿千瓦，其他沙漠和戈壁地区规划装机容量1.34亿千瓦。

---

① 五大电力集团公司分别是国家能源集团、国家电投、华能集团、华电集团、大唐集团。六小电力企业分别是三峡集团、华润电力、中广核、国投电力、中核集团、中节能。

（4）风电"以大代小"改造将进一步提高新增规模

风电"以大代小"改造有望在全国范围内启动，这将进一步提高风电新增装机规模。2021年8月30日，宁夏发布《关于开展宁夏老旧风电场"以大代小"更新试点的通知》，这是中国出台的首个老旧风电场"以大代小"政策。该政策明确表示支持风电场退役升级增容。

2021年12月，国家能源局就《风电场改造升级和退役管理办法》征求意见，目前已结束征求意见。该办法鼓励并网运行超过15年的风电场开展改造升级和退役，根据实际情况，"以大代小"更新改造重点考虑的是10年以上机组。

如若后续政策出台支持风电场升级和退役，则开发企业风机改造的动力将大大增强。到2025年，运行超过15年的风电场累计装机容量达44.7GW[①]，安装风电机组34485台，平均单机容量为1.29MW。假设2025年以前，需要更换的老旧风机占50%，若更换后单机容量为2.5MW，则对应的老旧风机改造规模为43.1GW；若更换后单机容量为3MW，则对应的老旧风机改造规模为51.7GW。我们预估"十四五"期间平均每年改造老旧风机的需求将达到3GW左右。

（5）分散式风电是集中式风电的有益补充

陆上集中式风电、海上风电和分散式风电被称为拉动国内风电规模化发展的"三驾马车"。不过，与陆上集中式风电、海上风电相比，分散式风电的发展明显滞后。截至2021年底，分散式风电装机容量仅约10GW，在总风电装机容量中的占比较低。但分散式风电项目装机灵活，产出的电力易于消纳，分散式风电未来潜力也将是巨大的。

国家对推进风电下乡发布一系列政策，地方也纷纷落实。2021年10

---

① 其中，陆上装机容量为44.6GW。

月，国家发改委发布《"十四五"可再生能源发展规划》，明确实施"千乡万村驭风行动"，以县域为单元大力推动乡村风电建设，推动100个左右的县、10000个左右的行政村进行风电开发。这既为风电下乡提供了政策支持，也明确了实施路径。2022年5月23日，《乡村建设行动实施方案》提出实施乡村清洁能源建设工程，发展太阳能、风能、水能、地热能、生物质能等清洁能源，结合乡村振兴战略，实施风电下乡"整县推进"。2022年6月，吉林省能源局发布《吉林省能源局2022年度推进新能源乡村振兴工程工作方案》，提出2022年在吉林9个市（州）以及长白山管委会、梅河口市，约3000个行政村每村建设100千瓦风电项目或200千瓦光伏发电项目，这是全国首个出台的省级风电下乡政策文件。

推动核准制转备案制将在一定程度上利好分散式风电。2022年5月30日，国家发改委、国家能源局发布《关于促进新时代新能源高质量发展的实施方案》，提出推动风电项目由核准制调整为备案制，风电项目审批流程简化，利好项目规模偏小，乡镇一级建设分散式风电项目。2022年8月12日，河北省张家口市发布《关于风电项目由核准制调整为备案制的公告》，提出自2022年9月1日起，将风电项目由核准制调整为备案制，这是首个正式落地的地方风电备案制政策。

我们预计分散式风电建设有望逐步提速，2025年末分散式风电装机容量有望达25GW；年均新增并网装机容量在3~5GW。

（6）海上风电平价在望，各省区市装机规划高增

中国海岸线长度超过1.8万千米，海上资源十分丰富，同时毗邻东南沿海用电负荷区，便于能源消纳，海上风电已成为重要的战略发展路线。

在"双碳"目标提出后，中国沿海地区海上风电规划及支持政策陆续出台。目前，已有11个沿海地区开展海上风电规划研究工作，其中，广东、浙江等9个省区市明确"十四五"期间海上风电发展目标，新增装机容量目标为54.2GW（见图1-25），约是"十三五"期间中国海上风电新

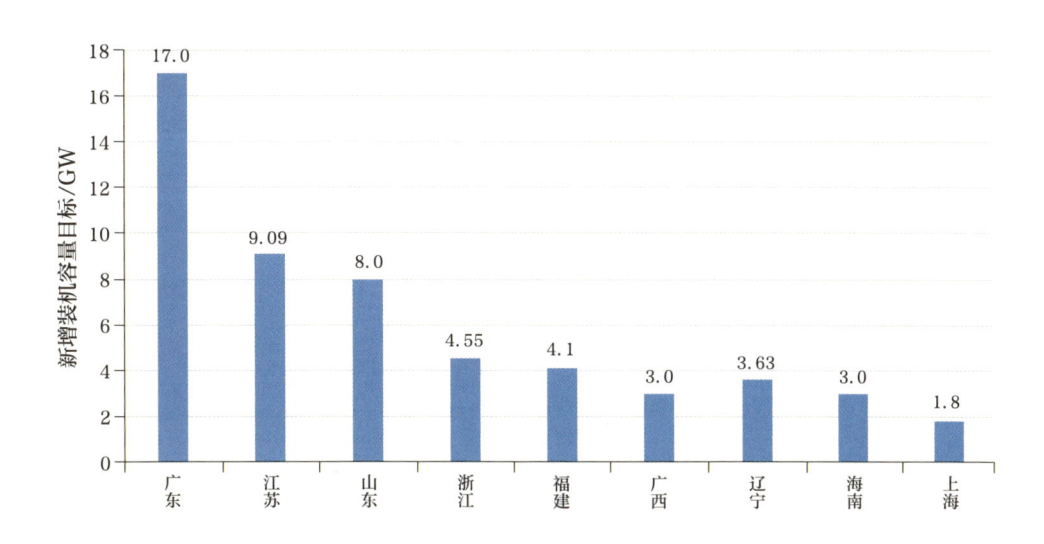

图1-25 沿海省区市"十四五"期间海上风电新增装机容量目标

省份	广东	江苏	山东	浙江	福建	广西	辽宁	海南	上海
新增装机容量目标/GW	17.0	9.09	8.0	4.55	4.1	3.0	3.63	3.0	1.8

资料来源：国家能源集团技术经济研究院。

增装机容量的6倍。

同时，省补接力国补，助力海上风电平稳有序迈入平价时代。广东和山东两省已明确提出"十四五"期间将针对海上风电新增全容量并网的项目给予一定的地方补贴。浙江成为继广东与山东之后，第三个发布海上风电地方补贴的地区。不同于浙江补贴电费的方式，广东和山东的省补为一次性补贴海上风电的建设费用。把浙江省的电费补贴折算成建设费用补贴，发现浙江补贴最低（见表1-5）。

表1-5 浙江、山东、广东三省海上风电补贴标准

单位：元/千瓦，万千瓦

省份	2022年全容量并网		2023年全容量并网		2024年全容量并网	
	补贴标准	补贴规模	补贴标准	补贴规模	补贴标准	补贴规模
浙江	780	60	390	150	—	—
山东	800	200	500	340	300	160
广东	1500	—	1000	—	500	—

资料来源：国家能源集团技术经济研究院。

在"双碳"目标的引领下,沿海地区加快对海上风电产业的培育;海上风电项目招标、前期准备工作频繁启动,中国海上风电发展进程提速。

自2022年以来,受平价项目建设周期以及疫情反复的影响,上半年中国海上风电新增装机容量较少,因此我们预计,2022年海上风电新增装机容量约600万千瓦。2023~2025年,新增装机容量有望超过3000万千瓦,平均每年新增规模为1000万千瓦。

2. 技术趋势

(1)陆上风机大型化进程提速

风机大型化进程持续,且速度加快。随着技术的进步、平价时代的到来以及大基地的规模化开发,风机大型化成为中国风电产业长期以来的发展趋势。

从2021年下半年至2022年7月的陆上风机招投标机型中可以看出,5MW及以上机型占总招投标机型的74%,而4MW以下机型的占比为10%(见图1-26)。可以预期,2022年,吊装的陆上风机单机容量将明显增长。

目前,6~7MW机型已形成技术储备,商业化、规模化应用可期。当前,三北地区和西南地区大型风电项目以5~6MW机型为主,根据风机企业的技术储备,未来升级至6~7MW机型的可能性较高。2022年上海电气陆上平价机组EW7.X-202中标华润电力的200MW一体化项目。预计后续将有更多的风机企业跟进推出7MW级别的陆上机组,国内6~7MW陆上大功率机组的商业化、规模化应用可期。

"十四五"期末,北方地区基地化、规模化的陆上风机单机容量最大可达10MW,叶轮直径和塔筒高度将超200米,中部、东部、南部地区的陆上风机单机容量可达5MW。

(2)风机大型化成为海上风电重要趋势

风机大型化进程加速。目前国内海上风电逐步进入10~11MW时

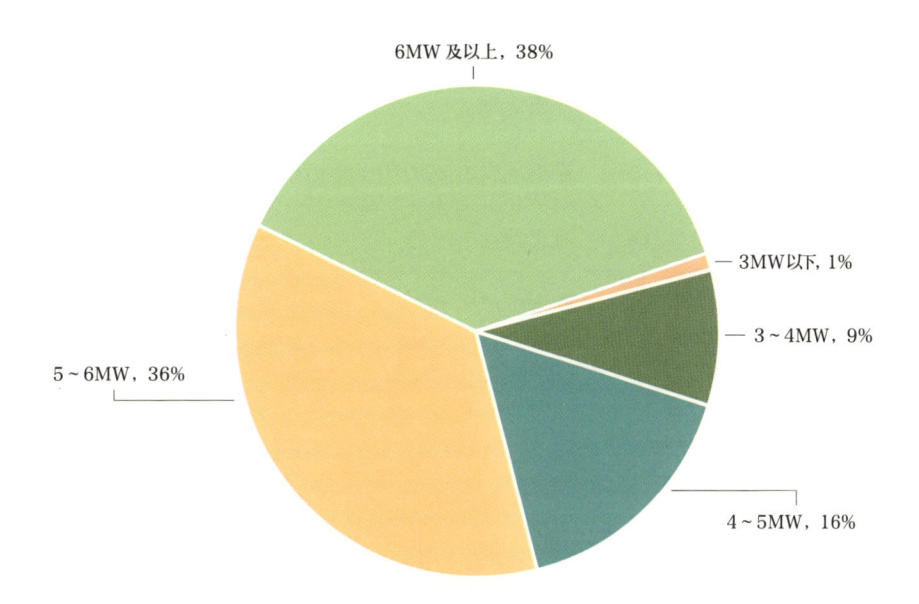

图1-26　2021年下半年至2022年7月的陆上风机招投标机型分布
资料来源：国家能源集团技术经济研究院。

代，但尚处于初步投产阶段。从研发机型来看，国内整机企业开始布局12~16MW级产品，明阳智能的16MW风机预计2022年底样机下线，2024年上半年商业化量产（见表1-6）。

表1-6　整机企业10MW级海上风机进展情况

整机企业	主力机型	技术路线	开发进度	供货时间
金风科技	GWH242-12	半直驱	概念设计	预计2022年底样机下线，2023年下半年量产
明阳智能	MySE11-203	半直驱	样机生产	预计2023年上半年量产
	MySE16-242	半直驱	概念设计	预计2022年底样机下线，2024年上半年实现商业化量产
东方电气	D10000-185	直驱	小批量应用	已供货福建长乐
	D13000-211	直驱	样机下线	2022年下半年可以供货

（续）

整机企业	主力机型	技术路线	开发进度	供货时间
中国海装	H210-10.0	半直驱	样机下线	2022年下半年可以供货
	H256-16.0	半直驱	概念设计	—
维斯塔斯	V236-15.0	半直驱	样机生产	预计2022年底样机下线，2024年上半年量产
通用电气	Haliade-X12	直驱	小批量应用	2022年2月GE揭阳总装基地成功交付了首批Haliade-X13机型

资料来源：国家能源集团技术经济研究院。

（3）中国陆上风机大型化基本跟进西方，海上差距变小

维斯塔斯在2022年4月推出V172-7.2风机，而中国哈电风能的HE187-7.X风力发电机组已完成吊装及并网前调试工作。从2022年投标情况来看，中国陆上风电已进入5~6MW时代。

通用电气13MW首台样机已经并网发电，维斯塔斯15MW、通用电气14MW和西门子歌美飒14MW海上风机首台样机正在筹备吊装；而中国11MW海上风机已并网发电，各大整机企业布局12~16MW级产品，陆续推出了单机容量在14MW及以上的海上风电机组。

3. 成本趋势

（1）风电LCOE仍将继续下降

风机大型化促进风机成本进入下行通道。近两年来，风机大型化趋势加速，市场主流风机从陆上3~4MW提升至4~5MW及以上机型，海上风机更是从之前的3~5MW快速进入8MW乃至10MW时代。随着风机单机功率大幅增加，其单位功率对应铸锻件等材料的耗量被大幅摊薄，风机成本进入下行通道。

风电整机企业正以低于过去风机价格的水平提供直径更大、额定功率更高、性能更强的风机。2022年1~7月，中国风机平均投标价格降至

1917元/千瓦（不含塔筒），较2021年同期下降29.8%，目前最低价格是1408元/千瓦。风电机组价格的下降有助于降低项目总造价，降低风电LCOE。

大基地将有效摊薄建造成本和运维费用。大基地开发已经成为趋势，规模化发展将有效摊薄运输、施工、吊装等建造成本，同时在后期运维方面也具备规模优势。

特高压、储能等电力基础设施的完善将会促进风电消纳。但是特高压不能解决所有的问题，未来随着装机的快速增加，三北地区需要额外的电力需求来消纳可再生能源电力，届时，弃风、弃光现象有可能再次发生。

整体来看，中国陆上风电在平价上网后，仍有较大的降本空间。预计在2023年前后，风电LCOE的平均水平将与煤电上网电价的平均水平相当，未来将更具竞争力。

（2）技术突破创新是海上风电降本的关键

2022年，海上风电投标的价格较2020年几乎下降了一半，每千瓦3000~4000元的价格已成常态。最低价是2022年6月东方电气投标的浙能台州1号海上风电场项目，含塔筒的投标价格是3548元/千瓦。同时，经过2021年抢装后，中国国内海上风电设备制造能力、施工安装能力等均有较大提升，相应的成本均有不同幅度的下降。因此，海上风电项目总造价有望进一步下降。

目前，中国重点海上风电省份的工程造价是在每千瓦1万~1.4万元，风电机组的进一步大型化将是中国海上风电降本的重要途径。目前，中国海上风电在建的项目是以6MW及以上的机型为主，8~10MW机型已有不到4GW的项目在运行，国内整机企业开始布局12~16MW级机型。未来，随着下一代6~8MW海上风机的应用，项目总造价将进一步下降，风电利用小时数有望提高，海上风电LCOE也将下降。

尽管海上风电已经进入平价时代，但是真正实现平价仍需要2~3年的时间，有些地区甚至需要更长的时间。江苏、广州、浙江或将在2024年前后实现平价，其他地区或将在2026年以后才能实现平价。未来，海上风电项目离岸距离将越来越远，水深越来越深，施工成本、海缆成本也都将上升，实现全面平价上网仍需较长一段时间。

4. 产业趋势

（1）风电开发需求逻辑发生变化

补贴时代风电开发驱动主要来自补贴政策，进入平价时代后，风机大型化进程加速，促使风电场建设成本降低、开发商的收益得以保障，同时在"双碳"目标的引领下，风电行业需求增长。

此外，风电开发竞争也愈加激烈。一方面，电力央企、能源（煤炭、油气）央企、地方能源国企等，顺应清洁低碳发展趋势，纷纷加大新能源项目投资开发力度，风电开发将更加向国有企业集中，竞争也将异常激烈。另一方面，越来越多的企业进军海上风电市场。中海油、山东高速等发力海上风电，中海油力争"十四五"期间获取海上风电资源500万~1000万千瓦，装机容量150万千瓦。

（2）整机企业竞争加剧仍在整合中

整机企业竞争将更加激烈。一方面，风机制造产能不断增加。连续两年的市场高需求、"双碳"目标以及地方政府的支持政策，吸引了大量资本涌入风电制造领域。同时，整机企业通过建厂获取资源，然后通过资源换取订单的战略已成趋势。据国家能源集团技术经济研究院根据新闻信息的统计，2021年1月至2022年7月，共有67个风电整机基地签约或开工投产，另有13个塔筒、叶片等大部件企业扩产。另一方面，整机企业竞争加剧。上海电气、中国海装等国有企业凭借母公司的雄厚实力，在体制改革、技术进步创新、管理等方面取得进展的同时，呈发力进取之势。三一重能、哈电风能等在完成蜕变之后必将奋起直追。因此，中国风电制造端将在较长的时间里维持多家企业共存的情况，企业间的竞争将会更加激烈。

(3) 风机出口正迎来加速期

近年来，中国风机技术快速发展，国内大型化风机技术基本追赶上海外整机企业的产品。风机大型化的加速发展使中国风机价格不断下降，与海外整机企业风机价格差距逐渐拉大。与此同时，受益于欧洲和亚洲地区需求的推动，中国国内风电机组出口规模不断增长。2021年，中国向海外出口风电机组容量为3.3GW，同比增长175.2%；截至2021年底，中国风电整机企业已出口的风电机组共计3614台，累计容量达到9.64GW。

越南取代澳大利亚成为中国风电机组新增和累计出口最多的国家，2021年新增和累计出口量占比分别达72.1%和25.4%。越南处于风电发展期，其目标是到2030年陆上风电装机容量达14~24GW，海上风电装机容量达7~8GW。我们预计中国风机企业有望继续在东南亚、中亚和南美等市场扩大出口优势，不断提升市场份额，也有希望在欧洲和北美洲的成熟需求市场实现突破。

第二章
全球太阳能发电发展现状与前景展望

太阳能利用可分为光伏发电（PV）、光热发电（CSP，太阳能热发电）和太阳能热利用三个方面。本研究主要集中在发电方面，即研究对象为2021~2022年全球及中国的光伏发电和光热发电状况。

2021年及2022年上半年，各国从新冠病毒感染疫情中渐渐恢复，经济增长、能源转型、能源安全等多种因素叠加，带动太阳能发电市场快速发展。2021年，全球太阳能发电新增装机容量达到170.11GW，同比增长31%，新增量创历史新高，超过百万千瓦级的市场仍与上年一致，保持在15个；全球发电量达到1032.5TWh，同比增长22.3%，近年来均呈逐年增加的趋势；全球大型光伏发电项目平均年可利用小时数为1507小时，同比提升97小时。由于上游产品成本上涨，2021年和2022年上半年，全球大型光伏发电项目（非跟踪支架）加权平均平准化度电成本（LCOE）分别为48美元/兆瓦时和50美元/兆瓦时，同比持平并微涨。2021年，全球光伏企业投融资总额达到278亿美元，较2020年的145亿美元增长92%。光伏电池效率不断提升，产品制造业产业链各个环节的生产能力继续提升。2021年底，全球多晶硅料、硅片、电池片和组件的产能分别为77.4万吨、415.1GW、423.5GW和465.2GW，产量分别为64.2万吨、232.9GW、223.9GW和220.8GW。受国际地缘政治、经济等外部环境影响，光伏领域出现了贸易关税、碳足迹认证、碳关税、与政治问题挂钩的制裁、知识产权诉讼等多种贸易壁垒和摩擦。我们预计，2022年全球太阳能发电装机容量将增长200~230GW，同比增幅18%~35%，其中大部分是光伏发电，技术上将继续加速创新步伐；2022年中国仍将保持引领地位，新增装机容量将达到90GW左右。

一 全球太阳能发电发展现状与特点

（一）装机容量

2021年，全球太阳能发电新增装机容量170.11GW，同比增长31%，新增量创历史新高。其中，光伏发电新增装机容量170GW，同比增长31%；光热发电只新增110MW。截至2021年底，全球太阳能发电累计装机容量达到932.8GW，其中光伏发电926GW、光热发电6.8GW。全球有15个GW级光伏发电市场（见表2-1），除了传统的6个龙头国家（中国、美国、日本、德国、澳大利亚、印度）以外，还有许多国家表现优异，特别是巴西、西班牙、智利全年表现亮眼，光伏发电新增装机容量有较大幅度增长。

表2-1 2021年全球光伏发电新增装机容量在1GW以上的国家及其装机容量

单位：GW

国家	中国	美国	印度	日本	德国	巴西	澳大利亚	韩国	西班牙	荷兰	波兰	法国	巴基斯坦	智利	土耳其
2021年新增装机容量	54.88	23.6	10.3	6.5	5.26	5.11	4.6	4.4	3.8	3.3	3.2	2.7	1.7	1.5	1.1
2021年底累计装机容量	306.56	119.2	49.3	74.9	59.5	13.1	25.3	19.5	15.3	13.5	7.1	13.0	8.0	4.6	7.8

资料来源：中国数据来源于国家能源局，美国数据来源于SEIA，印度数据来源于Mercom，日本数据来源于IEA，德国数据来源于Bundesnetzagentur，巴西数据来源于Absolar，澳大利亚数据来源于APVI，韩国数据来源于KEA，西班牙数据来源于UNEF，荷兰数据来源于CBS，波兰、法国、巴基斯坦、智利、土耳其数据来源于IRENA。

1. 传统龙头国家和新兴国家引领全球光伏装机发展

2021年，全球太阳能发电装机市场整体格局变化不大，中国、美国、日本、德国、澳大利亚、印度6国是传统光伏发电建设龙头国家，韩国、西班牙、荷兰、波兰、法国、巴基斯坦、智利、土耳其继续保持增长。

2021年，巴西凭借利好政策和自然条件的优势，光伏发电新增装机容量较2020年有大幅增长；印度受新冠病毒感染疫情影响减弱，装机大幅反弹。

2021年，中国是光伏发电新增装机容量最大的国家，新增装机容量54.88GW，同比增长14%；美国保持第二大装机市场的位置不变，新增装机容量23.6GW，同比增长23%；印度位列第三，新增装机容量10.3GW，同比增长151%，成为2021年增幅最大的国家；日本由于FIT政策到期，新增装机容量6.5GW，同比下降21%；德国新增装机容量5.26GW，同比增长7%；澳大利亚新增装机容量4.6GW，同比增长5%。

2021年，在第二梯队国家中，巴西光伏发电新增装机容量较上年大幅增长56%，达5.11GW，首次跻身全球前十大市场；西班牙新增装机容量大幅增长46%，达3.8GW；韩国新增装机容量4.4GW，增长7%；荷兰新增装机容量3.3GW，增长9%。2021年，光伏发电新增装机容量前十的国家总新增装机容量为122GW（见图2-1），占全球新增装机容量的72%，同比下降了13个百分点。这意味着除了前十大市场以外的其他国家和地区，2021年光伏发电新增装机容量增长很快。

2021年，中国光伏发电新增装机容量54.88GW，同比增长14%；累计装机容量突破3亿千瓦大关，达306.56GW，连续7年居全球首位。分布式光伏发电已经成为中国重要的发电形式，累计装机容量突破1亿千瓦，达到1.075亿千瓦，约占全部光伏发电累计装机容量的1/3。光伏发电集中式与分布式并举的发展趋势明显，2021年分布式光伏发电新增约29GW，约占全部新增装机容量的53%，占比首次突破50%。其中，户用光伏补贴收尾，极大地刺激了装机需求，2021年新增21.59GW，占全部新增量的39%，成为如期实现碳达峰、碳中和目标和落实乡村振兴战略的重要力量。

2021年底，美国光伏发电累计装机容量119.2GW，新增装机容量23.6GW，同比增长23%，再次创历史新高。其中，公用事业项目新增规

图2-1 2020～2021年主要国家光伏发电新增装机容量及其增长率

资料来源：中国数据来源于国家能源局，美国数据来源于SEIA，印度数据来源于Mercom，日本数据来源于IEA，德国数据来源于Bundesnetzagentur，巴西数据来源于Absolar，澳大利亚数据来源于APVI，韩国数据来源于KEA，西班牙数据来源于UNEF，荷兰数据来源于CBS。

模近17GW，住宅项目4.2GW，非住宅项目2.4GW。由于物流和供应链限制、成本增加，安装量仍低于预期，部分项目延期至2022年并网。在政策方面，美国国际贸易法院（CIT）恢复了对双面太阳能组件的201关税豁免权，退回此前已征收部分；通过Build Back Better Act拨款用于应对气候变化，同时将投资税收抵免（ITC）比例提升至30%，期限延长10年。为了满足市场需要，更加注重培养完整的本土制造产业链，以政治手段阻挡中国产品进口，且在下一代太阳能技术创新、商业化和规模化方面加快研发实践，以确保未来拥有弹性的供应链。

2021年底，印度光伏发电累计装机容量49.3GW，新增光伏装机容量10.3GW，同比大增151%。2020年受到新冠病毒感染疫情冲击，供应链中断、项目延期等问题出现，当年新增装机容量降至5年间最低水平。2021年疫情好转，大量延期项目启动，推动了装机市场强势反弹，光伏行业投资比上年增长了254%。在战略目标上，曾于2014年提出到2022年实现可再生能源装机容量达到175GW的宏伟目标，目前约只完成一半。莫迪总理承诺将在2070年实现碳中和，政策引导的光伏投资热潮将继续促进光伏市场发展，但印度也面临融资、土地、电网限制等一系列问题。为了降低对进口产品的依赖度，印度设置保障税来限制进口，并于2021年4月批准了光伏组件生产挂钩激励计划（PLI），加快培育本土制造产业。

日本发展光伏的政策非常积极。2021年10月，日本经济产业省（METI）发布了第六版战略能源计划，提出2030年减排目标从26%提升到46%，2050年实现碳中和，并确定2030年可再生能源发电占比将提高至36%，预计光伏发电累计装机容量将达到140GW。但是2021年装机市场并不尽如人意，新增装机容量6.5GW，同比下降21%，新增装机实际上来自前几年已经得到批准的FIT项目。自2017年开始第一次大型项目竞标，截至2022年6月已经举行12轮，总招标规模4.3GW，中标规模2.1GW，效果并不尽如人意。主要原因是受到并网和土地可用性的限制，以及第一轮严格的债券没收规则降低了开发商的投标兴趣。

2021年底，德国光伏发电累计装机容量59.5GW，新增装机容量5.26GW，同比增长7%。德国是老牌光伏市场，是欧洲及欧盟的领头羊国家，光伏发电激进发展与并不丰富的太阳辐照量形成鲜明对比。德国以《面向2050能源规划纲要》、《可再生能源法》（EEG）为基础法律法规。2021年1月，德国新修订了EEG，调整为2030年可再生能源占能源供应总量的65%，并首次将实现"温室气体净零排放"法定目标纳入其中；通过招投标确定电价的市场化策略，规定了各类可再生能源电价的最高投标限价；6月通过了《柏林太阳能法案》（Berlin Solar Act），要求自2023年起柏林所有新建筑须安装光伏系统。在削减项目补贴和促进光伏市场化方面，自2022年起消费者用电费支付的可再生能源税将减少约1/3，补贴上限为0.065欧元/千瓦时，这是EEG征税以来最大的一次削减。2021年，大型光伏竞拍620MW，中标均价为0.0503欧元/千瓦时。

巴西光照资源十分丰富，年均总辐射量1534～2264千瓦时/米^2。光伏发电装机规模增长很快，2012年底累计装机容量仅7.0kW，2021年底已经达到13.1GW，其中大型项目4.6GW、分布式项目8.5GW。除了先天的自然资源丰富外，发展强劲的动力还来自政策的推动。在大型项目方面，竞拍带来了快速增加的规模和下降的成本。2014～2021年完成了10轮光伏招标，2021年举办了3次竞拍，最低均价约23.83美元/兆瓦时。在分布式项目方面，2022年1月发布的14.300号法令规定2023年之后安装的所有小型项目将收取过网费，费率逐年增加。因此，投资者普遍尽力在2022年使项目并网，以实现更高的效益，预计全年分布式项目装机将激增。

2021年底，澳大利亚光伏发电累计装机容量25.3GW，新增装机容量4.6GW，同比增长5%，连续3年突破4GW关口。澳大利亚太阳能资源丰富，虽然通过了联邦政府级的可再生能源发展法案，但联邦政府层面的支持政策缺失，向下州一级的目标和政策均较积极。2021年10月，莫里森总理公布了一项政府计划，承诺到2050年将实现净零排放，但未对2030年提出具体目标和实施路径。

2021年底，韩国光伏发电累计装机容量19.5GW，新增装机容量4.4GW。该国从2017年起晋升为GW级市场。2017年发布《可再生能源3020实施计划》以来，韩国光伏发电发展迅速。韩国产业通商资源部实施长期（最长20年）的固定电价计划——电力批发市场价格（SMP）+可再生能源供应认证书（REC），并执行可再生能源配额制（RPS），RPS的标准逐年提高，2021年已经达到9%。为了完成政策目标，韩国需要建设更多项目，但是受限于土地供应，今后建设规划将更加重视结合农业、水面以及高速公路来部署太阳能发电。2021年，韩国政府宣布了2050年实现碳中和的目标，以及第9个可再生能源供需基本计划。积极的政策将持续刺激韩国光伏发电装机容量的增长。

西班牙是欧洲光照资源最好的国家，2021年光伏发电新增装机容量3.8GW，累计装机容量15.3GW。西班牙也是光热发电发展的先进国家，但是2021年没有新项目并网。在2013年取消了FIT以后，西班牙采用电力市场交易价格代替上网电价，通过现货市场售电或者签署5~15年购电协议（PPA）。西班牙政府大力推动光伏的发展，每年举行至少1GW的光伏发电项目的招标，2021年分别于1月和10月进行了两次可再生能源拍卖，共2.9GW光伏发电项目，将于2023年投产。2021年，西班牙电价上涨约136%，高昂的电价给PPA创造了有利条件。2021年是PPA签署最为活跃的一年。

2021年底，荷兰光伏发电新增装机容量3.3GW，累计装机容量13.5GW。商业屋顶和住宅屋顶项目是荷兰的主要市场，占比约40%，大型地面和浮动项目只占约20%，超过100万户居民安装了屋顶光伏系统，因此配电网拥堵不堪，目前接入电网困难已经成为制约光伏快速发展的一道障碍。荷兰设定了2023年实现可再生能源占比16%、2050年零排放的目标，主要通过大规模可再生能源补助（SDE+）、净计量电价、绿色建筑政策，以及个人自发自用光伏系统减免一定税收的优惠政策来实现。可再生能源投资基金等金融手段，推进了荷兰光伏产业的发展。

2021年底，波兰光伏发电新增装机容量3.2GW，累计装机容量7.1GW。波兰缺油少气，严重依赖煤电，发展可再生能源发电是弥补其电力不足的重要途径。2021年，荷兰政府在可再生能源拍卖中分配了2.2GW光伏发电项目，而且对光伏实施增值税减免政策；4月，签署新版《可再生能源法》修正案，将拍卖制度延长至2027年，大型光伏发电项目将会进一步发展。

2021年底，法国光伏发电新增装机容量2.7GW，累计装机容量13.0GW。法国核电规模大，市场长期依赖低价核电，但是近年出现了能源短缺、电价飙升等问题，促使法国开始关注光伏发电，制定相关激励政策。法国规定2023年起，新的商业和工业建筑及超过一定面积的仓库和办公楼需要利用30%的屋顶表面积加装光伏系统，并且鼓励在荒地建设光伏发电项目，对于大型项目政府采取竞争性招标。

巴基斯坦从2018年起跃升为光伏发电年新增超过GW的国家，2021年新增装机容量1.7GW，累计装机容量8.0GW。2021年7月，巴基斯坦发布新版"长期电力计划——2021年指示性发电能力扩张计划"（IGCEP），计划到2030年可再生能源发电占比12%，目标较之前有所下调，却大幅度增加了水电的发展目标。

智利是光照资源最丰富的国家之一，年均总辐射量可以达到2190千瓦时/米^2。智利以前主要依靠进口煤和柴油满足能源需求。光伏发电为智利满足电力需求提供了很好的解决路径。2021年，智利光伏发电新增装机容量1.5GW，首次晋级GW级市场，累计装机容量4.6GW。智利国家电力发展规划2030年短期目标是，电力总装机容量达到38.82GW，其中光伏装机容量25.3GW，计划到2050年达到碳中和。

2021年，土耳其光伏发电新增装机容量1.1GW，累计装机容量7.8GW。土耳其政府出台了新版固定电价机制，公开招标中确定的大型光伏发电项目将享受0.044美元/千瓦时的固定电价，适用于2021年7月至2025年底投入运营的所有可再生能源发电项目。这一政策极大地推动了光伏发电发展。

2.光热发电发展缓慢

2021年，全球光热发电仅新增装机容量110MW，累计装机容量6.8GW。新增项目为智利太阳能光热光伏混合项目中的太阳能热发电站，储热时长17.5小时。在全球装机中，槽式技术路线占比约76%，塔式技术路线占比约20%，线性菲涅耳技术路线占比约4%。

截至2021年底，中国光热发电累计装机容量538MW。其中，槽式技术路线占比约28%，塔式技术路线占比约60%，线性菲涅耳技术路线占比约12%。2016年，国家能源局确定了第一批20个太阳能热发电示范项目（总装机容量1.349GW），但是项目进度不如预期。2018年，国家能源局延期1.15元/千瓦时的标杆上网电价至2020年底，2022年开始取消补贴。中国光热发电项目面临技术不成熟、投资成本高、用地成本高和建设运营经验缺乏四大主要问题。取消补贴以后，项目建设速度更为缓慢，2021年无新项目并网。

（二）发电量

1.发电量较多的国家均为传统光伏大国

2021年，全球太阳能发电量达到1032.5TWh，同比增长22.3%，近年来均呈逐年增加的趋势。

太阳能发电量最多的国家仍然是装机容量最多的传统光伏大国——中国、美国、日本、印度、德国和澳大利亚，这说明发电量与装机容量呈正相关关系。2021年，光伏发电新增装机容量前十国家的发电量基本上同比有较大增幅，巴西同比增幅达到110%（见表2-2），与其新增装机容量增幅56%关系密切。

表2-2 2020～2021年全球太阳能发电量和占比情况

单位：TWh，%

序号	国家	2020年	2021年	同比增长	2021年太阳能发电量在总发电量中的占比
1	中国	261.10	325.9	25	4
2	美国	132.00	165.4	25	4
3	印度	58.70	68.3	16	4
4	日本	82.90	86.3	4	8
5	德国	50.60	49.0	-3	8
6	巴西	8.00	16.8	110	3

（续）

序号	国家	2020年	2021年	同比增长	2021年太阳能发电量在总发电量中的占比
7	澳大利亚	23.80	31.2	31	12
8	韩国	16.60	21.8	31	4
9	西班牙	20.7	26.8	29	10
10	荷兰	8.10	11.4	41	9

资料来源：中国数据来源于中电联，其他数据来源于 BP Statistical Review of World Energy 2022。

据IEA公布的发电理论渗透率数据，2021年7个国家的光伏发电对电力需求的贡献率已经超过10%，其中澳大利亚为首，达到15.5%，西班牙和希腊的贡献率分别为14.2%和13.6%，排在第二、第三位。

2021年，太阳能发电在全球总发电量中的占比从2020年的3.15%增长为3.63%，虽然太阳能发电快速增长，但不论是在各个国家总发电量中的占比，还是在全球总发电量中的占比，均尚小。太阳能发电与另一种可再生能源——风电相比，虽然两者累计装机容量（截至2021年底，全球风电为837GW）基本相当，但是由于两者年利用小时数存在差异，全球公用事业太阳能发电加权平均为1507小时，陆上风电加权平均为3416小时，太阳能发电量（1032.5TWh）仅为风力发电量（1861.9TWh）的55%，发电量占比（3.63%）也低于风电（6.54%）。总体来说，风光合计发电量占比约为10%，而全球装机容量占比已达23%左右。未来，在减碳大趋势指引下，随着电网调节能力提高和度电成本优势凸显，可再生能源发电仍有较大提升空间。

2.消纳情况总体乐观

全球大型光伏发电项目年利用小时数整体上逐年提高，2021年已达1507小时。2010年，全球大型光伏项目加权平均容量系数为13.8%，2018年达到峰值17.9%，虽然之后又有所微降，但总体趋势是波动向上的（见

表2-3）。容量系数提高有很多因素，最主要的是太阳光高辐射地区开发了很多项目，支架使用跟踪器和提高容配比带来了效率提升。容配比没有固定标准，因项目而异，一般来说固定支架项目容配比最低，带跟踪器的单轴、双轴支架的容配比稍高些。

表2-3 2010～2021年全球大型光伏发电项目加权平均容量系数

单位：%

年份	置信下限5%	加权平均容量系数	置信上限95%
2010	11.0	13.8	23.0
2011	10.1	15.2	26.0
2012	10.5	15.1	25.3
2013	11.9	16.4	23.0
2014	10.8	16.6	24.4
2015	10.8	16.5	29.0
2016	10.7	16.7	25.9
2017	11.5	17.5	27.0
2018	12.3	17.9	27.0
2019	10.7	17.5	23.9
2020	9.9	16.1	20.8
2021	10.8	17.2	21.3

注：置信水平为95%。

资料来源：国际可再生能源署（IRENA）。

（三）成本与投融资

1. 全球光伏发电项目的度电成本持续下降

近年来，全球光伏发电项目的度电成本（LCOE）持续下降。2021年和2022年上半年，全球大型光伏发电项目（非跟踪支架）加权平均度电成本分别为48美元/兆瓦时和50美元/兆瓦时，使用跟踪支架项目的LCOE还能在此基础上下降10%~20%。

2021年，全球大宗商品价格飞速上涨，导致材料成本增加，同时国际海运运费上涨，从2020年平均1美分/瓦，冲高至年底的6美分/瓦。2022年上半年，平均运费已下降28%，但是标准组件的运费仍达3美分/瓦，高于历史同期水平，对于出口海外的光伏组件来说，这是一笔不小的费用。

2021年，多晶硅料价格高位运行，全年均价为226元/千克。2022年上半年，虽然铝、钢材和铜的价格略有回落，但是多晶硅料的价格还没有下降的迹象，7月初单晶致密料已经冲高至305元/千克。上游成本上升较多，组件扩大产能实现的降本增效只能抵销一部分，两者相互作用下，LCOE微微上涨了2美元/兆瓦时。

印度、智利和阿联酋等太阳自然辐照资源丰富的国家是LCOE较低的国家，当地政策、系统投资成本等因素对LCOE也有一定影响。印度、智利的LCOE最低，2022年上半年加权平均为33美元/兆瓦时。德国、英国、越南等处于中间水平，加权平均LCOE分别为54美元/兆瓦时、68美元/兆瓦时、66美元/兆瓦时，同比分别微增2%、微降5%和微降3%。

日本LCOE较高，加权平均LCOE为105美元/兆瓦时，同比下降10%。韩国加权平均LCOE为116美元/兆瓦时（见图2-2），同比下降12%。日韩两国加权平均LCOE较高的主要原因是土地资源紧张且小型项目较多，接网成本也较高，而且外部条件各异使不同项目度电成本差异较大，数值范围较广，很多位于山地的项目投资需要比平地项目投资增加很多，在整体上拉高了平均值。

10年间，全球大型光伏发电项目LCOE飞速下降，2010年加权平均LCOE为381美元/兆瓦时，下降至2022年上半年的50美元/兆瓦时。技术迭代、工艺进步、功率提高带来的组件成本下降是主要因素，占比45%；项目前期手续办理和融资成本下降、税收减免等占比14%；其余是EPC、

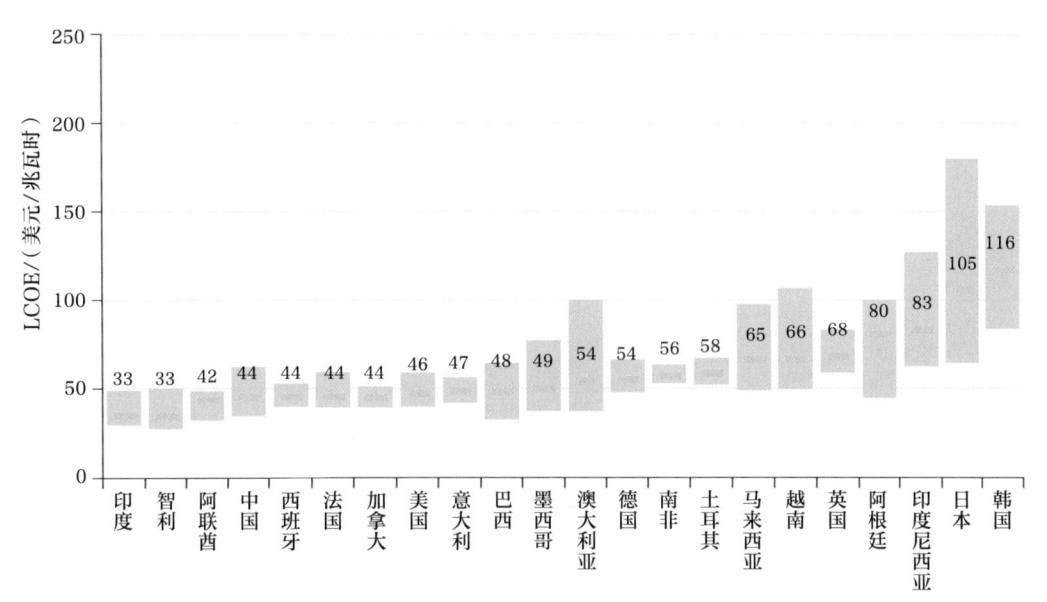

图 2-2 2022年上半年全球主要国家大型光伏发电项目（非跟踪支架）加权平均 LCOE

资料来源：国家能源集团技术经济研究院。

BOS、运维成本等下降所导致；加权平均容量系数从2010年的13.8%波动提高至2021年的17.2%，相比2020年有7%的增幅。

2. 拍卖电价屡创新低

光伏发电项目的LCOE越来越低，已经成为新建电源的理想选择，更多国家采用拍卖的方式来开展项目建设，市场发现的方式很好地体现了光伏发电项目LCOE快速下降的成果。自2009年秘鲁实施拍卖以来，拍卖电价屡创新低。2021年以来，全球共进行了约140GW规模的太阳能发电项目拍卖，其中中国、印度、欧洲是拍卖规模最大的国家和地区，拍卖中标电价较2020年持平且微微上涨。巴西因光照资源丰富和政策利好，2021年举办了3次光伏发电项目竞拍，平均中标电价为23.83美元/兆瓦时（见图2-3）。

要实现低电价，需要对金融运作、设备供应、EPC承包、设计咨询等各个方面统筹策划，全方位考虑公共关系、政策走向、技术趋势、建设风

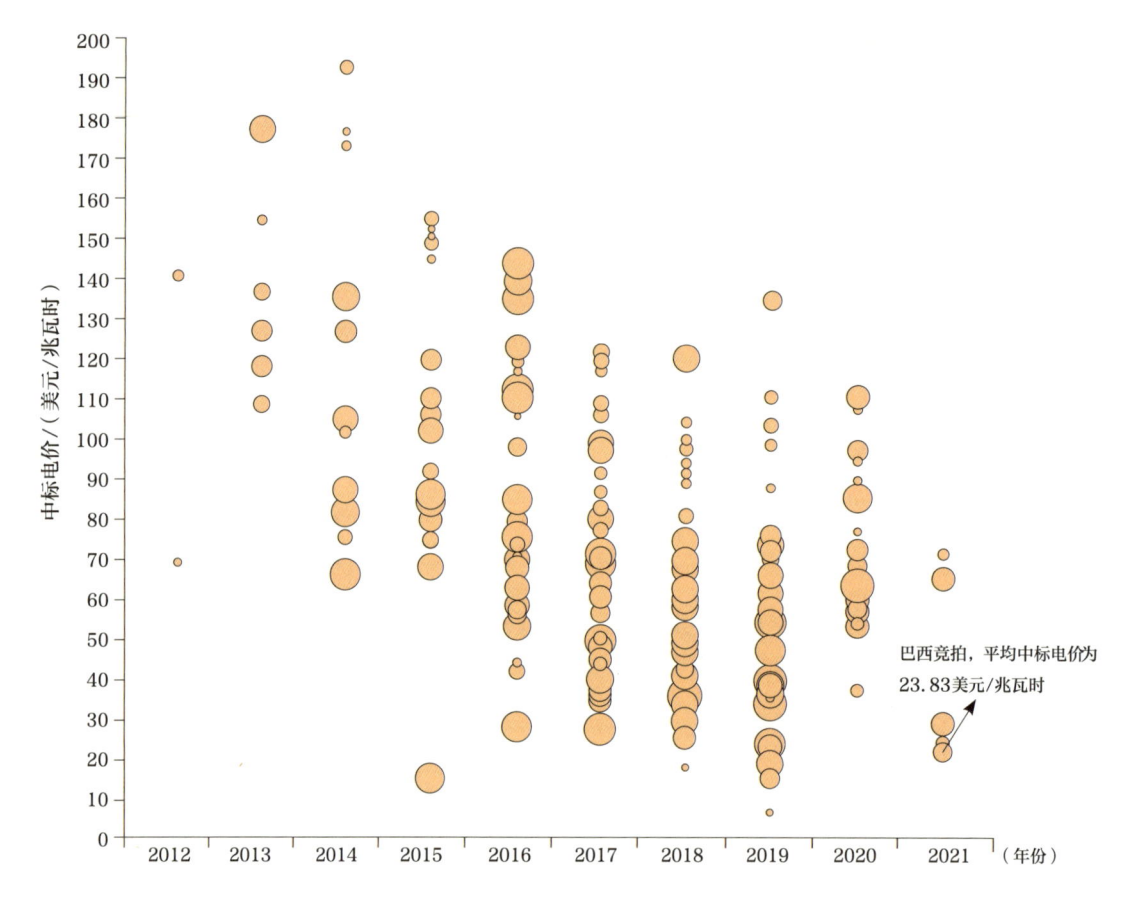

图 2-3　2012～2021 年全球光伏发电项目拍卖中标电价

资料来源：彭博新能源财经（BNEF）。

险、运营风险等。不同国家的光照资源情况、非技术成本水平等并不相同，越来越低的拍卖价格只能表示当今和未来的发展趋势。最低拍卖价格可能在某一时间、某个国家或者地区产生，并不能推广至所有不同条件的国家或地区。

3. 2021年全球光伏企业投融资同比增长92%

2021年，全球光伏企业投融资总额（包括风险投资、私募股权投资、债务融资和公开市场融资）达到278亿美元，较2020年的145亿美元增长92%，创下10年来最高纪录。其中，全球风险投资和私募股权投资共计58笔，达到45亿美元，同比增长281%；债务融资累计158亿美元，同比增长90%。

公司层面有126项并购交易，大多数交易为下游发电公司股权收购。其中最大的一笔交易为印度Adani Green Energy Limited公司以约35亿美元估值收购SB Energy India全部股权；在项目层面，2021年完成光伏电站交易280笔，规模超过69GW，同比增长73%。

（四）技术与制造

1. 光伏电池效率不断提升

在电池的研发方面，从2022年6月美国国家可再生能源实验室（NREL）发布的光伏电池效率可以看出，光伏电池的最佳实验室效率不断提高（见图2-4）。目前多结类电池效率最高，达47.1%。向下依次是单结砷化镓类、晶体硅类和薄膜类（碲化镉、铜铟镓硒等）。晶体硅电池（不包括晶硅薄膜）的转换效率位于23.3%和27.6%之间；薄膜电池中的铜铟镓硒、碲化镉电池最高效率分别为23.4%和22.1%；新兴电池中的钙钛矿-晶硅串联叠层电池最高效率已经达到31.3%，其中各类有机电池、染料敏化电池等转换效率较低，位于13.0%和18.2%之间。新兴电池的效率提升速度非常快，可能会带来光伏产业的新一轮产业变革。

2022年6月，"太阳能之父"马丁·格林教授联合多国科学家撰写并发布的《太阳能电池效率纪录表》（Solar Cell Efficiency Tables）（第60版）显示了最先进的组件转换效率。多结电池组件的转换效率是最高的，可以达到32.65%左右；新兴电池中转换效率最低的是有机电池组件，只有8.7%左右（见表2-4）。

值得注意的是，目前钙钛矿电池研发进展很快，特别是钙钛矿-晶硅串联叠层电池。2022年6月，EPFL光伏实验室和CSEM可持续能源中心的钙钛矿-晶硅串联叠层电池效率达到31.25%，已经得到美国国家可再生能

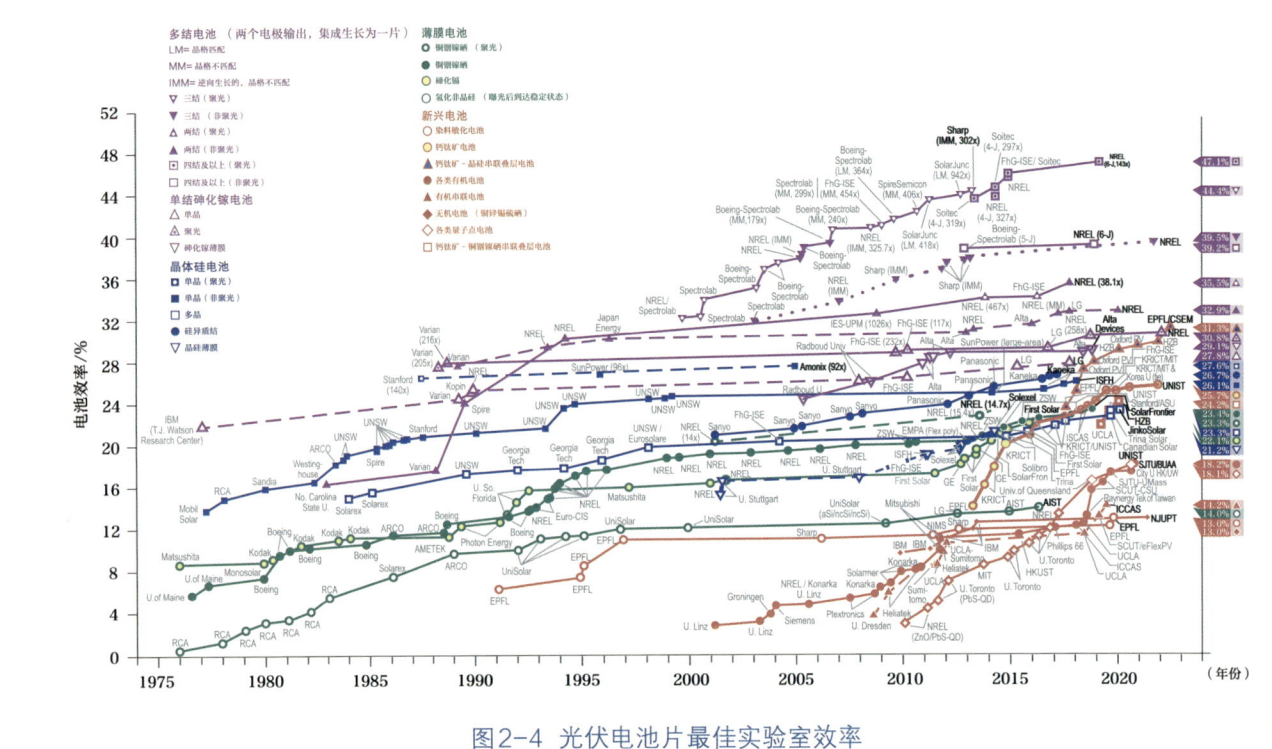

图2-4 光伏电池片最佳实验室效率

资料来源：美国国家可再生能源实验室（NREL），2022年6月。

表2-4 组件最佳转换效率

单位：%，平方厘米

组件类别	转换效率	面积	研发机构
单晶硅	24.4 ± 0.5	13177	日本Kaneka（108片）
多晶硅	20.4 ± 0.3	14818	韩国Hanwha Q Cells（60片）
单结砷化镓	25.1 ± 0.8	866.45	汉能Alta Devices
铜铟镓硒	19.2 ± 0.5	841	日本Solar Frontier（70片）
碲化镉（薄膜）	19.5 ± 0.3	23582	美国First Solar
a-Si/nc-Si（叠层）	12.3 ± 0.3	14322	日本TEL Solar，Trubbach实验室
钙钛矿	17.9 ± 0.5	804	日本松下（55片）
有机	8.7 ± 0.3	802	日本东芝
铜铟镓硒（大面积）	18.6 ± 0.6	10858	汉能Miasole

(续)

组件类别	转换效率	面积	研发机构
InGaP/GaAs/InGaAs	32.65 ± 0.7	965	日本夏普（42片）

资料来源：《太阳能电池效率纪录表》（Solar Cell Efficiency Tables）（第60版），2022年6月。

源实验室（NREL）的认证。快速提升的效率使钙钛矿成为风险投资关注的焦点。很多研发团队和企业在积极地部署钙钛矿电池。但是，目前钙钛矿电池的稳定性和使用寿命难以与晶硅电池匹敌。此外，商业化方面尚未成熟，投资商不敢贸然使用，大规模商业化发展之路还很漫长。至少在未来5年内，钙钛矿产品不会威胁晶硅产品在光伏产业的主导地位。

2. 制造业产业链各环节产能、产量均有增长

光伏产品制造业产业链各个环节的生产能力继续提升。截至2021年底，全球多晶硅料、硅片、电池片和组件的产能分别为77.4万吨、415.1GW、423.5GW和465.2GW，产量分别为64.2万吨、232.9GW、223.9GW和220.8GW。

多晶硅料环节，2021年全球有效产能77.4万吨，新增产能约16.6万吨；产量为64.2万吨，其中太阳能级块状硅约58.4万吨，颗粒硅约2.1万吨，其余为电子级。中国的产能和产量分别为62.3万吨、50.6万吨，均居全球首位，在全球分别占比80.5%和78.8%；德国的产量为7.40万吨（含德国Wacker美国工厂的产量），居第二位；韩国OCI公司的产量为2.90万吨（含马来西亚工厂的产量）、美国Hemlock和REC公司的产量为1.87万吨（不含Wacker和日本三菱在美国工厂的产量），分别列第三位和第四位；日本的产量为1.23万吨，列第五位。

2021年，全球产量前十的多晶硅料生产企业的总产量为59.71万吨（见表2-5），在全球占比93%，其中7家是中国企业，在全球占比74%，同比提升了近3个百分点，全球多晶硅产业中心已集中于中国。中国的新建企业，在技术、设备、电价、生产成本方面竞争力非常强，平均生产成本在60~90元/千克，产品质量、标准和产品一致性方面正在逐年提升。

表2-5　2021年全球产量前十多晶硅料生产企业及其产量

单位：万吨

序号	企业名称	生产地点	2021年产量	序号	企业名称	生产地点	2021年产量
1	四川永祥	中国	10.94	6	东方希望	中国	6.00
2	江苏中能	中国	10.64	7	韩国OCI	韩国、马来西亚	2.90
3	新疆大全	中国	8.66	8	亚洲硅业	中国	2.20
4	新特能源	中国	7.82	9	美国Hemlock	美国	1.78
5	德国瓦克（Wacker）	德国、美国	7.40	10	天宏瑞科	中国	1.37

资料来源：中国光伏行业协会。

硅片环节，截至2021年底，全球硅片产能为415.1GW，同比增长67.8%，其中中国（不含港澳台）产能为407.2GW，在全球占比98.1%，同比增长69.7%。2021年，全球硅片产量为232.9GW，同比增长21.3%，其中中国产量为226.6GW，在全球占比97.3%，同比增长40.4%。在产品类型方面，单晶硅片占比持续提升，多晶硅片下降。

中国企业凭借连续拉晶和金刚线切割等生产技术，以及区位布局在低价电力地区而具有生产成本方面的优势，进一步巩固了产业领先地位。境外硅片生产企业还有中国台湾的ACC和挪威的NORSUN公司，两家公司产量较少。此外，晶澳科技、隆基绿能和晶科能源在越南的工厂共增加了约10GW产能（见表2-6）。

电池片环节，2021年，全球电池片产能为423.5GW，同比增长69.8%，其中中国产能为360.6GW，同比增长79.2%；产量为223.9GW，

表2-6 2021年全球产量前十硅片生产企业及其产能、产量

单位：GW

序号	企业名称	生产地点	2021年产能	2021年产量	序号	企业名称	生产地点	2021年产能	2021年产量
1	隆基绿能	中国、马来西亚	105.0	70.0	6	京运通	中国	20.5	8.6
2	中环股份	中国	88.0	43.4	7	阿特斯	中国	11.5	7.3
3	协鑫集团	中国	50.0	38.1	8	环太	中国	15.0	4.5
4	晶科能源	中国	32.5	25.1	9	阳光电源	中国	4.1	4.1
5	晶澳科技	中国、越南	34.6	20.1	10	高景	中国	15.0	2.0

注：表中数据包括代工产量。隆基绿能和晶科能源在越南有一部分产能，未在表中显示。
资料来源：中国光伏行业协会。

同比增长37%，其中中国产量为197.9GW，在全球占比88.4%，同比增长46.8%。生产布局集中在亚洲地区，占全球的99.7%。生产企业主要集中在中国（见表2-7）；其次是中国企业在东南亚（马来西亚、越南、泰国）建设的产能约31.7GW，产量约13.7GW。

表2-7 2021年全球产量前十电池片生产企业及其产能、产量

单位：GW

序号	企业名称	总部所在地	2021年产能	2021年产量
1	通威股份	中国	40.800	32.930
2	隆基绿能	中国	51.280	30.050
3	晶澳科技	中国	32.000	20.200
4	爱旭股份	中国	36.000	19.470
5	天合光能	中国	35.400	18.900
6	晶科能源	中国	19.447	12.960
7	江苏润阳	中国	19.800	12.630

（续）

序号	企业名称	总部所在地	2021年产能	2021年产量
8	阿特斯	中国	13.950	9.870
9	韩华（Hanwha）集团	韩国	10.500	8.090
10	江西展宇（上饶捷泰）	中国	8.200	5.640

资料来源：中国光伏行业协会。

大规模量产电池技术，主要有铝背场（BSF）、PERC、TOPCon、异质结（HJT）、MWT和IBC电池。其中PERC是主流，市场占比为91.2%；BSF市场占比已经降至5%；N型电池（HJT和TOPCon）的效率高但是成本也高，市场占比只有3%，是未来的技术趋势。HBC电池、钙钛矿和钙钛矿-晶硅串联叠层电池处在小批量生产的过程中，尚未商业化量产。

组件环节，截至2021年底，全球组件产能为465.2GW，同比增长45.4%，其中中国产能为359.1GW，在全球占比77.2%，同比增长47%；产量为220.8GW，同比增长34.9%，其中中国产量为181.8GW，在全球占比82.3%，同比增长45.9%。晶硅组件依然是市场主流，产量在全球占比96.2%；薄膜组件依然小众，产量占比不足4%。全球组件生产制造中心仍在中国，约占全球的78%；其次为东南亚（越南、印度、马来西亚）地区，占比约11.5%；韩国、日本、土耳其的产量均有不同程度的下降；美国、印度等国家的产量有小幅上升。

2021年，产业集中度进一步提高，全球产量前十组件生产企业的产量为163.2GW（见表2-8），在全球占比73.9%，同比上升1个百分点。其中，有9家晶硅组件，只有First Solar是薄膜组件，建筑节能对薄膜组件的需求很大，主要市场是美国，First Solar销售较为稳定，2022年产量有望进一步增加到8.2~8.5GW。

表2-8　2021年全球产量前十组件生产企业

单位：GW，%

序号	企业名称	所属地区	2020年产量	2021年产量	同比增长
1	隆基绿能	中国	24530	38520	57
2	天合光能	中国	15915	24814	56
3	晶澳科技	中国	15880	24532	54
4	晶科能源	中国	18800	22233	18
5	阿特斯	中国	11300	14500	28
6	韩华（Hanwha）集团	韩国	9000	9000	0
7	东方日升	中国	7534	8109	8
8	First Solar	美国	5500	7900	44
9	尚德	中国	4000	7300	83
10	正泰电器	中国	6600	6289	-5

资料来源：中国光伏行业协会。

3. 晶硅产品制造产业重心进一步向中国转移

中国光伏龙头企业凭借着晶硅产品量产技术工艺方面的先进优势，积极扩张先进产能，加之优秀的成本控制，晶硅产品制造产业重心进一步向中国转移，制造端的产能和产量在全球的占比均实现不同程度的增长。2021年，硅片环节，中国占比最高，产能、产量占比均在97%以上；电池片环节，中国的产能和产量占比均在85%以上。两者相比，电池片环节的中国占比提升最快，分别提升了4.4个和5.9个百分点（见表2-9）。

薄膜产品方面，主要是美国的First Solar碲化镉（CdTe）产品。2021年，美国产能达到8.4GW，本土产能为2.6GW，马来西亚、印度和越南工厂产能为5.8GW；产量为7.9GW，同比增长29%。产品主要市场是美国，并且供不应求，2021年在马来西亚新建了第2条Series 6生产线，并且

表2-9 2021年全球光伏产品产能、产量及中国占比

类别	产能			产量		
	全球	中国占比（%）	同比提升（百分点）	全球	中国占比（%）	同比提升（百分点）
多晶硅料	77.4万吨	80.5	5.3	64.2万吨	78.8	2.8
硅片	415.1GW	98.1	1.1	232.9GW	97.3	1.1
电池片	423.5GW	85.1	4.4	223.9GW	88.4	5.9
组件	465.2GW	77.2	0.9	220.8GW	82.3	6.2

资料来源：中国光伏行业协会。

2022~2023年计划继续扩大在美国俄亥俄州和印度工厂的生产规模，预计2023年底将达到13GW，并且生产新一代Series 7产品。中国国内薄膜生产商主要有杭州龙焱、中山瑞科和成都中建材，均为碲化镉产品，2021年产量共计130MW。铜铟镓硒（CIGS）产品产量很少，主要有日本的Solar Frontier公司，中国的凯盛集团蚌埠公司、汉能集团淄博产线，尚越光电在进行少量或者间歇性生产，2021年全球产量总计245MW。

（五）国际贸易摩擦

近年来，受国际地缘政治、经济等外部环境影响，光伏领域出现了贸易关税、碳足迹认证、碳关税、与政治问题挂钩的制裁、知识产权诉讼等多种贸易壁垒和摩擦。中国作为最大的光伏产品出口国，首先受到影响。

自2011年遭遇美国"双反"以来，中国光伏产品共遭受美国、欧盟、印度、澳大利亚、加拿大、土耳其等国家（地区）20余起贸易救济调查以及带政治目的的制裁。2021年，贸易摩擦仍在升级，各国根据自身的需求，调整贸易措施，印度、美国更多地衡量自身发展需求，设置进口障碍，或者暂时不干预进口以满足国内需求为主；欧盟、韩国等以"碳"为

名义设置贸易壁垒，对光伏产品进口制造障碍。

2021年3月，印度新能源和可再生能源部规定自2022年4月1日起，进口组件基本关税由0上调至40%，光伏电池由0上调至25%；第四次延期ALMM修订令至2022年4月，只有列入ALMM清单中的型号和制造商的产品才有资格被用于政府相关项目，给非本土制造企业获取项目和订单制造障碍；5月，对进口光伏电池（不论是否组装到组件或电池板中）发起第三次反倾销调查。

2022年2月，美国政府对部分进口晶硅电池及组件继续实施为期4年（2022年2月7日至2026年2月6日）的保障措施，电池的配额为每年5GW，对组件及超过关税配额的电池征收保障措施关税，税率首年为14.75%，逐年递减至14%，双面组件豁免。美国商务部发起对越南、泰国、马来西亚和柬埔寨四国进口光伏产品的反规避调查，但是考量到国内需求旺盛以及本土供应能力不足，拜登总统宣布2年内不会对东南亚四国进口光伏产品加征关税。

2022年6月22日，欧洲议会全体会议通过了关于碳边境调节机制（CBAM）的修正提案，将于2023年1月1日起施行，针对进口产品征收"碳税"。法国早在2016年就在招标项目中提出"碳足迹认证"的要求，如今该认证已经成为进入法国光伏市场的准入证，从原料、生产、运输与产品生命周期内所产生的碳排放量，甚至包括碳冲击、环境相关性、土地未清理及都市规划授权等，所有细微方面均需要满足法国能源监管委员会（CRE）规则中的ISO 14040标准，认证门槛比较高。韩国产业通商资源部从2020年7月开始要求招标中组件供应商应具备低碳认证资质，无缓冲期，立即实施。至2021年，中国光伏组件企业无一家获得认证资格，韩国企业普遍可以获得认证资格。

二 中国太阳能发电发展现状与特点

截至2021年，中国光伏发电累计装机容量已连续7年居全球首位，新增装机容量连续9年居全球首位，多晶硅料产量连续11年居全球首位，组件产量连续15年居全球首位。中国光伏产业链四个主要环节均有7家及以上企业跻身全球前十（2021年，多晶硅料7家、硅片10家、电池片9家、组件8家）。中国是名副其实的光伏大国。

（一）装机容量

2021年，全国太阳能发电新增装机容量为54.88GW（见图2-5），全部是光伏发电项目，光热发电无新增装机容量，光伏发电新增装机容量连续9年稳居世界首位。截至2021年底，光伏发电累计装机容量达到306.56GW，突破3亿千瓦大关，连续7年稳居全球首位。

图2-5 2008～2021年中国太阳能发电新增装机容量及其增长率

资料来源：国家能源集团技术经济研究院。

光伏装机呈现四个显著特点。一是分布式光伏发电累计装机容量达到1.075亿千瓦，突破1亿千瓦，约占全部光伏发电累计装机容量的1/3。二是在光伏发电新增装机容量中，分布式光伏发电新增约29GW，约占全部新增装机容量的53%，历史上首次突破50%，光伏发电集中式与分布式并举的发展趋势明显。三是新增分布式光伏发电中，户用光伏继2020年首次超过10GW后，2021年超过20GW，达到21.59GW，户用光伏已经成为中国如期实现碳达峰、碳中和目标和落实乡村振兴战略的重要力量。四是新增装机容量占比较高的区域为华北、华东和华中地区，分别占全国新增装机容量的39%、19%和15%。

截至2021年底，全国太阳能发电总装机容量307.098GW，其中光伏发电306.56GW，光热发电538MW（其中450MW来自7座示范项目）。

国家能源局发布的数据显示，2022年上半年，光伏发电新增装机容量30.88GW，其中集中式光伏发电新增装机容量11.22GW，分布式光伏发电新增装机容量19.65GW。户用分布式光伏发电新增装机容量8.91GW，同比增长51.5%。

（二）发电量

2021年，全国光伏发电量3259亿千瓦时，同比增长25.1%；利用小时数1163小时，同比增加3小时；利用小时数较高的地区为东北地区（1471小时）、华北地区（1229小时），其中利用率较高的省区为内蒙古（1558小时）、吉林（1536小时）和四川（1529小时）。2021年，全国光伏发电利用率为98.0%，与上年基本持平。新疆、西藏等地光伏消纳水平显著提升，光伏利用率同比分别提升2.8个和5.6个百分点。

1. 发电量增长与装机容量增长正相关

从各地区发电量情况来看，太阳能发电装机容量多的地区相应发电量也领先。山东、河北、内蒙古、江苏、青海、新疆等位居前列，发电量分别为310亿千瓦时、279亿千瓦时、212亿千瓦时、195亿千瓦时、211亿千瓦时、196亿千瓦时。而贵州同比增幅最高，达82%，主要原因是装机容量增长和利用率提高；广西发电量同比增幅为61%（见图2-6），主要原因在于装机容量增长。

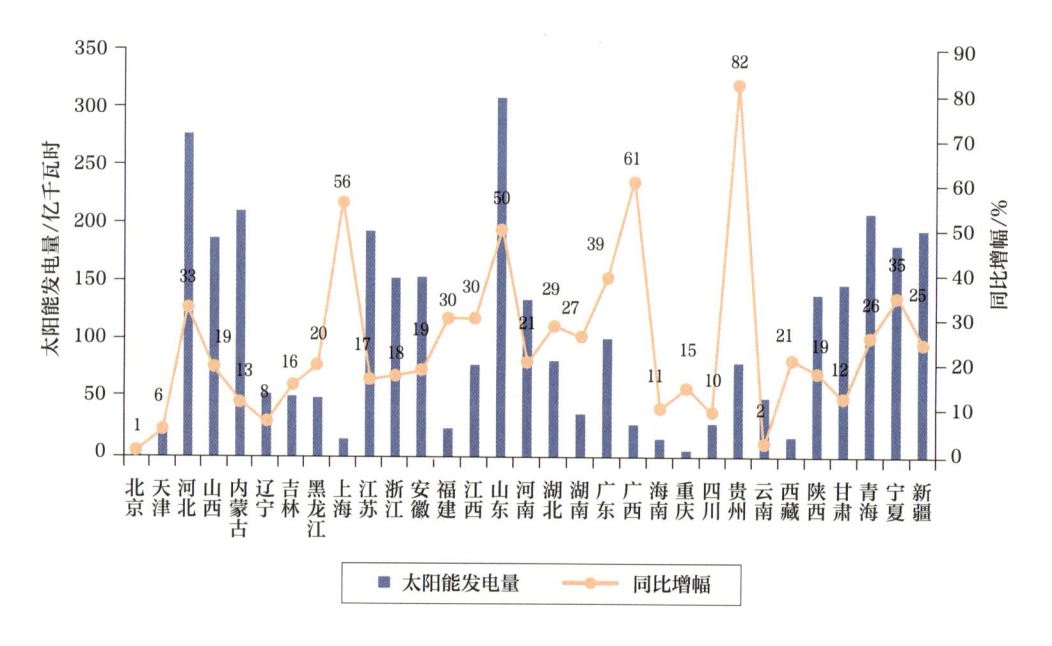

图2-6 2021年各省区市太阳能发电量及其同比增幅情况

资料来源：国家能源集团技术经济研究院。

2. 消纳水平与上年基本持平

2021年，全国光伏发电利用率为98.0%，与上年基本持平。新能源利用率为87.3%，同比下降5.7个百分点，降幅最大，其中光伏发电利用率为86.2%，同比下降5.8个百分点。青海利用率同比下降5.8个百分点（见表2-10）。主要原因是新能源集中并网规模较大，本地消纳空间有限，受支撑电源建设进度滞后及电网安全稳定约束等因素影响，外送新能源能力受限，制约新能源消纳水平提升。

表2-10 各地区2020～2021年弃光率及其增长情况

单位：%，百分点

序号	地区	2021年	2020年	增长	序号	地区	2021年	2020年	增长
1	北京	100.0	100.0	0	17	河南	99.9	100.0	-0.1
2	天津	99.9	100.0	-0.1	18	湖北	100.0	100.0	0
3	河北	98.2	98.7	-0.5	19	湖南	100.0	99.9	0.1
4	山西	99.1	97.0	2.1	20	重庆	100.0	100.0	0
5	山东	99.1	99.0	0.1	21	四川	100.0	100.0	0
6	蒙西	96.5	96.4	0.1	22	陕西	98.0	97.1	0.9
7	蒙东	99.4	99.6	-0.2	23	甘肃	98.5	97.8	0.7
8	辽宁	99.6	100.0	-0.4	24	青海	86.2	92.0	-5.8
9	吉林	98.9	98.8	0.1	25	宁夏	97.5	97.5	0
10	黑龙江	99.6	100.0	-0.4	26	新疆	98.3	95.4	2.9
11	上海	100.0	100.0	0	27	西藏	80.2	74.6	5.6
12	江苏	100.0	100.0	0	28	广东	100.0	100.0	0
13	浙江	100.0	100.0	0	29	广西	100.0	100.0	0
14	安徽	100.0	100.0	0	30	海南	100.0	100.0	0
15	福建	100.0	100.0	0	31	贵州	99.6	99.4	0.2
16	江西	100.0	100.0	0	32	云南	99.8	99.5	0.3

资料来源：全国新能源消纳监测预警中心。

（三）政策

2021年以来，"双碳"目标是顶层的战略指引，为光伏发电产业铺陈了最光明的发展背景。宏观战略给光伏发电的发展目标、逻辑、路径、方式等都带来了重大影响。截至2022年6月底的行业政策有以下几个方面的关键特点。

顶层设计文件提出目标战略。《中共中央 国务院关于完整准确全面贯彻新发展理念做好碳达峰碳中和工作的意见》和《2030年前碳达峰行动方案》确定的主要目标为，2025年、2030年和2060年非化石能源消费比重分别达到20%左右、25%左右和80%以上，2030年风电、太阳能发电总装机容量达到12亿千瓦以上。《"十四五"现代能源体系规划》进一步明确到2025年非化石能源发电量比重达到39%左右，灵活调节电源占比达到24%左右。《"十四五"可再生能源发展规划》明确到2025年，可再生能源消费总量达到10亿吨标准煤左右；年发电量达到3.3万亿千瓦时左右。"十四五"期间，可再生能源在一次能源消费增量中占比超过50%，可再生能源发电量增量在全社会用电量增量中的占比超过50%，风电和太阳能发电量实现翻倍。《关于促进新时代新能源高质量发展的实施方案》提出加快构建适应新能源占比逐渐提高的新型电力系统。

以消纳责任权重落实来确定可再生能源发展规模。从以前的发电侧补贴促进发展转向用户侧消费性约束来促进发展，各地区在责任权重目标的引导下确定本省区市可再生能源项目规模。自2021年初起，国家发改委滚动发布各省区市权重，同时印发当年和次年消纳责任权重，当年权重为约束性指标，各省区市进行考核评估，次年权重为预期性指标，各省区市按此开展项目储备，明确以2020年为基期可再生能源不纳入能源消费总量控制。从实际考核情况来看，2021年实际完成值为29.4%，与下达任务持平，除西藏免考核外，28个省区市完成了704号文明确的最低可再生能源电力总量消纳责任权重目标，甘肃、新疆未完成最低可再生能源电力总量消纳责任权重目标。

创新项目建设管理机制和开发利用模式，建立保障性并网和市场化并网多元并网机制，明确了两种双轨并网机制。2021年保障性并网规模不低于9000万千瓦，是各省区市完成年度非水电最低消纳责任权重所必需的新增并网项目，由电网企业实行保障性并网；市场化并网是保障性并网范围以外仍有意愿并网的项目。明确可通过自建、合建共享或购买服务等市场化方式落实并网条件，由电网企业予以并网。在装机结构方面，坚持集中式和分布式并举。首先，集中式主要建设大基地，即以大型沙漠、戈壁、荒漠为重点的风光基地和水风光综合基地。截至2022年9月，已经启动了两批大基地项目建设，并且推动煤炭和新能源优化组合，鼓励煤电企业与新能源企业开展实质性联营。其次，分布式重点推进城镇屋顶光伏以及结合乡村振兴的"千家万户沐光行动"。整县（市、区）屋顶分布式光伏开发是重要的推进形式，676个县（市、区）成为试点，要求2023年底前建成。此外，农光互补、渔光互补与交通领域融合开发，5G基站等与信息产业融合应用，数据中心等信息产业领域推动"光伏+"综合利用，以及与铁路、公路等道路结合的光伏廊道项目，属于集中式或分布式都可以开发的多元类型。

持续深化新能源项目电价改革。确保新备案集中式光伏电站、工商业分布式光伏发电项目和新核准陆上风电项目执行当地燃煤基准价，全部实现平价上网。《关于进一步做好电力现货市场建设试点工作的通知》提出，要引导新能源项目10%的预计当期电量通过市场化交易竞争上网，新建项目的收益分为一定小时数内的电量×平价电价形成的基本收益和一定小时数以外的电量参与市场化交易或者绿电/绿证交易来增加的收益。《关于进一步深化燃煤发电上网电价市场化改革的通知》明确现行燃煤发电基准价继续作为新能源发电等价格形成的挂钩基准，扩大市场交易电价上下浮动范围，新能源参与市场浮动范围将加大；取消工商业目录销售电价将影响分布式光伏发电自发自用部分收益；提出建立全国统一电力市场体系，有序推动新能源参与市场交易，参与电力市场的比例和规模都要增加。

在项目经济性方面，由于各地的燃煤基准价存在差异，不同的光伏发电项目的投资收益也将存在很大差异。一方面，超出一定小时数的电量参与电力市场，这部分随着电力市场进程的推进将越来越多，影响项目经济性。而且，光伏配储能拉低经济性，目前已经有十几个地区提出强制执行和优先支持政策，并且有部分省份已经提出光伏需要支付辅助服务费用，这将在一定程度上增加光伏发电项目的成本。另一方面，绿色电力交易可以提升效益。在用能企业对绿色电力和绿证需求激增的背景下，2021年9月首次启动了绿电交易；2022年上半年，广州和北京交易中心分别发布了绿色电力的交易细则，明确了绿电交易价格等机制，未来将给新能源项目带来更多收益。

在金融方面的支持，一方面是针对补贴拖欠，明确了补贴确权贷款。已纳入补贴清单的企业，对已确权应收未收的财政补贴资金可申请补贴确权贷款；补贴确权贷款由银企双方自主协商贷款金额、年限、利率等，建立补贴确权贷款的封闭还贷制度。另一方面央行推出碳减排支持工具。金融机构在自主决策、自担风险的前提下，向碳减排重点领域内的各类企业一视同仁提供碳减排贷款，贷款利率应与同期限档次贷款市场报价利率（LPR）大致持平。政策性银行——国开行发行了全市场首单"碳中和"专题绿色金融债，国家能源集团、国家电投、华能集团、中核集团等能源央企发行了专项用于"碳中和"的绿色债券。

（四）成本、融资与电站交易

1. 2021年系统造价同比上涨4%

2021年，中国光伏组件价格和大型地面光伏电站系统造价均有所上升，组件均价为1.93元/瓦，同比上涨23%，带动系统造价同比上涨4%，达到4.15元/瓦。

近几年，组件成本在系统成本中的占比曾出现逐年下降趋势，但是由于2021年多晶硅料、组件和部分辅材涨价的幅度都很大，组件在系统成本中的占比从2020年的39.3%反弹至2021年的46.0%。2021年，非技术成本同比下降了3.2个百分点（见图2-7），但值得注意的是，其中的土地成本并未下降，土地问题越来越成为评定光伏发电项目是否可行以及衡量经济性的重要因素。

图2-7 2016～2021年中国大型地面光伏电站系统造价占比变化情况

资料来源：中国光伏行业协会。

2. 2021年地面光伏电站度电成本在0.21~0.37元/千瓦时[①]

在全投资模型下，2021年地面光伏电站（即集中式光伏电站）在1800小时、1500小时、1200小时和1000小时等效利用小时数的LCOE分别为0.21元/千瓦时、0.25元/千瓦时、0.31元/千瓦时、0.37元/千瓦时[②]，均同比微涨。

---

① 参见《中国光伏产业发展路线图（2021年版）》。
② 仅考虑全投资情景，不包含融资成本；LCOE计算按照《光伏发电系统效能规范》中的LCOE计算公式得出，其中折现率按照5%计算，电站残值按照5%计算，增值税按5年分期完成抵扣，容配比按1∶1考虑。

分布式光伏电站在1800小时、1500小时、1200小时和1000小时等效利用小时数的LCOE分别为0.19元/千瓦时、0.22元/千瓦时、0.28元/千瓦时、0.33元/千瓦时，均同比微涨。实际上目前分布式光伏发电装机大部分位于山东、浙江、河北、河南等省份，等效利用小时数通常在1000小时和1100小时之间，大部分具有经济性。

在系统造价有所上涨的情况下，2021年全国大部分地区的集中式和分布式光伏发电项目整体来看仍具有经济性。2022年上半年，组件价格继续波动上涨。为了实现收益，集中式光伏发电项目需要进一步提升发电量，继续降低组件和非技术成本，特别是土地成本；分布式光伏发电项目需要进一步提高发电量和自用比例，并控制投资成本。

3. 项目投融资环境改善，规模扩大

2021年，国内光伏行业投融资环境持续转好，28个项目（包括已经完成、证监会已经受理和已发布预案的项目）在资本市场使用权益融资方式募资（见图2-8），募资总额1058.33亿元，同比增长48.2%。其中，再融资项目21个，募集资金758亿元，同比增长30%；IPO上市融资项目7个，募集资金约301亿元，同比增长129.2%。截至2022年3月，以上项目已完成融资合计700.77亿元，同比增长16.3%。

4. 光伏电站交易

2021年，国内发生光伏电站交易至少59起，交易规模超8GW，交易金额超过268亿元。在59起交易中，明确电站规模及交易金额的项目共33个，其中地面光伏电站项目25个、分布式项目8个（工商业分布式项目6个、户用项目2个）。成交平均价格为3.99元/瓦，其中地面光伏电站成交均价为3.53元/瓦，分布式项目成交均价为5.42元/瓦。交易呈现如下两个特点。

一是央国企加速收购。买方以华电集团、国家电投、国家能源集团、三峡集团、中核集团等发电集团为主力军。国家电投从顺风清洁能源、

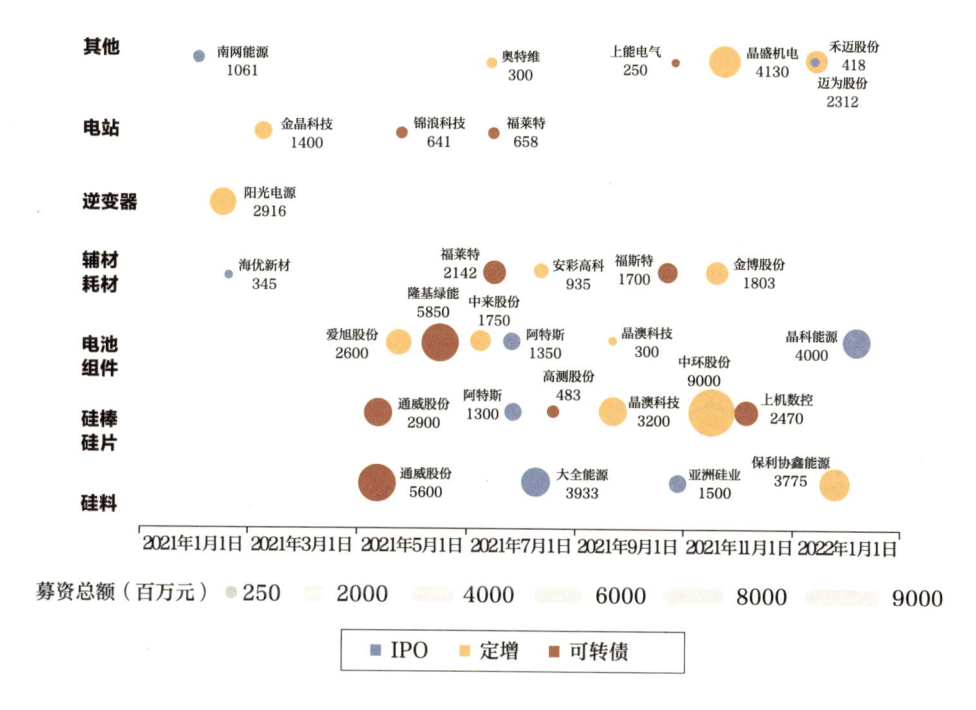

图 2-8 2021年1月1日至2022年1月1日光伏企业资本市场权益融资情况

气泡图展示了2021年1月1日至2022年1月1日期间光伏企业在资本市场的权益融资情况，按行业环节分类：

其他：南网能源 1061；奥特维 300；上能电气 250；晶盛机电 4130；禾迈股份 418；迈为股份 2312

电站：金晶科技 1400；锦浪科技 641；福莱特 658

逆变器：阳光电源 2916

辅材耗材：海优新材 345；福莱特 2142；安彩高科 935；福斯特 1700；金博股份 1803

电池组件：爱旭股份 2600；隆基绿能 5850；中来股份 1750；阿特斯 1350；晶澳科技 300；晶科能源 4000

硅棒硅片：通威股份 2900；阿特斯 1300；高测股份 483；晶澳科技 3200；中环股份 9000；上机数控 2470

硅料：通威股份 5600；大全能源 3933；亚洲硅业 1500；保利协鑫能源 3775

募资总额（百万元）：250、2000、4000、6000、8000、9000

图例：■ IPO ■ 定增 ■ 可转债

资料来源：中国光伏行业协会、各公司公告及财报。

青海水利水电附属公司、协鑫新能源、长高集团及爱康科技等收购光伏电站约2.6GW，交易金额超6.5亿元，位居交易榜首。三峡集团收购晶科能源、协鑫新能源及爱康科技光伏电站超1GW，交易金额32亿元。中核集团收购中利集团、顺风清洁能源、协鑫新能源及*ST兆新光伏电站约600MW，交易金额在33亿元以上。正泰新能源则是为数不多的买方民营企业，与亿利洁能签订协议，收购亿利洁能持有的正利新能源49%的股权，交易所涉及光伏电站110MW，约2.48亿元。

二是私企为增加现金流加紧出售。2021年，协鑫新能源电站出售约1.972GW，回笼资金60.93亿元。民营光伏电站格局发生转变，昔日民营电站企业龙头是协鑫系的公司，经过近几年出售后，正泰新能源成为拥有电站最多的私企。正泰新能源在一年间向国家能源集团、国家电投、三峡集团出售1748.1MW分布式光伏电站，其中户用光伏电站交易981.74MW。其他还有顺风清洁能源出售502MW光伏电站,交易资金29.522亿元;东方日升交易共4起,共出售电站501MW,海外项目172MW。

(五)技术和制造

1. 产业集中度快速提升

2021年,多晶硅料、硅片、电池片、组件四个环节,产量排名前五企业在国内总产量中的占比分别为86.7%、84.0%、53.9%和63.4%,组件环节同比提升8.3个百分点,产业集中度进一步提升(见表2-11)。龙头企业规模优势明显,多晶硅料环节排名前五企业的平均产量超过8.5万吨,万吨级以上有8家;硅片环节排名前五企业的平均产量均超过38GW,5GW以上有7家;电池片环节排名前五企业的平均产量超过21GW,5GW以上有11家;组件环节排名前五企业的平均产量超过23GW,5GW以上有8家。龙头企业在优势环节继续扩大产能,随着新建产能释放以及单晶产品、大尺寸产品的快速迭代,无技术、资金优势的中小企业只能降低市场份额,甚至退出市场,未来产业集中度还将进一步提升。

表2-11　2018~2021年光伏产业链各环节产量排名前五企业的产量之和占比变化

单位:%

类别	2018年	2019年	2020年	2021年
多晶硅料	60.3	69.3	87.5	86.7
硅片	68.6	72.8	88.1	84.0
电池片	29.5	37.9	53.2	53.9
组件	38.4	42.8	55.1	63.4

资料来源:中国光伏行业协会。

国内晶硅光伏产品制造企业尤其是龙头企业的扩产步伐很快，且扩产单体规模都很大，特别是在多晶硅料环节中超额利润的刺激下，十几家行业内和跨界企业纷纷涌入开始新建产能。未来两三年，这个环节的产业集中度将有所下降。

2. 技术和工艺不断进步

（1）多晶硅料环节

2021年，新增产能仍以三氯氢硅氢还原法为主，最大年产能5万吨的单线多晶硅料已经在新疆稳定生产；还原炉运行的主流设备为改进型40对棒炉、48对棒炉、72对棒炉等炉型，单炉产量在12~27吨，还原电耗降低到45kWh/kg-Si，少量可以做到40kWh/kg-Si；先进企业全流程综合电耗可以降至60kWh/kg-Si以下，综合能耗10kgce/kg-Si以下，处于世界领先水平。硅烷法生产技术实现规模化，国内生产企业有江苏中能和天宏瑞科（与REC公司合资），单炉设计能力分别达到1300吨/年和5000吨/年，2021年产量分别达到0.7万吨和1.37万吨。

（2）硅片环节

在单晶制备方面，以拉棒直拉法为主，生产工艺以多次投料复拉法（RCZ）为主，节省了拆装炉换产的时间，而且石英坩埚可以重复利用，单晶炉单炉投料量可以达到2800kg，同比提升47%，最先进的可以超过3500kg；未来向着更多装料量、更多晶棒数量、更高晶体拉速的方向发展。在硅片切割方面，金刚线切割技术利用镶嵌有金刚石的钢线和待切割材料之间相互摩擦作用，可以快速切割出高品质的硅片且成本更低，砂浆钢线切割已经退出主流。应用于单晶硅片切割的金刚线母线直径为40~45μm，多晶硅为55~60μm。在硅片尺寸方面，大尺寸可以提高功率，成为市场主流，182mm和210mm尺寸的合计市场占比已经迅速增长至45%。为了适应市场潮流，更多产线将转产大尺寸硅片。

(3) 电池片环节

2021年,单晶电池主流地位继续巩固,主要增量为兼容大尺寸(182mm、210mm)的单晶PERC电池片,产能市场占比达到91.2%;常规BSF电池市场占比从2020年的8.8%下降至5%;N型电池(HJT和TOPCon)成本相对较高,出货依然较少,市场占比只有为3%;钙钛矿电池以及钙钛矿-晶硅串联叠层电池正在百兆瓦级小规模试生产;IBC电池处在从实验室研制到小批量的生产过程中。TOPCon和HJT技术是最热门的两种电池片技术,两者电池机理都是进行钝化接触。由于TOPCon与PERC产线兼容,PERC企业只需增加部分设备即可生产TOPCon,TOPCon布局者多为垂直一体化企业。当前TOPCon比HJT的经济性更好,提升设备生产良率、简化工艺流程是TOPCon技术当前的重点。HJT产线初始投资大,无法与现有设备兼容,但产业化效率高于TOPCon,大规模产业化需要继续攻坚较高的工艺难度,同时也面临着"PERC+"和TOPCon电池转换效率提高和成本快速下降的竞争压力,特别是需要加大力度在PEVCD、PVD等关键设备和低温银浆等关键材料国产化方面降低成本。

2021年,中国晶硅电池技术7次刷新了晶体硅电池实验室效率世界纪录,其中两项可以快速实现量产,包括晶科能源实现了TOPCon大面积电池实验室效率25.40%,隆基绿能创造了HJT电池实验室效率26.30%的世界纪录(见图2-9)。

(4) 组件环节

以182mm和210mm大尺寸组件为代表,组件生产着重提高生产效率,增加功率,降低单瓦成本。降低封装损失率,对电池片进行多切,目前以半片为主流,市场占比可以达86.5%,同比增加15.5个百分点,预计未来市场份额还会继续增长。多主栅技术(MBB),特别是9主栅以上缩短了电流传输距离,降低了电阻损耗,提高了电池片的转换效率,成

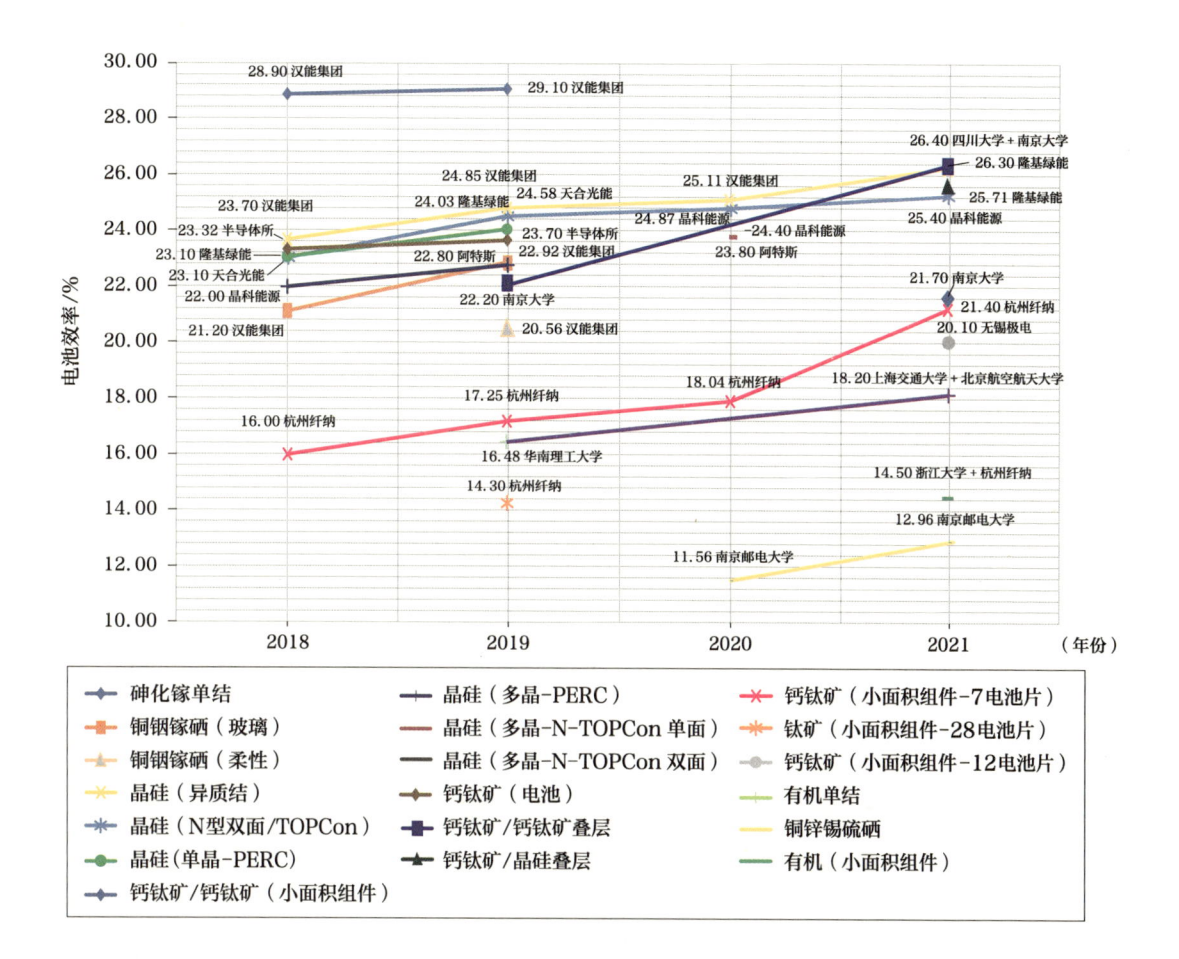

图2-9 中国太阳能电池最高效率进展

资料来源：中国可再生能源学会光伏专业委员会，2022年4月。

为市场主流；超多主栅技术（SMBB）可以降低银浆消耗量，更加适用于TOPCon和HJT电池片，已经开始试用。组件下层封装材料使用白色EVA、共挤POE、双层镀膜玻璃、高反射背板等新材料都可以提升组件性能、提高功率。

（六）市场与出口

1. 产业链上游价格普遍上涨

在光伏的产业链上，2021年多晶硅料、硅片、电池片和组件四个环节产品价格均有所上涨。光伏电站的成本46%取决于组件,组件的成本中大部分是多晶硅料。

以多晶硅致密料为例,2020年6月国内价格还稳定在59元/千克左右,从7月价格开始上涨,直至2021年5月已经超过200元/千克,2022年8月接近300元/千克。2021年均价为226元/千克,相比2020年的均价76元/千克,上涨了197%。2022年上半年均价为248元/千克,相比2021年上涨了10%。多晶硅料价格疯狂上涨的原因是供需失衡。

作为光伏产品产业链的源头,多晶硅料的价格牵动了整条产业链的神经,带动了产业链全线涨价。硅片环节以单晶硅片(182mm,160~175μm)为例,2021年均价为5.4元/片,2022年上半年均价为6.7元/片,上涨24%;电池片环节以单晶PERC电池片(182mm,22.4%~22.8%)为例,2021年均价为1.04元/瓦,2022年上半年均价为1.17元/瓦,上涨13%;组件环节以182mm单面单晶PERC组件为例,2020年下半年大规模上市后均价基本在1.70元/瓦和1.80元/瓦之间波动,2021年均价为1.80元/瓦,2022年上半年均价为1.91元/瓦,上涨6%(见图2-10)。价格上涨原因有各环节生产规模不匹配产生的供需失衡,但更主要的在于多晶硅料成本上涨。

在逆变器方面,2021年主流功率段组串式逆变器和集中式逆变器主流产品国内均价分别为0.15元/瓦、0.1元/瓦。受到IGBT核心元器件供应短缺、海运价格上涨等因素影响,它们的价格较2020年每瓦均上涨0.01元左右。

在光伏玻璃方面,2021年价格剧烈波动。以3.2mm镀膜玻璃为例,年初达到43元/米^{2}价格顶点,7月就下降至21元/米^{2}左右,降幅高达51%,之后小幅回升,全年均价为27元/米^2,2022年上半年价格平稳,均价与上年持平。价格波动向上主要是因为去产能政策限制了生产量,价值原料中纯碱和超白石英砂价格上涨;之后回落是因为政策调整(经过听证会和公告

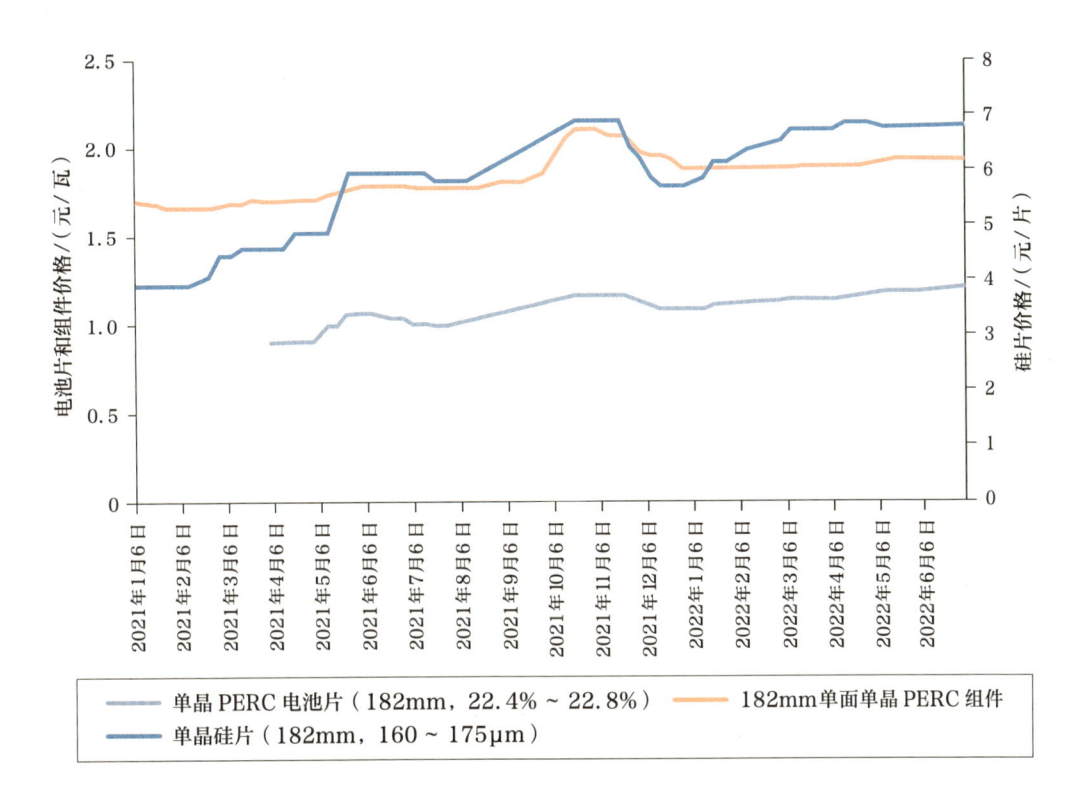

图2-10 2021年1月至2022年6月硅片、电池片和组件价格情况

资料来源：PV InfoLink。

项目信息，光伏压延玻璃项目可不制定产能置换方案）、产能释放，而且随着新建产能陆续投产，组件企业开工率低导致需求疲软，供大于求。

光伏支架和线缆的主要原材料是型钢、铝合金和铜材，作为大宗商品，它们的价格受到国际市场行情影响，2021年报价大幅高于上年。出口产品海运运费上涨。从2020年第三季度开始，国际海运集装箱运费开始上涨，2021年开始上海港将免费堆存期从21天缩短为14天，综合海运物流成本的提高，增加了光伏产品的成本，约0.1~0.3元/瓦。

2. 光伏产品出口创历史新高

中国继续主导全球光伏产品制造业，2021年出口总额约284.3亿美元，同比增长43.9%。硅片、电池片和组件出口额分别为24.5亿美元、13.7亿美元、246.1亿美元，出口量分别为22.6GW、10.3GW、98.5GW。其中，组件出口额同比增长44.8%，出口量同比增长25%，均创历史新高。出口大增的主要原因是新冠病毒感染疫情影响减弱，海外市场陆续恢复。2021年进口太阳能级多晶硅11万吨，同比增长11%，进口额为18.7亿美元。

从具体出口市场来看，仍是传统市场和新兴市场结合，各大市场均有不同程度增长。硅片和电池片主要出口市场是亚洲，组件出口前三市场是欧洲、巴西和印度。其中，欧洲积极应对气候变化政策带来的市场增幅（72%）最为显著。2021年，荷兰鹿特丹港作为欧洲市场的中转站，继续保持第一出口目的地位置。2021年，到港产品占中国出口总量的24.3%；西班牙、德国、希腊合计占比9.6%；欧洲市场占比总计达到39.0%；巴西新发电政策刺激了市场需求，占比12.0%；印度市场受到新政策刺激，加上2021年7月至2022年3月为无保障税的空窗期，市场需求激增，占比10.3%（见图2-11）。

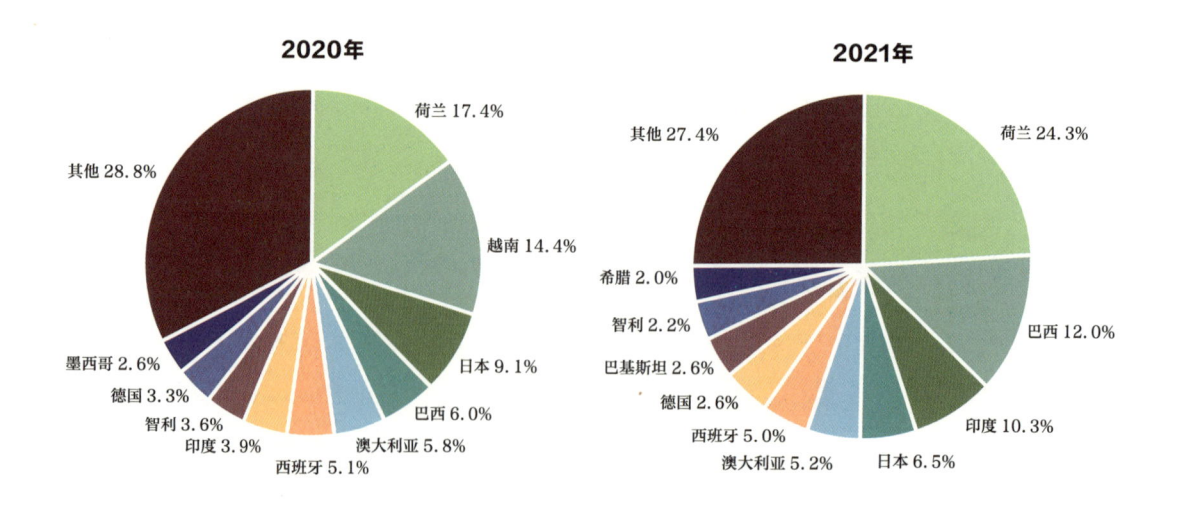

图2-11 2020年、2021年中国光伏产品主要出口国家和地区

资料来源：中国光伏行业协会。

三 前景展望

（一）全球

1. 全球装机市场仍由六个传统光伏大国引领

2022年，全球太阳能发电装机市场从新冠病毒感染疫情的影响中慢慢恢复，大部分国家光伏装机市场将实现正增长。加之年初爆发的俄乌冲突，欧洲地区对于能源安全从未如此重视，快速部署可再生能源发电，提高发电能力显得尤为重要。但是，猛烈爆发的需求造成了产业链上下游的供需紧张、组件涨价，附加国际大宗商品行情波动和国际海运运费上涨，综合提高了系统造价。预计2022年，全球太阳能发电装机容量增长200～230GW，同比增长18%～35%，其中大部分是光伏发电，光热发电或许只有100MW。2030年，全球太阳能发电新增装机容量预计为400～455GW（见图2-12）。

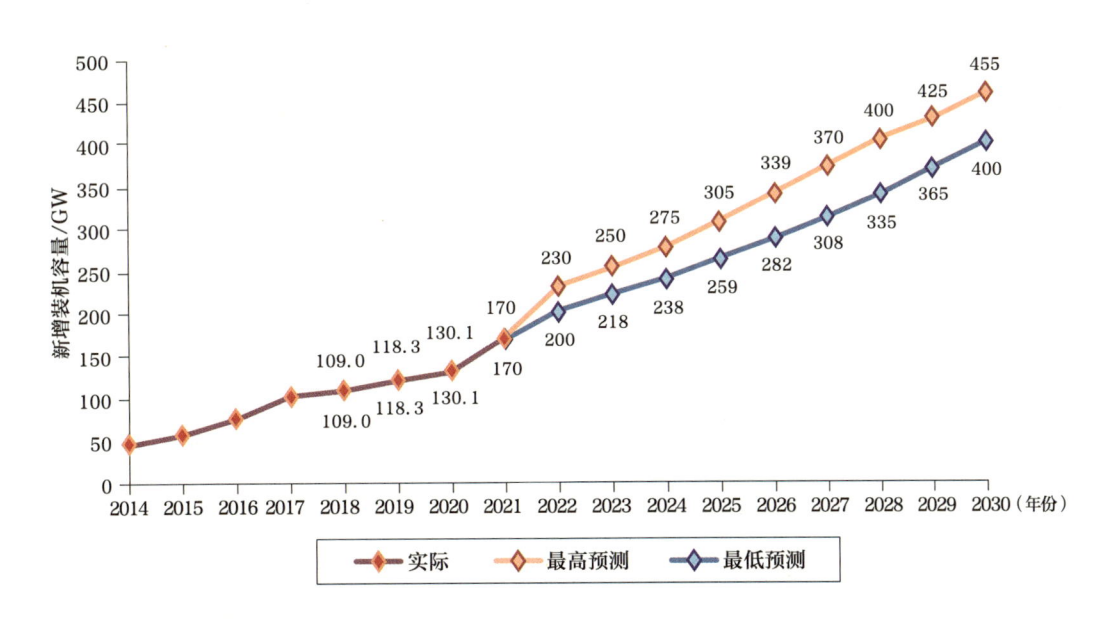

图2-12 2014～2030年全球太阳能发电新增装机容量及预测

资料来源：国家能源集团技术经济研究院。

2022年，全球装机市场仍由中国、美国、德国、印度、日本和澳大利亚六个传统光伏大国引领（见图2-13），此外欧洲地区的意大利、法国、西班牙、波兰、荷兰，中东地区的沙特阿拉伯，亚太地区的韩国、菲律宾、印度尼西亚、马来西亚、泰国，拉丁美洲地区的墨西哥、阿根廷、巴西的分布式项目，将会有较多增量。

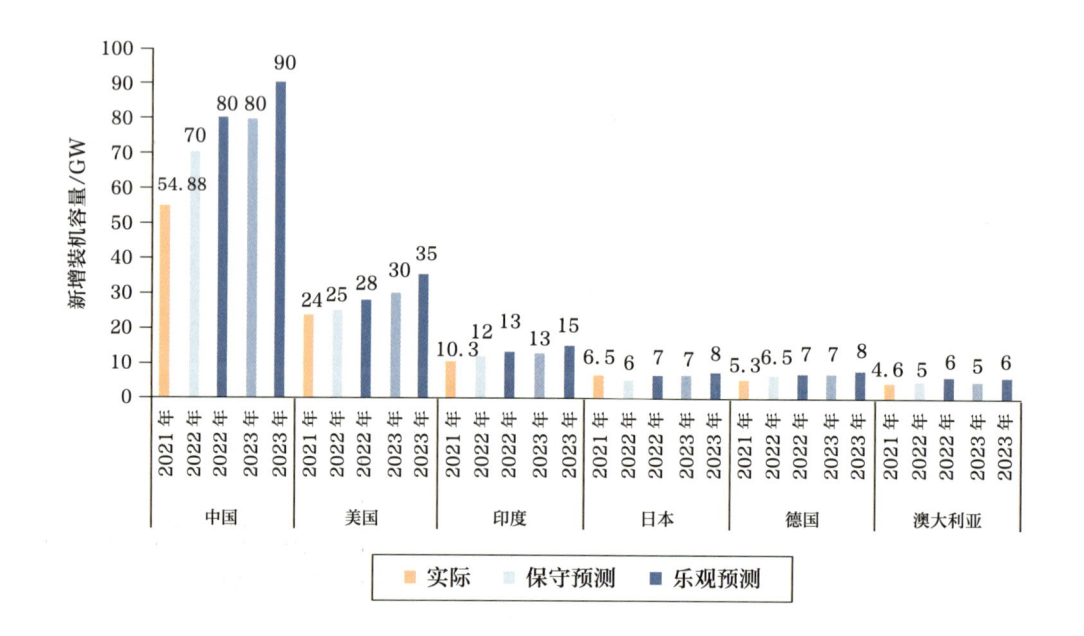

图2-13 2021~2023年中国、美国、印度、日本、德国和澳大利亚太阳能发电新增装机容量及预测

资料来源：国家能源集团技术经济研究院预测。

（1）美国

在利好政策和市场需求的刺激下，美国光伏装机容量将持续增长，预计2022年将新增25~28GW，2023年新增30~35GW，2025年后保持年新增35GW左右。美国住宅和商业屋顶项目发展的空间很大，例如纽约州、明尼苏达州和马萨诸塞州都出台了激励措施，在零售电价支出的减少、应对停电方面都有着较大的市场需求。

（2）德国

德国是激进的能源转型战略制定者和执行者。2022年俄乌冲突爆发后，为了减少对俄罗斯天然气的依赖，保障能源供应安全，德国加速了可再生能源发展的步伐。但同时，为了短期能源安全和平稳度过冬季，德国又不得不延缓退煤和弃核的进程。2022年7月，德国政府通过能源一揽子法案修订提案，重申了对气候议程和清洁能源发展的承诺，到2030年80%的电力必须来自可再生能源，2035年电力供应将接近气候中和，2045年实现气候中和的承诺不变；作为临时应急举措，重启燃煤电厂将有限的天然气供应集中到下个冬季的供热和工业用能之需，将燃煤电厂的重新启用时间限制在2024年3月31日以前；将推动供热和工业部门的电气化，进一步加快可再生能源的扩张。预计2022年，德国新增装机容量达到6.5~7GW，2023年新增7~8GW。

（3）印度

印度光照资源非常好，所受的新冠病毒感染疫情的影响已经慢慢恢复，虽然不能达到2022年底累计装机容量100GW的目标，但是政府积极推出多种政策措施激励光伏的发展，主要有PM-KUSUM计划、屋顶太阳能计划（RTS）、太阳能园区计划、风光互补电站开发计划、可再生能源购买义务（RPO）、输电费用豁免激励等。此外，印度通过对内激励和对外封锁，对海外产品设置关税、认证等壁垒，大力培养本土制造能力。预计2022年，印度新增装机容量在12~13GW，2023年将新增13~15GW。

（4）日本

日本自2012年开始实施的FIT补贴，带给政府巨大的财政压力。2022年4月起，日本将开始转向FIP（Feed-in Premium），光伏上网电价水平为"溢价补贴+电力市场价格"。2022~2023年的太阳能项目，大于1000kW的项目仅适用于FIP计划（拍卖），在250kW和1000kW之间的项目将能够在FIT和FIP计划之间进行选择，在50kW和250kW之间以及50kW以下的项目将在FIT计划的范围内。FIP制度的出现，代表着日本可再生能源发展已经形成一定的规模，逐渐向去补贴发展，并且由于项目盈利水平出现不确定性，许多投资者和开发商表示将放缓速度，等待市场成型，并且意愿越来越转向PPA。加上电网容量有限且并网难度大、可以利用的土地有限，综合预测2022年日本新增装机容量在6~7GW，2023年新增7~8GW。

（5）澳大利亚

2022年5月，澳大利亚联邦政府表示2030年比2005年的碳排放量要减少45%，总体上将实施更加积极的清洁能源政策。在供应链方面，澳大利亚本土无大规模光伏产品产能，2022年光伏产业链整体价格上涨，组件缺货且涨价，导致一些安装商面临项目取消的困境。预计2022年，澳大利亚新增装机容量在5~6GW，屋顶光伏约3GW，且大部分是小于20kW的小型项目；2023年新增5~6GW。

2. 发电成本波动向下

长期来看，太阳能发电经济性将增强。随着技术成熟、设备更新，生产规模将扩大，不论是光伏发电还是光热发电的度电成本都将下降。但是，短期来看，受到国际大宗商品价格、原材料、辅料，以及土地价格等影响，成本将会有一定波动。

（1）系统成本

近年来，光伏发电项目的系统造价成本逐年下降。2021年，全球公用事业项目系统造价约为0.72美元/瓦。2022年上半年，全球多晶硅料需求强烈，新增产能释放缓慢，需求增长远大于供应增量，供需矛盾非常突出，导致价格保持高位运行，涨价从多晶硅料经过产业链传导至组件。组件成本增加抵销了其他成本下降，预计2022年全球集中式光伏发电项目系统造价将微涨至0.73美元/瓦（见图2-14）。

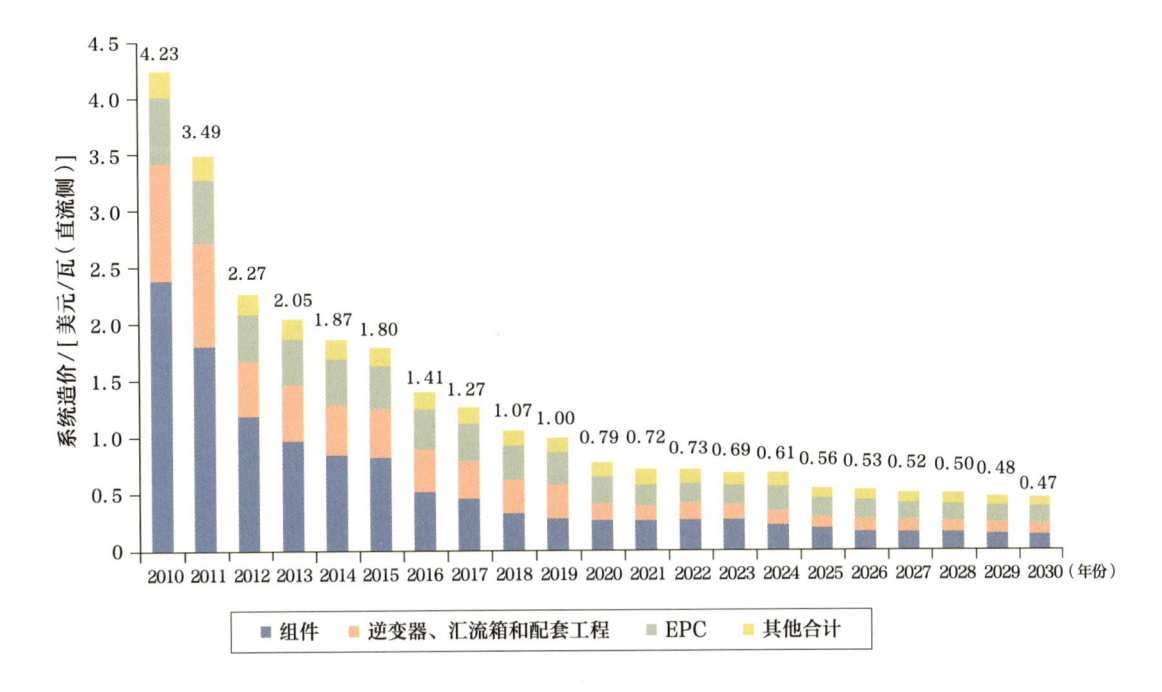

图2-14 2010～2030年全球集中式光伏发电项目（固定支架）系统造价
注：2022～2030年为预测值。
资料来源：国家能源集团技术经济研究院预测。

（2）度电成本

现阶段在中国、印度、德国、法国、意大利、西班牙、葡萄牙和希腊新建的大型集中式光伏电站的成本已经可以和新建的燃煤、燃气发电站（加CCS成本）竞争。

印度凭借优越的光照条件和廉价的人工成本成为LCOE最低的国家，2021年加权平均LCOE为29美元/兆瓦时，2022年上半年为33美元/兆瓦时，全年预计为26～44美元/兆瓦时。但是国家与各邦政策不协调，且配电网接入能力不足，使LCOE快速下降受到一定制约，2030年预计下降至21～33美元/兆瓦时。

日本因为项目外部环境多变，且有很多小型项目，彼此之间差异较大，所以其LCOE范围较宽，2021年加权平均LCOE为126美元/兆瓦时，

2022年上半年为105美元/兆瓦时，全年预计为59~165美元/兆瓦时，2030年预计下降至37~74美元/兆瓦时。

中国凭借较低的系统造价和EPC成本，LCOE较低，2021年加权平均LCOE为39美元/兆瓦时，2022年上半年为44美元/兆瓦时，全年预计为30~57美元/兆瓦时，2030年预计下降至23~42美元/兆瓦时。

德国是传统光伏大国，虽然"去碳"能源转型战略非常激进，但是德国光照自然条件并不优越，且可利用土地有限，2021年加权平均LCOE为53美元/兆瓦时，2022年上半年为54美元/兆瓦时，全年预计为43~60美元/兆瓦时。虽然未来大型项目LCOE会进一步下降，但还有很多分布式项目与建筑结合，综合预计LCOE将平稳变化，2030年预计下降至26~43美元/兆瓦时。

美国幅员辽阔，光照条件好且可以建设项目的空间很大，住宅分布式项目建设条件好，民众认可度高，有很大的市场潜力。2021年加权平均LCOE为42美元/兆瓦时，2022年上半年为46美元/兆瓦时，全年预计为36~54美元/兆瓦时，2030年预计下降至21~32美元/兆瓦时。

澳大利亚小型项目占比很大，未来将延续这种趋势，因为分布式项目个体条件各异，LCOE范围较宽。2021年加权平均LCOE为50美元/兆瓦时，2022年上半年为54美元/兆瓦时，全年预计为33~93美元/兆瓦时，2030年预计下降至19~39美元/兆瓦时。总之，未来LCOE虽然因各个国家各自情况有所不同，但总体都将下降（见图2-15）。

3. 多国强力推动光伏制造本土化

美国、欧盟、印度等光伏主要发展国家和地区综合施策，强力推动光伏制造本土化。美国-欧盟贸易和技术委员会（TTC）第三工作组发布联合调查结论，确认必须保障绿色能源的供应链安全。国际能源署（IEA）发布的《光伏全球供应链特别报告》提出，到2025年，中国多晶硅料、硅片在全球的生产份额将达到95%，在用于光伏组件生产的关键部件上，世

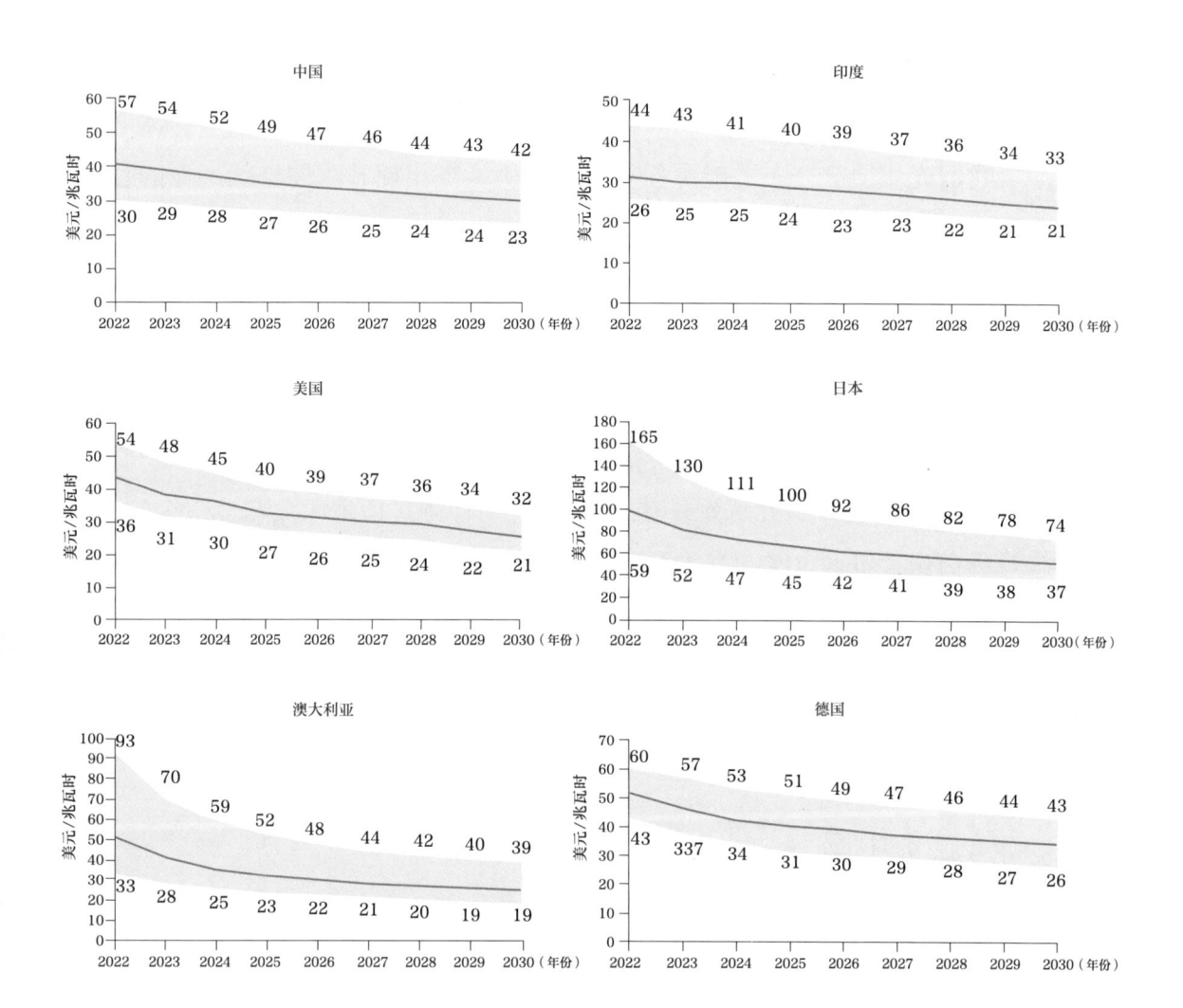

图2-15 中国、印度、美国、日本、澳大利亚和德国光伏发电（非跟踪支架）度电成本趋势预测

资料来源：国家能源集团技术经济研究院。

界各国将几乎完全依赖中国，全球光伏供应链的地理集中度也成为各国需要应对的潜在挑战。这种言论已经被欧美政府认同，并且欧美着手重塑本土光伏制造，保障供应链安全的决心从未像现在这样坚定。

美国众议院通过《重建更好法案》，拨款5500万美元用于应对气候变化，同时将光伏投资税收抵免（ITC）比例提升至30%，期限延长10

年。通过《降低通货膨胀法案》，在光伏领域，针对集中式及分布式发电项目，本土制造方面推出一系列税收抵免及补贴措施。

欧盟光伏协会公布《能源独立建议书》，提出提升欧盟光伏产业的独立性。欧盟目前有49家组件生产商，合计年产能约8.3GW；多晶硅料主要由德国Wacker公司生产，年产能约6万吨；硅片生产集中在挪威，法国也有一部分产能，约1.7GW；电池片产能约0.8GW，完全不能满足自身需求。Meyer Burger计划5年内增加电池片产能到7GW，Enel计划增加产能到3GW。

印度政府出台了光伏组件生产挂钩激励计划（PLI），从2022年4月起对进口组件征收40%的基本关税、25%的电池税，拨款450亿卢比（约6亿美元）鼓励本土建组件厂。一系列政策举措都是为了扶持本土企业、提升生产能力和降低进口依赖度。随着对发展光伏的需求越来越强烈，更多的国家和地区对于支持光伏制造能力本土化的意愿也越强烈。

（二）中国

1. 新增装机容量预测

按照既定目标：2025年，非化石能源消费占比达到20%左右，可再生能源消费总量达到10亿吨标准煤左右，可再生能源年发电量达到3.3万亿千瓦时左右；2030年，非化石能源消费占比将达到25%左右，风电、太阳能发电总装机容量将达到12亿千瓦以上。在可再生能源中，水电、生物质能发电在2030年前额外增加的空间非常有限，太阳能发电和风电是新增电力的主力，目前风光装机要实现跃升发展已经基本成为共识。

《"十四五"可再生能源发展规划》虽然没有提出明确的风光新增装机容量，但根据几个明确的量化目标测算，风电和太阳能发电新增装机容量"十四五"期间至少要达到5亿千瓦。2021年，风光装机容量共新增1.0248亿千瓦，预计2022年新增量将超过上年。2021年，国家能源局表示光伏发电在建项目1.21亿千瓦，预计2022年光伏发电新增并网1.08亿千瓦，比上年实际并网容量增长95.9%。但考虑到年内太阳能发电产业链上游多晶硅料、组件的价格上涨，并一段时间内处于历史高位，综合预测2022年光伏发电新增装机容量90GW左右，其中集中式光伏电站新增38～42GW、户用新增22～24GW、工商业分布式新增20～24GW；光热发电约新增100MW。

展望"十四五"，包括太阳能发电在内的可再生能源各项政策导向将更加清晰、明确，进入关键时期和重要窗口期。太阳能发电将大规模发展，在能源消费中的占比将持续提升；进一步发挥市场在可再生能源资源配置中的决定性作用；进入平价阶段后可再生能源摆脱对财政补贴的依赖，实现市场化、竞争化发展，以及大规模开发和高水平的消纳利用，进而实现高质量发展。

预计"十四五"期间，太阳能发电新增装机容量的最低年复合增长率将达到21%，2022年新增80～90GW，2023年及以后年新增87GW左右，5年共新增约400GW，2025年底累计装机容量达到653GW；"十五五"期间，随着装机规模基数加大，最低年复合增长率将有所下降，至约12%，但是年新增规模也将达100GW左右，5年共新增约500GW，2030年底累计装机容量达到1153GW（见表2-12）。"十四五"和"十五五"期间将有四类项目——大基地项目、保障性规模项目、市场并网项目、分布式项目，引领太阳能发电装机市场发展。

表2-12 "十四五"和"十五五"期间太阳能发电装机容量增长情况预测

单位：GW

2021年底累计装机容量	"十四五"新增装机容量	2025年底累计装机容量	"十五五"新增装机容量	2030年底累计装机容量
306	400	653	500	1153

资料来源：国家能源集团技术经济研究院。

2. 平价路上不平坦

根据《中国光伏产业发展路线图（2021年版）》测算（见图2-16），2022年以后，地面光伏电站在大部分地区可实现与煤电基准价同价；分布式光伏电站主要分布在山东、河北、河南、浙江等省份，也都具有经济性。

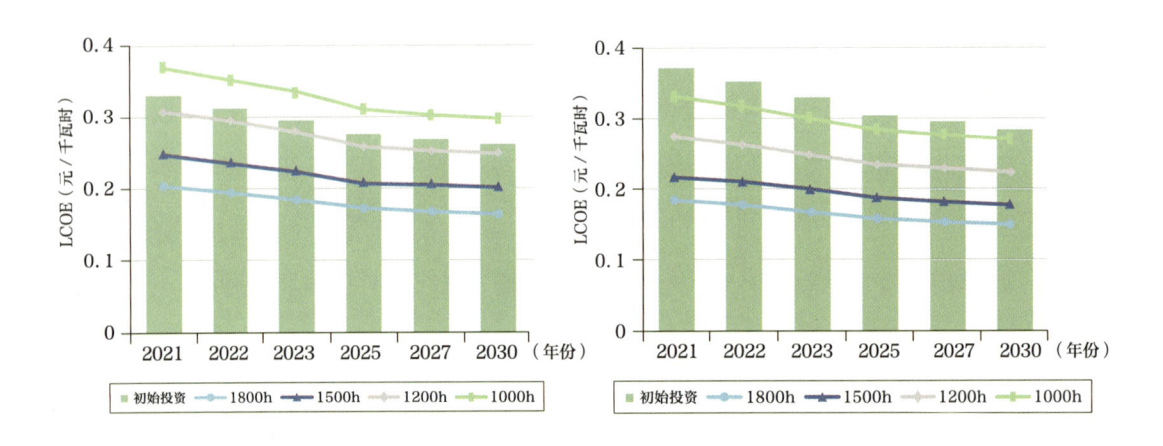

图2-16 2021~2030年集中式（左图）和分布式（右图）光伏电站
不同等效利用小时数 LCOE 估算

资料来源：国家能源集团技术经济研究院。

但是，平价之路并不平坦，光伏装机市场长期向好，但与供应链短期短缺之间的矛盾突出。2021年，多晶硅料价格依然高位运行，致密料全年均价为226元/千克，显著影响光伏电站的经济性。涨价主要由供不应求导致，下游硅片企业不断扩大产能，而且维持了相对较高的开工率，需求远大于目前多晶硅料的供给，且多晶硅料新产能达产速度晚于预期。普遍认为，如果多晶硅料价格涨到260元/千克，组件至少要涨到1.9元/瓦才能保本。据测算，组件价格上涨0.1元/瓦，电站收益率将下降0.5%~0.7%，影响显著。

3. 制造产业继续发展

(1) 产业链协调匹配发展问题突出

首先是供应链各环节扩产周期不匹配。多晶硅料、EVA粒子等扩产周期一般在1.5~2.0年，光伏玻璃在1.0~1.5年，硅棒、硅片、电池片在6~9个月，组件只需要3~6个月。而且多晶硅料、光伏玻璃排产弹性小，而组件生产可以根据订单量灵活调整，因此一旦行业形势发生变化，不同的生产特性和节奏就会造成产业链上下游的扩产周期错配。2020年下半年开始，终端装机市场需求加大，硅片、电池片和组件环节大规模扩产并快速投产，而多晶硅料环节因为建设周期较长，造成了时间前后错配。此外，各环节生产规模不匹配，2021年多晶硅料产能仅能满足200GW的需求，但是硅片产能超过400GW，组件产能超过450GW。以上因素综合导致近两年多晶硅料供需紧张，价格高位运行。但是，短期的超额利润也带来蜂拥而至的资本，2022年多路资本杀入多晶硅料环节，可以预见下一轮产能过剩可能在所难免。

(2) 多晶硅料企业扩产，短期供不应求，长期将出现产能过剩

2021年，中国多晶硅料产量为50.6万吨，产能为62.3万吨。因为行业景气且受到高利润吸引，2022年有21家企业规划扩产，其中6家是既有生产企业，15家为新进入者（见表2-13）。多晶硅料生产项目的特点是重资产和高风险，新进入者缺少技术和人才积累，一线操作人员流动频繁，研发和技术进步空间有限，这为今后几年的行业发展也埋下了隐患。

表2-13 2022年新规划的多晶硅料产能

序号	企业名称	所在地	总规模（万吨）	一期规模（万吨）	总投资（亿元）	备注
1	宝丰能源	甘肃	30	5	—	建设中

（续）

序号	企业名称	所在地	总规模（万吨）	一期规模（万吨）	总投资（亿元）	备注
2	东方希望	宁夏银川、内蒙古乌海	40+6.25	12.5+6.25	—	乌海6.25万吨+10GW棒片组件
3	青海丽豪半导体材料有限公司	青海西宁	20	5	—	分三期，一期投产在即
4	新疆晶诺新能源产业发展有限公司	新疆	10	5	—	
5	江苏润阳	宁夏石嘴山市	10	5	130	建设中
6	保利协鑫能源	内蒙古包头、四川乐山	30+10	10+10	270	硅烷法颗粒硅
7	特变电工	内蒙古包头、新疆准东五彩湾	20+20	10+10	87+88	一期投资、设备安装
8	大金包头	内蒙古包头	22.1	10.1	242.5	在建设中
9	江苏阳光	内蒙古、宁夏	10	5	—	
10	合盛硅业	新疆	20	10	175	已开工
11	海螺水泥	云南	10	5	—	
12	东源科技、保利协鑫能源	内蒙古乌海	20	10	138+100	颗粒硅
13	天宏瑞科	陕西榆林	8	0.7+5.5	96.76	颗粒硅一期改造到2.5万吨，新建厂5.5万吨
14	TCL科技	内蒙古呼和浩特	10+1	11	206	7月7日，半导体1万吨+10万吨颗粒硅
15	清电新能源	新疆	20	10	—	建设中
16	天合光能	青海西宁	15	15	—	30万吨工业硅和15万吨多晶硅、35GW硅棒、10GW硅片和组件
17	上机数控	内蒙古包头	10	5	—	15万吨工业硅和10万吨多晶硅
18	南玻集团	青海海西	5	5	—	
19	其亚铝业集团	四川眉山	20	10	—	环评信息已公示

(续)

序号	企业名称	所在地	总规模（万吨）	一期规模（万吨）	总投资（亿元）	备注
20	东方日升	内蒙古包头	15	5	—	20万吨工业硅+15万吨多晶硅
21	吉利多晶硅	—	—	5	0.2	
	合计	—	382.35	191.05	—	

资料来源：多晶硅材料制备技术国家工程实验室。

新产能释放后，2023年多晶硅料价格有望得到抑制。按照1W组件需要2.8克硅料粗略计算，一期共186.2万吨多晶硅料可产出665GW组件，除满足全球组件需求外，还将出现产能过剩。另外，即使多晶硅料价格平稳回落后，国际大宗商品价格波动，支架所用铝材、钢材，线缆所用铜材，电池片所用的银浆等价格随行就市，并且非技术成本中土地成本的日益增加，都给未来光伏发电项目平价之路增添了不确定性。

（3）硅片、电池片企业与多晶硅料企业签订长单、相互参股，锁定多晶硅料供应

为了控制上游成本风险，隆基绿能、晶澳科技、上机数控、双良节能等硅片或电池片龙头企业与通威股份、新疆大全、新特能源、亚洲硅业等多晶硅料生产企业签订长单，锁定未来几年的供应量（见表2-14）。通过相互参股，企业形成更深入紧密的长远利益同盟。还有电池片企业直接进入多晶硅料生产领域，例如东方日升通过下属公司收购内蒙古盾安（聚光硅业）启动多晶硅料生产；天合光能在西宁经济技术开发区投资建设的新能源产业园已经开工，规划了年产30万吨工业硅、15万吨高纯多晶硅等目标。

（4）高耗能制造与限电矛盾

光伏产品制造是高耗能产业的用电大户。2021年9月，云南省发改委

表2-14 部分多晶硅料签订长单情况

单位：万吨

签约时间	买方企业	卖方企业	签约规模
2021年1月	上机数控	新特能源	7.035
2021年4月	晶澳科技	特变电工	18.1
2021年5月	上机数控	保利协鑫能源	3.1
2021年5月	晶澳科技	新疆大全	7.82
2021年5月	晶澳科技	江苏中能	14.48
2021年8月	晶科能源	德国瓦克	≥7
2021年9月	双良节能	江苏中能	5.275
2021年9月	特变电工	双良硅材料	8.22
2021年11月	上机数控	江苏中能	9.75
2021年11月	双良节能	亚洲硅业	2.521
2022年2月	大全能源	某客户	3.0
2022年3月	隆基绿能	通威股份	20.36

资料来源：中国光伏行业协会。

就要求工业硅企业9～12月的月均产量不高于8月产量的10%。政策的干预带来光伏行业各环节产业链价格的上涨。2022年8月，因夏季干旱引起缺电，四川启动突发事件能源供应保障一级应急响应，为期10天的限电使约20.7万吨多晶硅料产能、73GW硅片产能、42.6GW电池片产能生产受到影响。但是从另一方面而言，"能耗双控"是有利于分布式光伏发展的，自发自用分布式光伏免受限电影响，在东南部地区有很好的发展前景。

（5）光伏产品出口继续增长，国际贸易环境更加复杂

中国光伏产品凭借晶硅技术和成本控制的优势，受到全球市场的欢迎。未来随着国内产业链各环节扩大产能，全球各市场新增装机增长，中国光伏产品出口将继续增长，但是面临的国际贸易环境将更加复杂。

一是保护主义继续威胁全球贸易稳定增长，部分国家对外贸易政策日趋保守，形成贸易小团体，贸易限制措施增多。

二是以"碳"为中心的"绿色"贸易门槛正在形成。目前国际上针对光伏产品的绿色门槛主要有法国、韩国的碳足迹认证要求，以及瑞典、意大利的环境产品声明（EPD），EPD包含碳足迹要求，比碳足迹认证的要求更高，德国也有购买企业提出了碳足迹认证要求。目前，欧盟正在加紧设置"绿色门槛"。2022年3月，欧盟委员会发布《2022～2024年生态设计和能源标签工作计划》，包括针对光伏组件、逆变器和系统的生态设计和能效标签措施，还包括可能的碳足迹要求。新版"循环经济行动计划"提出要在产品设计、信息披露、消费者权利、政府采购、企业责任等多个层面制定规则，使可持续产品成为欧盟的规范，其中针对电池、光伏、纺织、电子和建筑产品，会设置特别的"可持续性"市场准入门槛。6月，欧洲议会全体表决通过了碳边境调节机制（CBAM），欧盟正在设置的光伏产品"绿色门槛"的具体内容还有待确定，但将产品的"可持续性"作为市场准入条件以及与碳排挂钩的政策方向已十分明确。

4. 装机市场格局发生变化

（1）光热发电机遇与挑战并存

在构建以新能源为主体的新型电力系统目标下，光热发电以"发电+储能"连续供电的优异电力品质迎来新的发展机遇。例如，在辽宁吉西基地鲁固直流白城140万千瓦外送项目中，配套建设光热发电20万千瓦。目前大基地项目中配套光热发电装机规模已经达到100万千瓦。2022年，光热项目已经失去政策支持的补贴电价，目前光热电站建设仍存在成本过高

的问题，未来最重要的是通过技术进步和规模效应实现成本快速下降。

（2）大基地项目以国资企业为主

2021年，启动第一批以沙漠、戈壁、荒漠地区为重点的大型风电光伏基地建设项目，涉及19个省份，规模总计97.05GW。随后，启动了第二批申报工作，规模总计455GW。截至2021年，第一批以沙漠、戈壁、荒漠地区为重点的大型风电光伏基地全部开工，第二批基地项目部分已开工建设，第三批基地项目正在抓紧组织开展有关工作。在大基地项目的竞争中，实施风光水互补、水光互补以及风光火互补等多种电源形式融合，不仅如此，还可能附加乡村振兴、生态治理、土壤修复、农光互补、牧光互补、林光互补、光伏治沙等，需要投资企业具有全方面的综合能力，央企、国企将成为大基地的主要参与者，民营企业单独获得份额较小。企业组成联合体形式进行联合开发是主流，部分特高压外送基地项目还是以企业联合体牵头的形式中标。第一批大基地项目采用了外送和就地消纳相结合的方式，第二批大基地项目将以外送为主要消纳形式。国家电网和南方电网都启动了特高压建设计划，大基地项目的送出可以得到保障。

（3）绿电带来新发展机遇

与一般电力交易不同，绿电交易实现了电能与环境价值的同步交割，并提供可溯源的绿电消费认证。对绿色电力有需求的企业，特别是外资、外贸企业普遍认为，与海外市场联系需要绿电交易，可以增加国际竞争力。2021年9月进行了第一次全国绿电交易，风电和光伏发电市场化上网项目为市场主体，并逐步扩大到水电等其他可再生能源项目。绿电交易价格相比普通中长期市场价格稍高，可以有效提升新能源企业的经营收益。目前，国家电网和南方电网都已经出台了绿电交易的细则，南方区域统一电力市场已经启动试运行，未来有望在更大范围、更多地区，有更多市场主体参与。下一步，绿电、绿证与碳交易市场有望有效衔接，可以进一步促进新能源行业的高质量可持续健康发展。

（4）央企、国企加码，民营企业"瘦身"

在"十四五"时期的平价上网时代，拥有综合优势，特别是资金优势的央企、国企开始加速投资，除了加速"跑马圈地"外，资本市场并购民营企业电站的股权交易也异常活跃。央企"五大六小"发电集团是光伏电站投资开发的一线梯队，截至2021年底，11家企业光伏电站持有规模达110GW，同比增长51%。以京能集团、山高新能源、广东能源集团、国开新能源、浙江新能、南网能源、深圳能源、申能股份、广州发展、易事特等为代表的地方国企，持续加码新能源，且在央企收紧光伏发电项目并购情况下，抓住机遇扩大规模。在民营企业方面，此前，光伏装机市场起步，很多民营企业快速建设电站，高融资成本和补贴拖欠吞噬了现金流，以致出现了资产负债过高和资金紧张的局面，很多民营企业选择出售电站给国资企业，盘活资产补充现金流。例如，正泰新能源2021年底光伏电站规模为8.4GW，从2021年下半年开始已经出售约2.5GW；协鑫新能源从2018年开始实行轻资产经营模式，几年间共出售电站规模超过6.5GW，2021年出售约1.972GW，回笼资金60.93亿元，目前持有规模只有约753MW。也有不少民营企业在加速平价项目开发，例如阳光新能源在2021年各地的新能源项目指标中，拿下超4GW项目。

第三章
全球储能发展现状与前景展望

随着新能源产业的快速发展和环境保护压力的增大，储能行业正孕育着巨大的市场。从广义上讲，储能即能量的存储，是指通过一种介质或者设备，把一种能量形式用同一种或者转换成另一种能量形式存储起来，基于未来应用需要以特定能量形式释放出来的循环过程。从狭义上讲，针对电能的存储，储能是指利用化学或者物理的方法将产生的能量存储起来并在需要时将其释放的一系列技术和措施。根据储能方式及其技术载体的类型，电储能主要分为三类：机械储能（如抽水蓄能、重力储能、压缩空气储能、飞轮储能等）、电化学储能（如锂离子电池、钠硫电池、铅蓄电池、液流电池等）、电磁储能（如超级电容器储能、超导储能等）（见图3-1）。

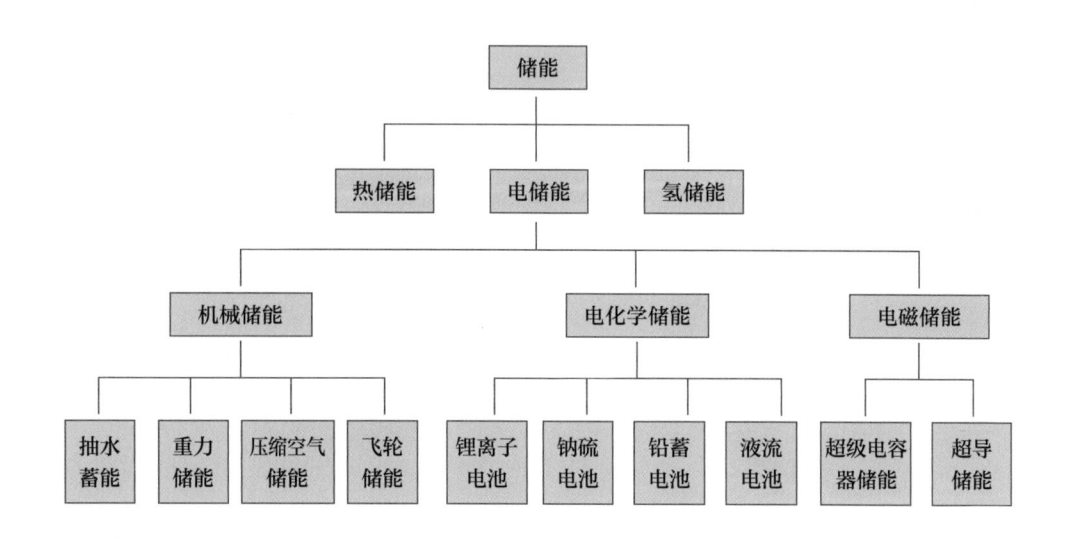

图3-1 储能分类示意

资料来源：国家能源集团技术经济研究院。

当前，国内外运行的储能项目仍以抽水蓄能为主，其次是新型储能。展望未来，抽水蓄能和新型储能将基本覆盖储能的所有应用场景。因此，本章将聚焦于抽水蓄能和新型储能这两大类储能技术路线，从全球和中国两个层面进行分析研究。

一 全球储能市场发展概况

（一）基本情况

截至2021年底，全球已投运电储能项目累计装机容量209.4GW，同比增长9%。其中，抽水蓄能的累计装机容量占比86.2%，首次低于90%，同比下降4.1个百分点，仍然是全球储能的绝对主力。新型储能的累计装机容量紧随其后，为25.4GW，同比增长67.7%，其中，锂离子电池占据绝对主导地位，市场份额超过90%，是新型储能中的绝对主力和发展方向（见图3-2）。

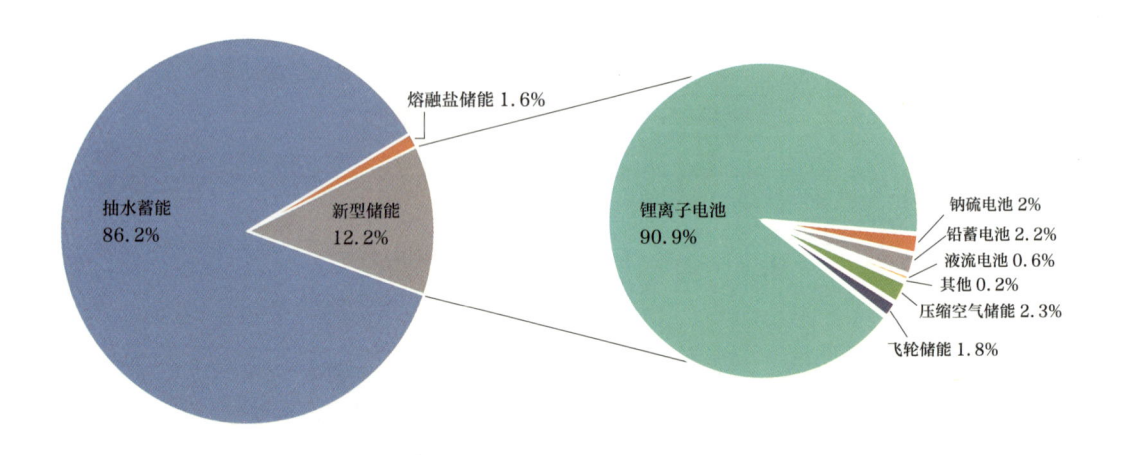

图3-2 截至2021年底全球电储能市场累计装机容量分技术占比

资料来源：中国能源研究会储能专委会和中关村储能产业技术联盟发布的《储能产业研究白皮书2022》。

从地区分布上看，美国、中国和欧洲依然引领了2021年全球新型储能市场的发展，三个国家或地区新增投运规模合计占全球新增投运规模的80%（见图3-3）。

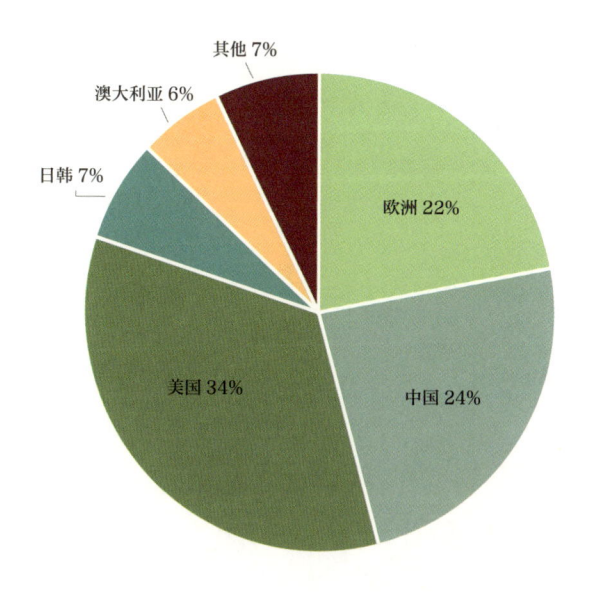

图3-3 2021年全球新增投运新型储能项目地区分布

资料来源：国家能源集团技术经济研究院；中国能源研究会储能专委会和中关村储能产业技术联盟发布的《储能产业研究白皮书2022》。

（二）抽水蓄能发展现状

1. 全球抽水蓄能发展历程与现状：在建大型项目容量合计约为1500万千瓦，装机容量将继续增加

长期以来，全球储能以抽水蓄能为主导。抽水蓄能初具规模始于20世纪50年代，前期发展缓慢，主要用于调节常规水电站发电的季节性不平衡，到1960年仅有350万千瓦规模。20世纪60~80年代，发达国家核电站的发展速度较快，为配合核电运行建设了较多抽水蓄能电站，用来承担调峰和备用功能，到1980年抽水蓄能电站装机容量增加至4600万千瓦。20世纪90年代至21世纪初，发达国家电力负荷增长放缓，抽水蓄能电站增长速度随之放缓。21世纪初至今，随着新能源的快速发展，抽水蓄能电站的规划建设再次受到重视，2010年达到1.35亿千瓦。

2021年，全球水电新增装机容量为2643万千瓦。从区域分布来看，东亚和环太平洋地区水电新增装机容量为2189万千瓦，居全球首位，占比约为83%；中南亚地区为196万千瓦、中北美洲地区为115万千瓦，占比分别约为7%、4%；欧洲地区为108万千瓦，占比约为4%；非洲地区和南美洲地区分别为18万千瓦、17万千瓦，占比均约为1%（见图3-4）。

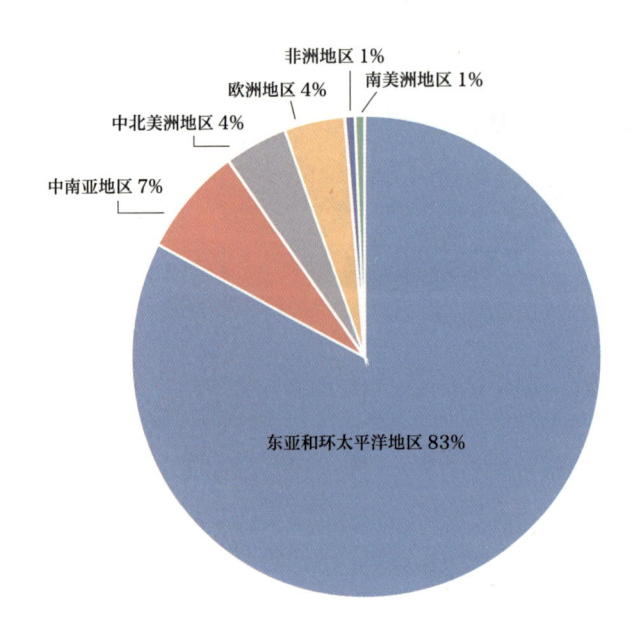

图3-4 2021年水电新增装机容量区域分布

资料来源：国家能源集团技术经济研究院；国际水电协会（IHA）发布的《2022年全球水电状况报告》。

截至2021年底，全球水电累计装机容量达到13.6亿千瓦，创历史新高。从国别来看，中国水电累计装机容量达39100万千瓦，高居各国榜首；巴西为10940万千瓦、美国为10190万千瓦、加拿大为8230万千瓦、俄罗斯为5570万千瓦、印度为5140万千瓦，分别列第2~6位；日本、挪威、土耳其和法国分别列第7~10位（见图3-5）。

在项目方面，中国360万千瓦丰宁抽水蓄能电站、老挝127万千瓦南欧江水电站、加拿大82.4万千瓦Muskrat Falls水电站、印度30万千瓦卡蒙水电站等多个重大项目顺利投运（其中丰宁抽水蓄能电站为部分投运）。

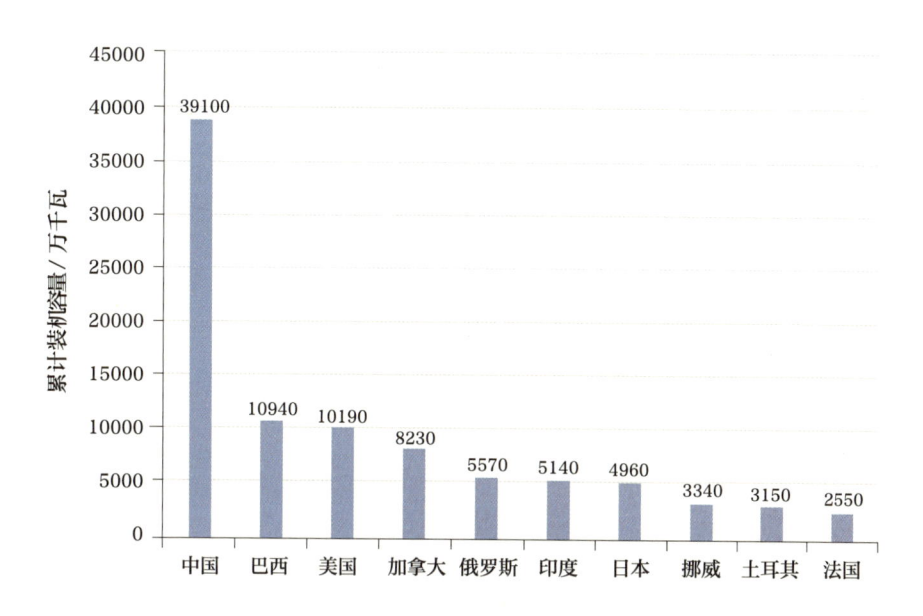

图3-5 截至2021年底各国水电累计装机容量分布

资料来源：国家能源集团技术经济研究院；国际水电协会（IHA）发布的《2022年全球水电状况报告》。

数据（累计装机容量/万千瓦）：中国 39100；巴西 10940；美国 10190；加拿大 8230；俄罗斯 5570；印度 5140；日本 4960；挪威 3340；土耳其 3150；法国 2550。

除了已建成装机项目外，全球较大规模的在建抽水蓄能项目如表3-1所示，容量合计约为1500万千瓦。

表3-1 全球较大规模的在建抽水蓄能项目

单位：万千瓦

国家	项目	容量	备注
希腊	Amfilochia	68	
苏格兰	Cloire Glass	150	
土耳其	Eğirdir	100	
印度	Pinnapuram	120	风光抽蓄一体化
印度	Saundatti	120	风光抽蓄一体化
澳大利亚	Snowy 2.0	200	容量扩建项目
澳大利亚	塔斯马尼亚塔纳湖	60	

(续)

国家	项目	容量	备注
澳大利亚	Dungowan	50	
澳大利亚	Big-T	40	
葡萄牙	Gouvães	88	
越南	Bac Ai	120	
阿联酋	Hatta	25	
中国	丰宁	360	

资料来源：国家能源集团技术经济研究院。

2. 技术发展情况：可再生能源发电推动抽水蓄能新商业运营模式

抽水蓄能技术是迄今为止世界上应用最广泛的大规模、大容量的储能技术。它将"过剩的"电能以水的位能（即重力势能）的形式存储起来，在用电的尖峰时间再用来发电，因而也是一种特殊的水力发电技术。当电力生产过剩时，供电于抽水泵，把水由下水库输送至地势较高的上水库，对电网而言，这时它是用户。待电力需求增加时，把水闸放开，水从高处的上水库依地势流往下水库，借水的重力势能推动水轮重新发电，对电网而言，这时它又是发电厂。相比其他储能技术，抽水蓄能电站具有技术成熟、效率高、容量大、储能周期不受限制等优点。但抽水蓄能电站需要合适的地理条件建造水库和水坝，建设周期长、初期投资规模巨大。从目前的应用情况来看，利用抽水蓄能技术所建造的电站，其容量大小可以按照用户需求来决定，设备的寿命基本上可以维持30~40年，其整体工作效率可以提高到70%以上。

未来，抽水蓄能技术新的发展方向应该是利用海洋或者废弃矿井、地下洞穴作为下水库。通常，使用海洋作为下水库具有吸引力，因为它减少了一个水库的建设，然而由于腐蚀性环境问题和液压元件上的海洋生物生长问题，项目需要更高的维护成本，可能会部分抵销只有一个水库所带来的节约成本；另外，靠近大海的高海拔地区并不常见，缺少保障项目经济性的上水库。使用废弃矿井或地下洞穴的地下抽水蓄能项目方案也正在进行评估。

目前，最引人瞩目的变化是抽水蓄能的商业模式。过去，大多数抽水蓄能主要用于平衡电力系统在高需求和低需求时期的发电和负载之间的差距，在电价低谷阶段通过水泵进行抽水，然后在需求最大的时段发电。在发电时可以调节功率，但在抽水时则不能。现在，随着可再生能源在电力系统中的渗透率不断提高，尤其是太阳能发电项目可以填平白天峰值。因此抽水蓄能电站开发越来越关注引入变速抽水蓄能系统，该系统在抽水和发电过程中均能进行功率调节，实现了比传统装置更高的效率。如此，抽水蓄能可通过快速爬坡和其他能力为电网提供所需的灵活性和支持服务，包括为大电网安全运行提供有效的转动惯量和频率支撑，并兼具调峰、调相和黑启动等多种功能，是大电网安全经济运行的综合调节工具。

新的商业模式应用已出现在美、英、澳等国：美国的加利福尼亚独立系统运营商（CAISO）于2019年签署合同，明确补偿水电或抽水蓄能机组提供惯性和初级频率响应服务；2019年，英国电力系统运营商举行了首次"电网稳定性"招标，并于2020年初与44万千瓦Cruachan抽水蓄能电站签订了提供同步补偿的合同，项目于2020年中期开始提供惯性服务；澳大利亚新南威尔士州的50万千瓦Dungowan抽水蓄能电站被设计为400万千瓦的Walcha新能源项目的一部分，旨在提供电网支持服务和稳定的电力。

3. 成本情况及展望：成本总体将维持在100美元/千瓦时的水平

抽水蓄能技术已经成熟，有数十年的建设运行经验。图3-6显示了利用现有湖泊或河流作为下水库的抽水蓄能项目的成本结构。考虑到抽水蓄能系统场地的特定性质，各个项目的成本构成可能会有很大差异。对水库建设成本以及工程采购和其他建设成本来说差异尤其明显。

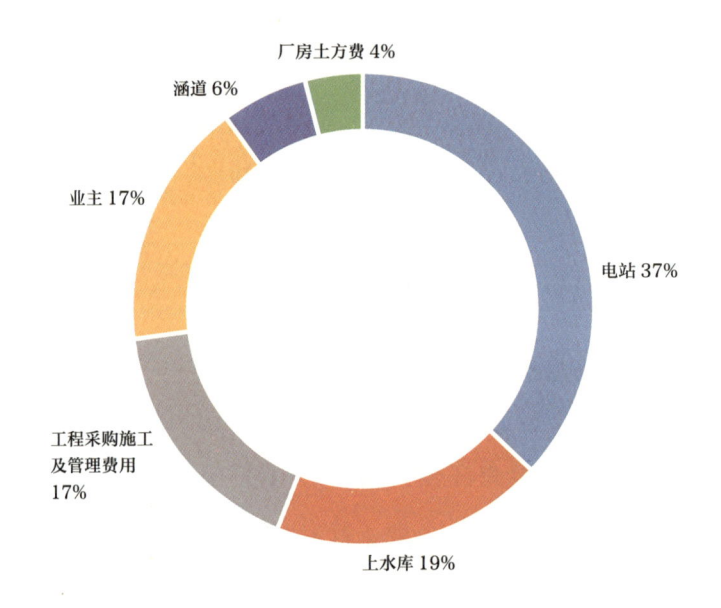

图3-6 利用现有湖泊或河流作为下水库的抽水蓄能项目的成本结构

资料来源：国际可再生能源署（IRENA）发布的《电力储存与可再生能源：2030年的成本与市场》。

未来几年，抽水蓄能在成本结构和改造效率方面不会有重大的技术改进，成本总体将维持在100美元/千瓦时的水平（见图3-7）。适用于抽水蓄能的场地并没有增加，同时更严格的水电和抽水蓄能环境标准使得新的开发更加耗时和昂贵。因此，必须改进土木工程技术以抵销这些更严格的环境标准带来的潜在成本，以确保抽水蓄能成本在较长时间范围内不会上升。

4. 前景展望：未来10年抽水蓄能在中国主导下将强势增长

抽水蓄能是最具吸引力的灵活性储能方案之一，与其他形式的能源存储方式相比，抽水蓄能具有较长的资产使用寿命、较低的使用寿命期总成本和不受原材料供应影响等几个明显的优势。随着越来越多的风电和太阳能发电并网消纳，抽水蓄能发电的优势越来越突出。

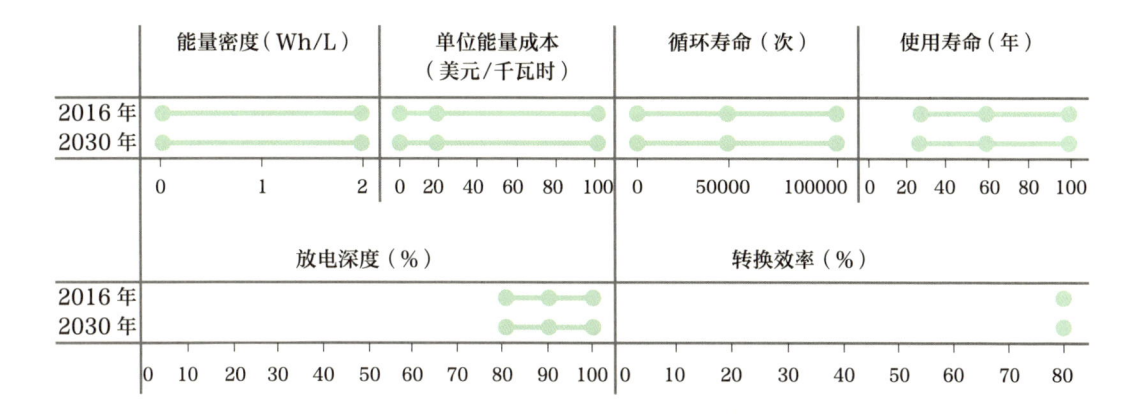

	能量密度（Wh/L）	单位能量成本（美元/千瓦时）	循环寿命（次）	使用寿命（年）
2016年				
2030年				

	放电深度（%）	转换效率（%）
2016年		
2030年		

图3-7 2016年和2030年抽水蓄能主要技术和成本参数对比
资料来源：国际可再生能源署（IRENA）发布的《电力储存与可再生能源：2030年的成本与市场》。

国际可再生能源署（IRENA）发布的《电力储存与可再生能源：2030年的成本与市场》提出，到2030年，全球储能装机容量将在2017年的基础上增长42%～68%，抽水蓄能装机容量增长幅度为40%～50%。

根据国际水电协会（IHA）发布的报告，到2025年，预计全球运营357个抽水蓄能设施，总装机容量达到1.64亿千瓦，另有124个抽水蓄能设施处于建设（正在建设、计划建设或宣布建设）中。到2030年，预计抽水蓄能设施装机容量将增加约50%，达到2.40亿千瓦，其中中国有65个新项目，美国有19个，澳大利亚和印度尼西亚各有10个。2021年9月，国家能源局发布了2021～2035年抽水蓄能发展的中长期规划。根据该规划，2025年中国抽水蓄能的装机容量将至少为0.62亿千瓦，2030年将达到1.2亿千瓦。

根据彭博新能源财经（BNEF）对公开信息中抽水蓄能项目情况的统计，预测抽水蓄能项目数量在未来10年将强势增长，并主要由中国推动，欧洲的项目也有所增加（见图3-8）。目前在建设中或已落实投资的抽水蓄能项目有大约6900万千瓦，另外有1700万千瓦的项目已处于开发后期阶段。尽管已公布的抽水蓄能项目数量很多，但通常只有部分项目能获得融资。

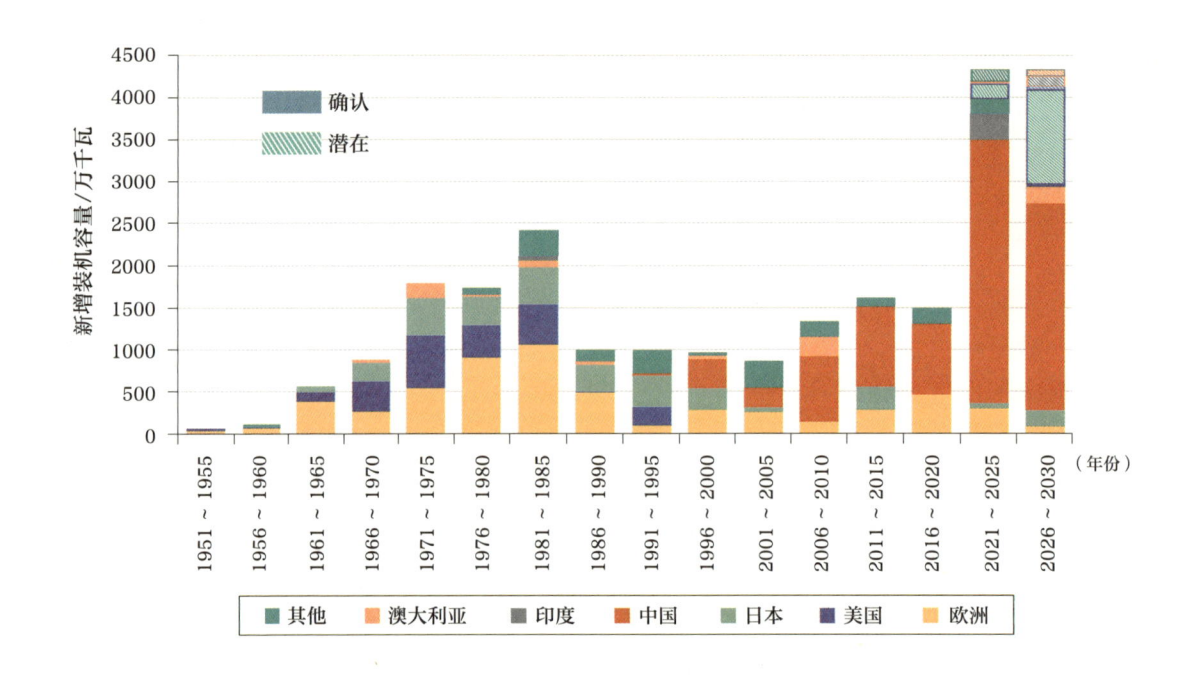

图3-8 主要地区抽水蓄能各时期新增装机容量与展望

注:"潜在"包含已经批准通过但是还未获得融资的后期开发项目,对欧洲来说,它还包括根据国家计划建设的项目。
资料来源:彭博新能源财经(BNEF)。

(三)新型储能发展现状

1. 市场分布:中国、美国、欧洲地区是增量主力

2021年,全球新型储能新增装机量为10.0GW,再次刷新纪录,是2020年新增投运的1.85倍。从地区来看,美国位居新增装机量第一,美国、中国和欧洲[①]三地区装机增量总计超过全球的80%,是增量主力(见图3-9)。

---

① 本章中按照行业惯例将欧洲市场作为整体进行讨论。

图3-9 2012~2021年全球新型储能新增装机量

资料来源：国家能源集团技术经济研究院、彭博新能源财经（BNEF）。

从累计装机规模来看，截至2021年底，全球新型储能的累计装机规模为26.3GW，较上年增加10.0GW，同比增长61.3%（见图3-10）；美国、欧洲、韩国市场的累计装机容量位列全球前三，中国排名第四（见图3-11）。

从技术角度来看，锂离子电池在全球固定式储能电站中的应用始终占据绝对的主导地位（见图3-12）。2021年，全球有95%的非抽水蓄能固定式储能装机容量采用了锂离子电池作为储能介质，5%为其他和压缩空气储能。在非抽水蓄能领域，目前尚未出现能与锂离子电池竞争的其他技术。值得关注的是，2021年压缩空气储能开始应用于固定式储能项目，未来是否会保持这种趋势尚需进一步观察。

图3-10 2012～2021年全球分国别新型储能累计装机量（按功率）
资料来源：国家能源集团技术经济研究院、彭博新能源财经（BNEF）。

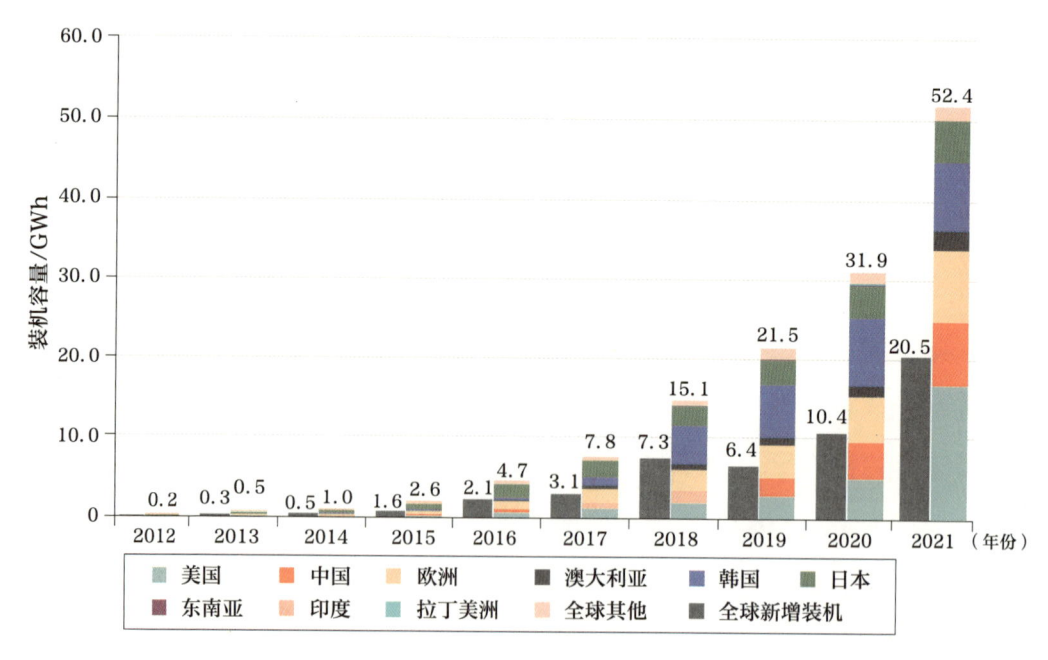

图3-11 2012～2020年全球分国别新型储能累计装机量（按容量）
资料来源：国家能源集团技术经济研究院、彭博新能源财经（BNEF）。

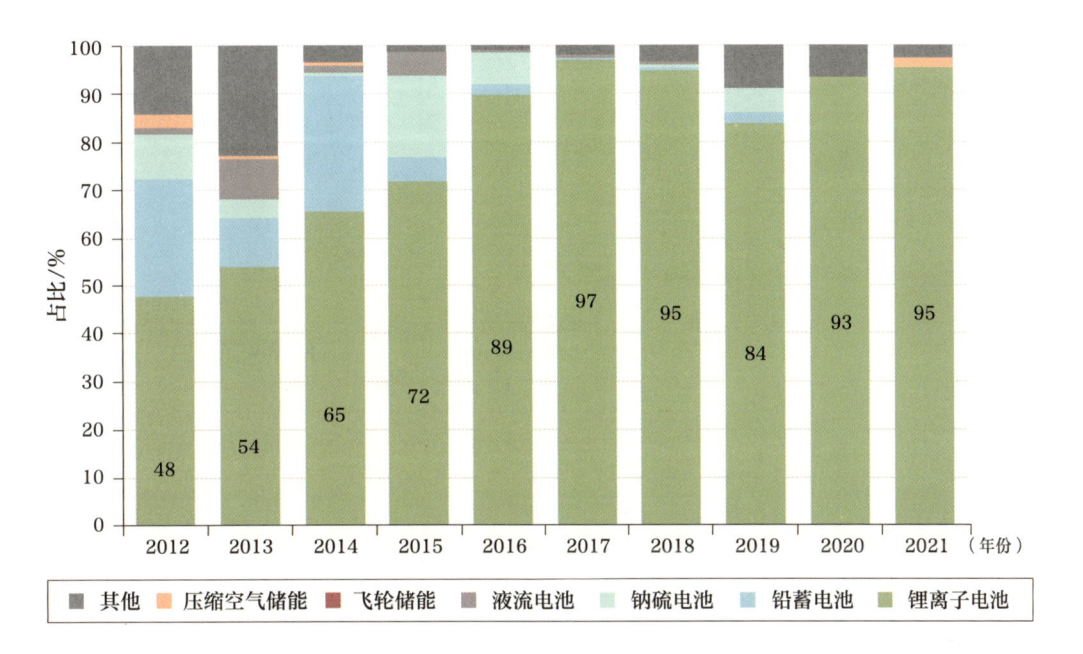

图3-12 2012~2021年全球固定式储能电站技术占比

注：不含抽水蓄能，采用多种技术的项目分配。

资料来源：国家能源集团技术经济研究院、彭博新能源财经（BNEF）。

2. 成本情况：处于快速下降通道上，锂离子电池的快速推广是成本下降最重要的推手

（1）整体建设成本

不同储能项目间的成本变化较大，功率容量比、项目大小、复杂程度、系统冗余量、当地法律法规等要素对不同技术、不同项目的成本都有直接影响。在需求条件相似的情况下，硬件成本的变化相对很小，而EPC成本则相对地域的区别变化很大。

从储能的时长来看，随着储能时长的增加，交钥匙储能系统成本呈下降趋势，从储能0.5小时的428美元/千瓦时下降到储能4小时的238美元/千瓦时。从国家间比较来看，中国在储能1小时、2小时和3小时的交钥匙储能系统平均成本均低于全球基准成本，表现出一定优势（见图3-13）。

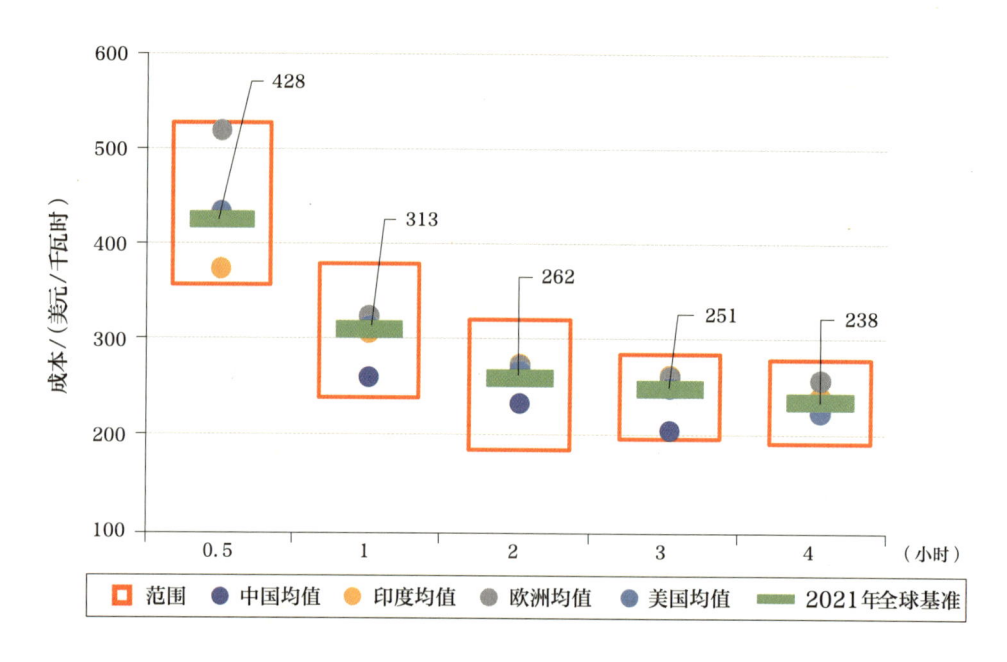

图3-13 2021年不同国家交钥匙储能系统成本
资料来源：国家能源集团技术经济研究院、彭博新能源财经（BNEF）。

2017～2021年，4小时储能项目建设平均成本从606美元/千瓦时下降为288美元/千瓦时，降幅高达52%（见图3-14）。

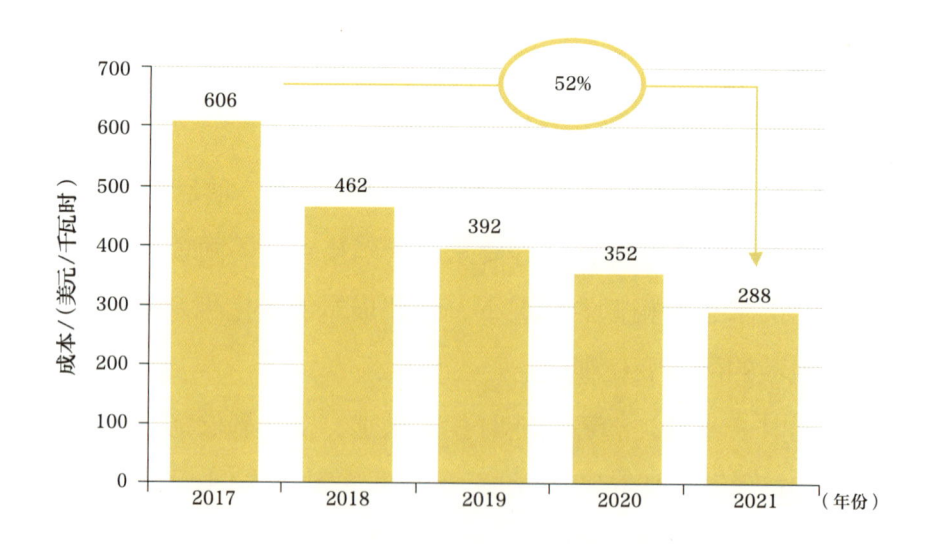

图3-14 2017～2021年20MW/80MWh储能项目建设平均成本变化
资料来源：国家能源集团技术经济研究院、彭博新能源财经（BNEF）。

基于可用容量，持续1小时、2小时和4小时的典型储能项目的平均成本分别为397美元/千瓦时、326美元/千瓦时和288美元/千瓦时（见图3-15）。交钥匙储能系统成本约占项目成本的79%~84%。从交钥匙储能系统到EPC和电网连接增值、开发商管理费用和利润，任何单个项目的成本都因地区和项目应用而大不相同，这也与开发商的项目经验以及项目许可和电网连接的地方法规密切相关。例如，与可再生能源配套的储能系统的EPC开发成本相对较低，因为储能部署通常是可再生能源项目开发的一部分，可以与后者分担成本。对没有与储能项目具体相关的既定法规和标准的任何新市场，项目实施通常需要更长的时间和更高的成本。

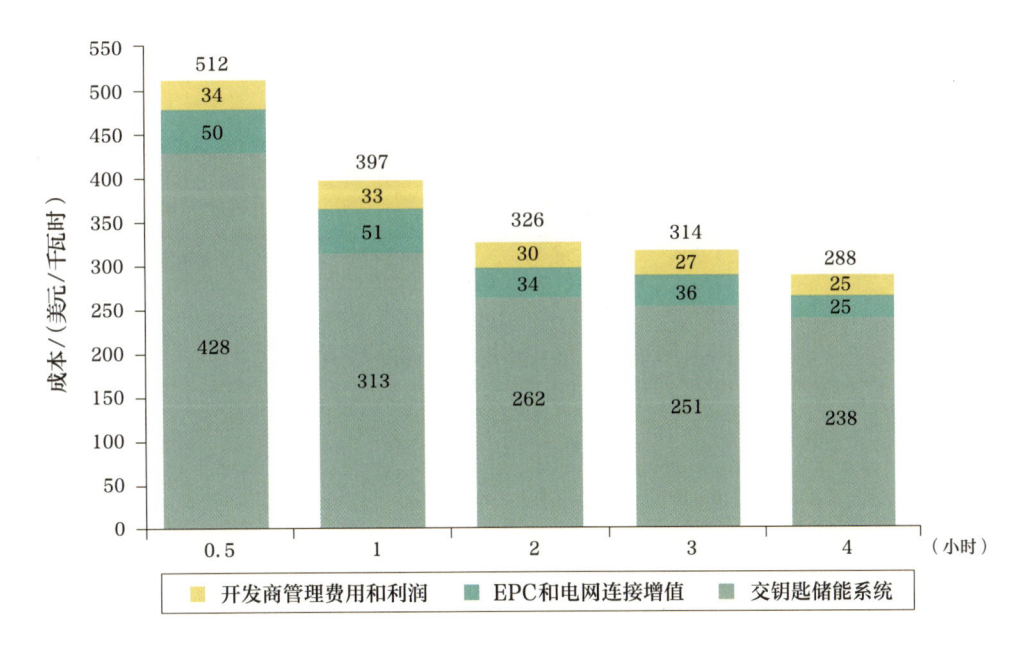

图3-15 2021年不同时长储能项目平均成本

资料来源：国家能源集团技术经济研究院、彭博新能源财经（BNEF）。

与面向能源的同类产品相比，短时间场景中使用的电池架通常要昂贵得多，尽管占总成本的比例较小（见图3-16）。大功率的电池系统充电和放电快速且频繁,这需要更多的电池容量,并且在运行期间也会产生更多的热量。短时间场景中使用的直流侧电池系统的价格高主要是由于它具有能够以高C速率(电池充电或放电的速率)运行的昂贵电池、复杂的电池组装工艺和热管理系统。

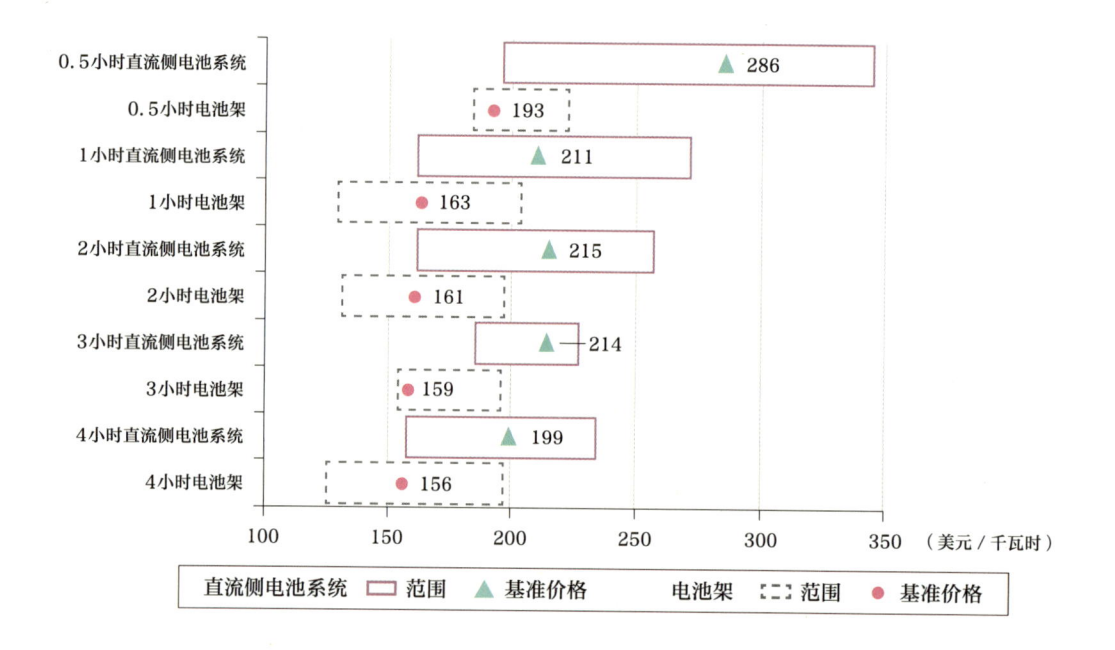

图3-16 不同时长直流侧电池系统和电池架价格

资料来源:国家能源集团技术经济研究院、彭博新能源财经(BNEF)。

(2)锂离子电池成本

锂离子电池是新型储能市场中的绝对主力。目前,电动汽车领域仍是对锂离子电池价格影响最大的行业。电动汽车的爆发式增长带来锂离子电池制造产业的规模效应,成本大幅下降。本节所介绍的锂离子电池主要应用于电动乘用车、电动巴士、商用电动汽车和固定式储能四个行业。

在电池包层面,2021年锂离子电池包的成本区间为99~600美元/千瓦时,平均成本为132美元/千瓦时,较2020年下降5.7%,较2010年下降

89%（见图3-17）。

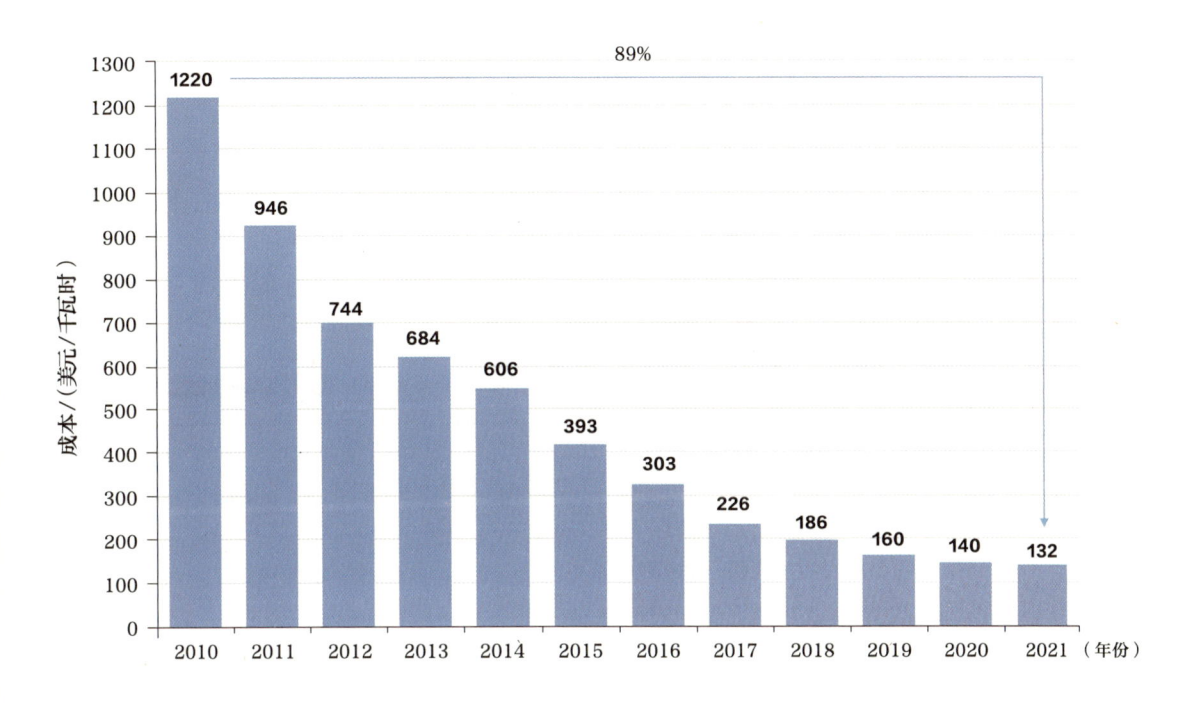

图3-17 2010～2021年锂离子电池包平均成本走势
资料来源：国家能源集团技术经济研究院、彭博新能源财经（BNEF）。

在电芯层面，2021年电芯的成本区间为80～228美元/千瓦时，平均成本为101美元/千瓦时，较2020年下降约3%。锂离子电池包成本中电芯的成本约占77%，较2020年上升3个百分点（见图3-18）。

全球锂离子电池的产能继续大幅增长，截至2020年底，产能达到5.49亿千瓦时，较2019年增长8%。中国锂离子电池产能占据绝对主导地位，全球78%的锂离子电池产能来自中国。2020年，全球新增产能0.40亿千瓦时，其中0.33亿千瓦时来自中国（见图3-19）。

2021年，电动乘用车和消费电子是对锂离子电池需求量最大的行业，固定式储能对锂离子电池的需求量占比依然较低。展望未来5年，电动乘用车对锂离子电池的需求量将会逐渐增大，成为锂离子电池最主要的

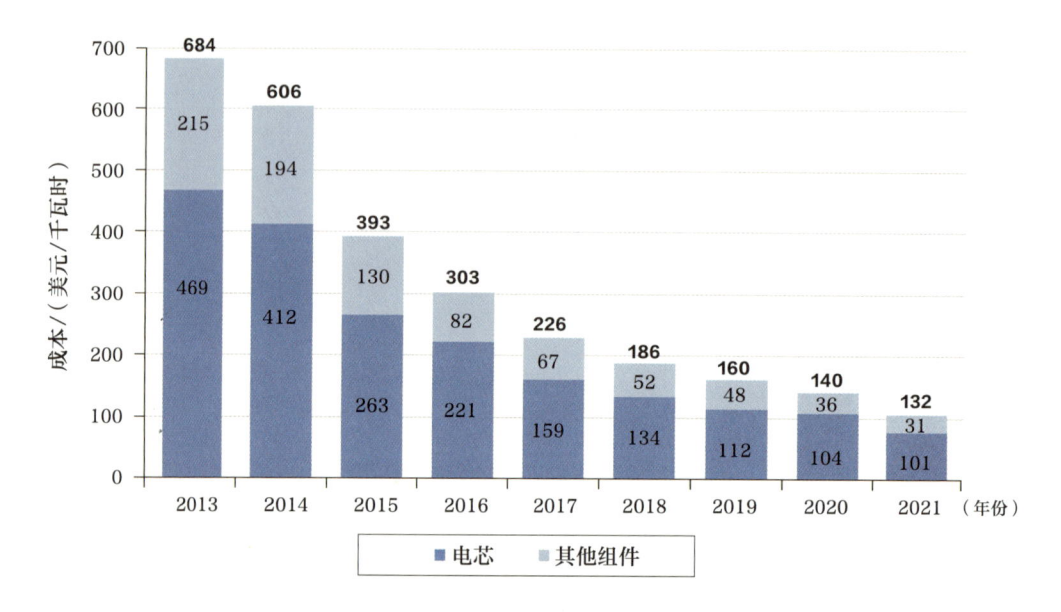

图3-18 2013～2021年锂离子电池包（电芯和其他组件）平均成本

资料来源：国家能源集团技术经济研究院、彭博新能源财经（BNEF）。

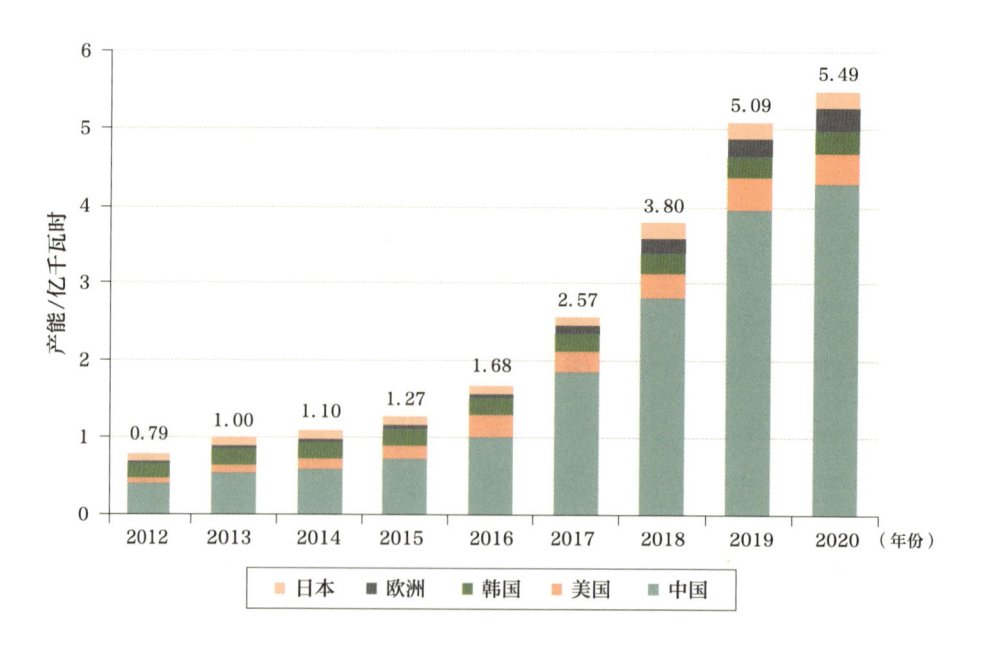

图3-19 2012～2020年主要国家或地区锂离子电池累计产能

资料来源：国家能源集团技术经济研究院、彭博新能源财经（BNEF）。

应用行业（见图3-20）。

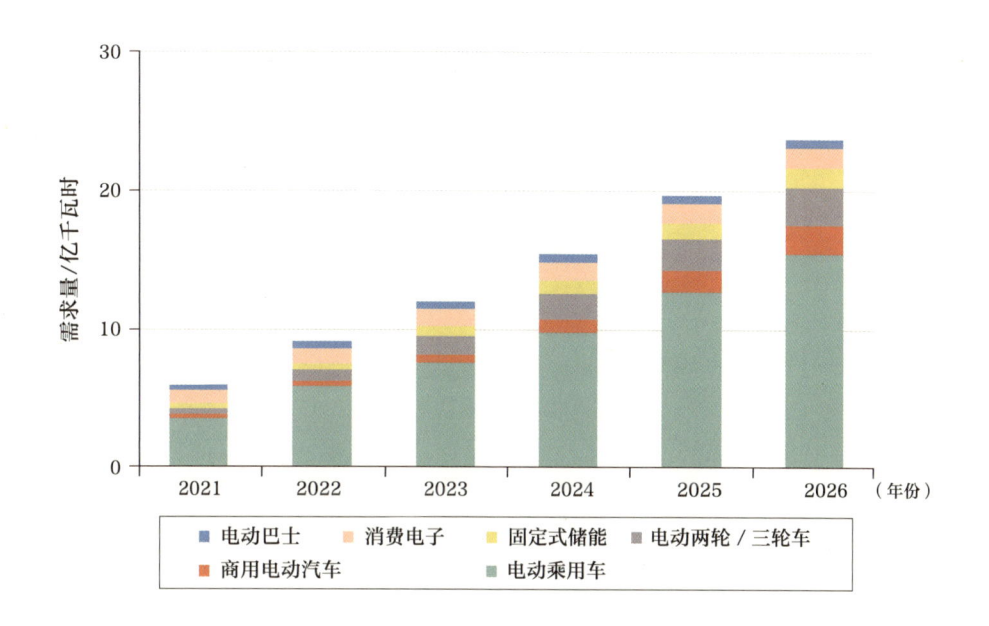

图3-20 2021～2026年全球锂离子电池需求量（分行业）
资料来源：国家能源集团技术经济研究院、彭博新能源财经（BNEF）。

分地区来看，2021年全球锂离子电池需求主要分布在中国、欧洲和美国三个地区，合计占比为93%（见图3-21）。结合产能，短期内锂离子电池产能可以完全覆盖需求，总产能虽呈过剩态势，但是结构性分化较为严重，即一线城市大企业的优质产能供给较为紧缺，而三、四线城市中小企业产能过剩严重。中国仍将在未来多年长期占据锂离子电池第一大出口国的位置。

3. 企业情况：国内外企业偏好磷酸铁锂电池

磷酸铁锂（LFP）电池在2021年快速进入储能市场，越来越受到全球储能开发商和集成商的青睐。Fluence、FlexGen和Powin等公司已与主要LFP电池生产商合作供应蓄电池，而特斯拉（Tesla）也计划使用磷酸铁锂电池（见图3-22）。这与早期市场形成了鲜明对比，在早期市场，采用

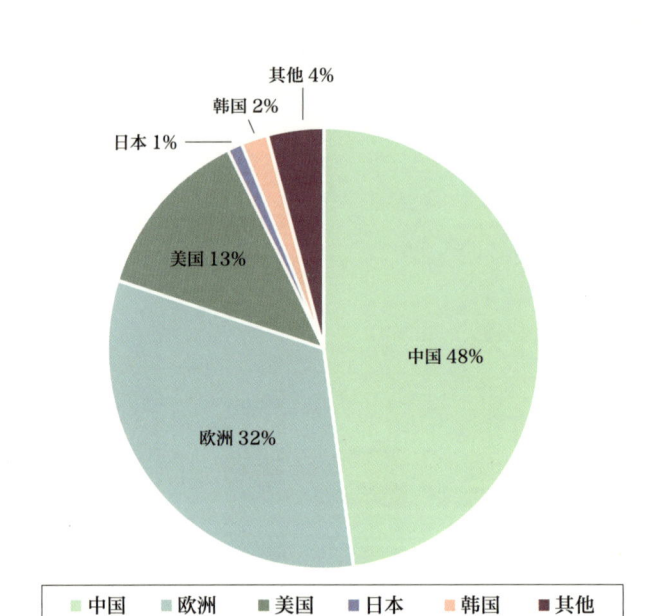

图3-21 2021年全球锂离子电池需求分布（分地区）
资料来源：国家能源集团技术经济研究院、彭博新能源财经（BNEF）。

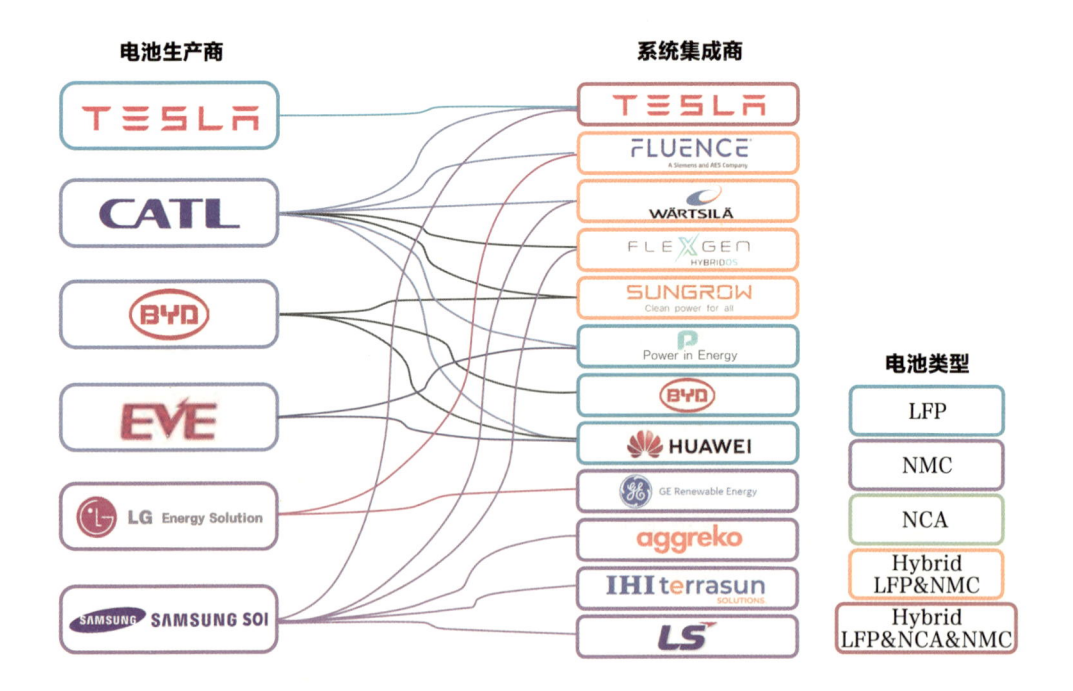

图3-22 国内外主要电池企业技术选择
资料来源：国家能源集团技术经济研究院、彭博新能源财经（BNEF）。

的LFP电池大多数来自中国。因此，2021年我们看到78%的参与者在建设新的储能项目时选择了LFP电池，这与2019年相比有了明显的增长，当时只有31%的参与者使用这种化学物质的电池。

4. 资源情况：锂资源产能将释放、钴资源分布不均、镍资源供应偏紧

电化学储能有一定的资源依赖性，如锂离子电池需要大量的锂作为原材料，三元锂电池对钴和镍需求很大，锂、钴、镍等稀有金属矿产的稳定供应对新能源产业的稳定发展至关重要。

（1）锂资源

全球锂资源丰富，但分布不均。锂资源主要以液态的盐湖和固态的矿石两种形式存在，其中盐湖锂的资源占比约60%，主要分布在南美洲"锂三角"地区，即玻利维亚、阿根廷和智利；而澳大利亚和加拿大等地的锂资源以矿石锂为主；中国、美国的盐湖锂和矿石锂资源都较为丰富。

从供应来看，全球锂资源供应市场集中度较高。虽然锂资源储量丰富，但由于资源禀赋差异较大，全球开采价值较大的锂资源高度集中在南美洲"四湖"和澳大利亚的"三矿"地带。2021年，澳大利亚的锂资源产量最多，占比52%，其次是智利，占比25%，二者之和在全球供应中占比77%，中国则以13%的占比排在第三位（见图3-23）。2015～2021年，全球锂矿产量呈逐年增长态势，从3.15万吨增长到10.48万吨。USGS认为，产量增长主要是因为锂离子电池市场需求强劲以及锂价上涨。澳大利亚的四个锂矿、阿根廷和智利各两个卤水锂矿、中国的两座卤水锂矿以及一座硬岩锂矿的产量均位于前列。另外，巴西、中国、葡萄牙、美国和津巴布韦的小型矿山也是世界锂产量的主要来源地。未来全球的新增产能仍将集中在澳大利亚和南美洲地区。由于产地高度集中，所以产能也基本高度集中在少数几家企业，包括智利的SQM公司、美国的雅宝（ALB）公司、中国的天齐锂业和赣锋锂业等。

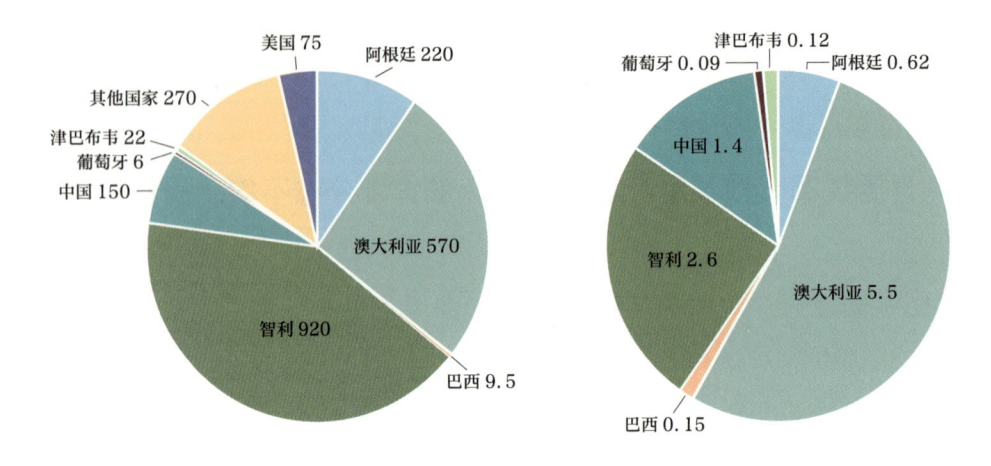

图3-23 2021年全球锂资源储量（左图）和产量（右图）分布
注：图中数据的单位为万吨。
资料来源：国家能源集团技术经济研究院、美国地质调查局（USGS）。

从需求来看，2021年全球锂消费量估计为9.3万吨，较2020年的7万吨增长33%。USGS在最新报告中指出，"锂供应安全已经成为亚洲、欧洲和美国技术公司的最大担忧"。2021年全球锂资源消费中，传统工业部门和3C消费电子电池领域各占约20%，车用锂电池锂资源消费占比最大，约为60%（见图3-24）。预计传统工业部门和3C消费电子电池领域对锂资源消费将较为稳定，稳定在5%~8%的年均增长率。在快速成长的新能源汽车产业和储能产业推动下，新能源车用和储能电池对锂资源的消费量将大幅提升。

电池级锂化学品需求预计到2025年将达到64万吨碳酸锂当量，到2030年将达到150万吨碳酸锂当量。2021~2025年，全球锂化学品的供应增长较快；2025~2030年，全球锂化学品的供应增长非常缓慢。到2030年，预计氢氧化物的缺口将超过20万吨碳酸锂当量。

2018~2020年，由于锂资源的供给远大于需求，锂资源价格大幅下降，2020年上半年更是处于周期底部。随后在需求的带动下，从2020年

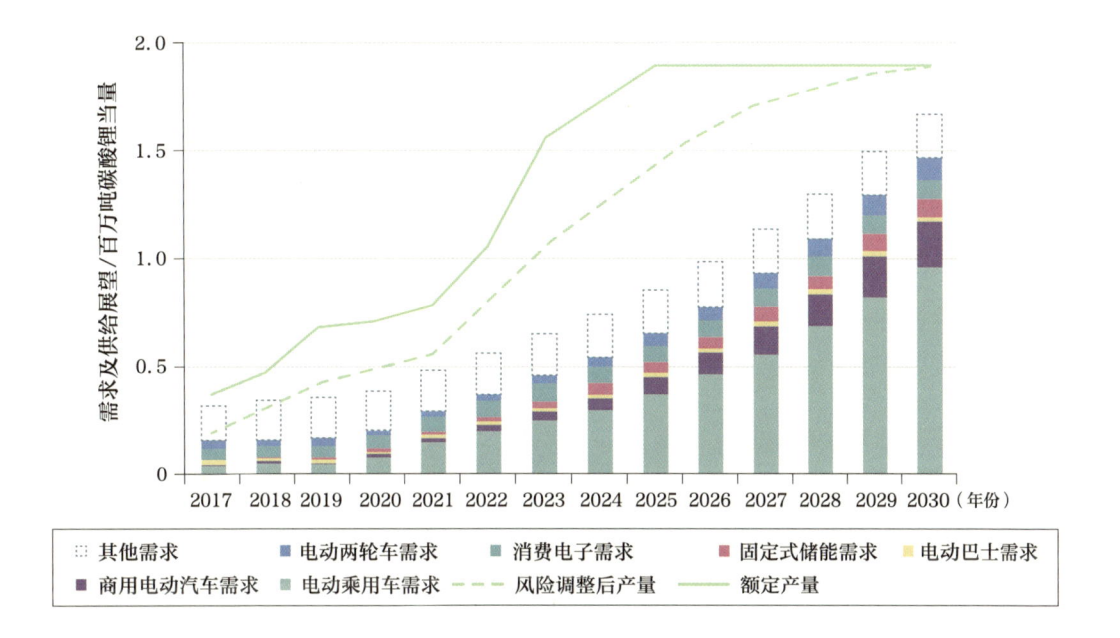

图3-24　2017～2030年全球锂资源需求及供给展望

注：2022～2030年为预测值。

资料来源：国家能源集团技术经济研究院、彭博新能源财经（BNEF）。

下半年锂资源价格开始快速回升。具体而言，从2020年12月起，碳酸锂和氢氧化锂的价格回升，尤其在2021年下半年和2022年第一季度上升速度较快，直到2022年4月保持相对稳定（见图3-25）。在需求不出现超预期变动的情况下，全球锂资源供给基本可以满足需求增长或将处于紧平衡状态。但如果需求持续超预期增长，锂资源企业资本开支或扩产进度低于预期，则锂资源供给将呈现持续紧张态势，并出现较大的供给缺口。

（2）钴资源

在钴产量方面，USGS称，2021年全球钴资源产量为17万吨（见图3-26），创历史新高，与2020年的14.2万吨相比增长20%。尽管新矿山投产、停产矿山复产，但这种原材料增长主要得益于现有矿山产量增长。其中，刚果（金）依然是世界最大的钴生产国，占全球钴产量的70%以上，其次是俄罗斯（7600吨）和澳大利亚（5600吨），产量占比在3%～5%。

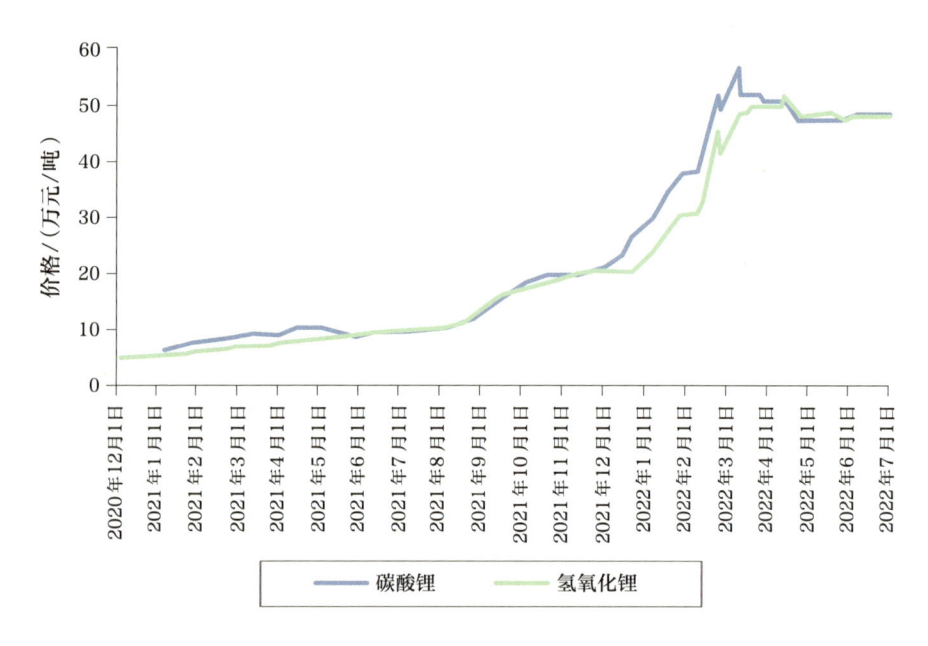

图3-25 2020年12月1日~2022年7月1日锂资源价格

资料来源：中国化学与物理电源行业协会、鑫椤锂电、东亚前海证券研究所。

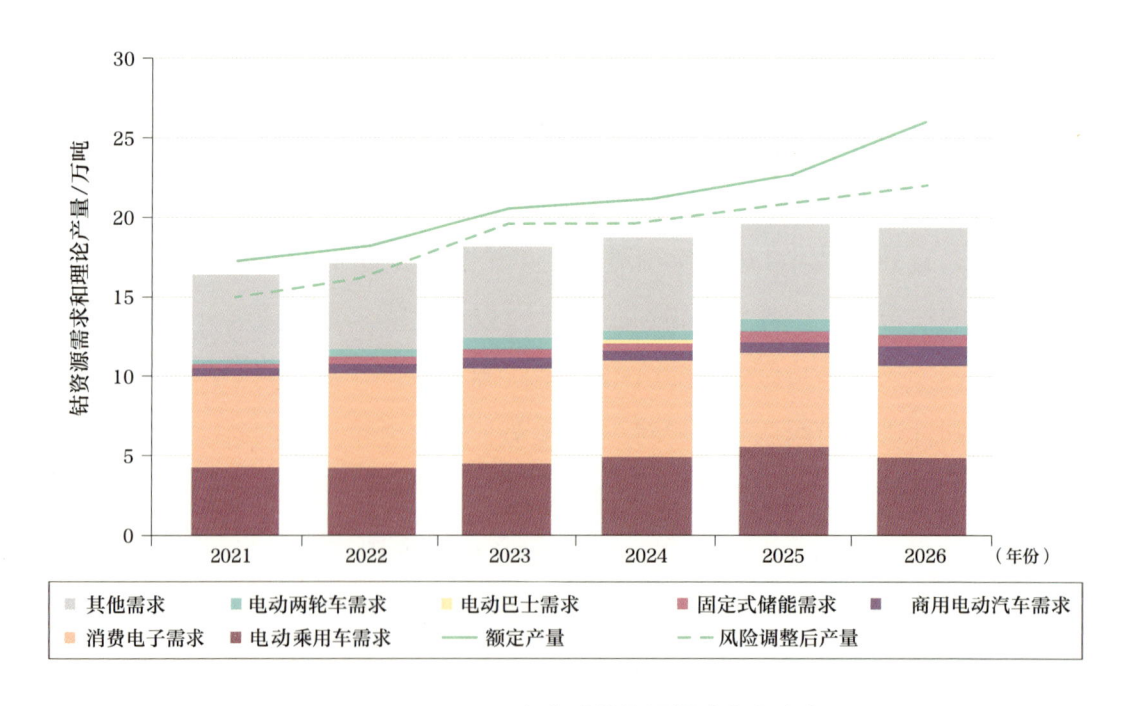

图3-26 2021~2026年全球钴资源需求和理论产量

注：2022~2026年为预测值。

资料来源：Wind、国家能源集团技术经济研究院。

全球钴资源储量和产量分布高度不均,根据USGS统计,全球探明钴资源储量765万吨,钴资源分布极度不均,刚果(金)、澳大利亚等国家最为富集,其中刚果(金)的钴资源储量接近全球总量的一半,且全部是铜钴伴生矿;其次是澳大利亚,储量占比18%,主要为硫化镍伴生钴。2021年,在全球约17万吨的钴资源产量中,刚果(金)的钴资源产量占比超过70%(见图3-27),过去三年刚果(金)钴资源年产量在7万~9万吨。

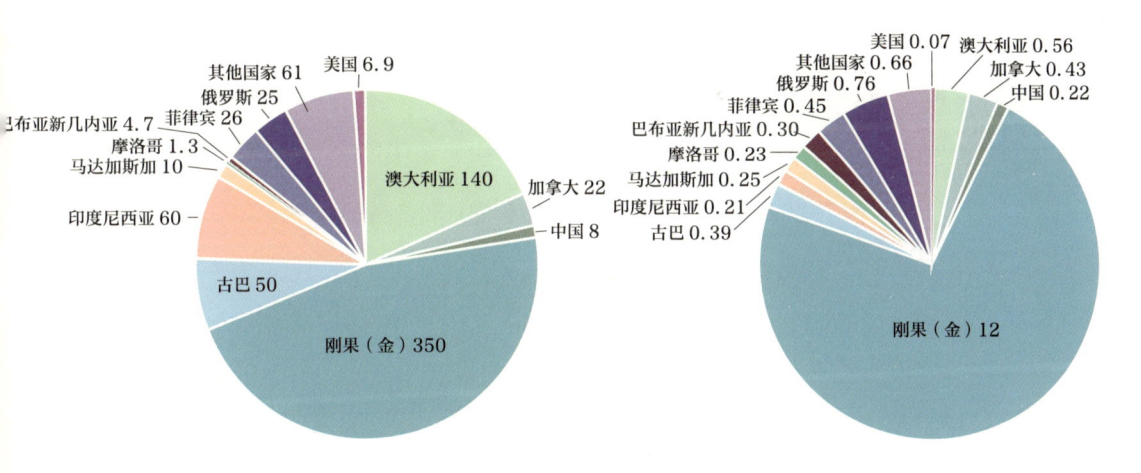

图3-27 2021年全球钴资源储量(左图)和产量(右图)的主要分布国家
注:图中数据的单位为万吨。
资料来源:国家能源集团技术经济研究院、美国地质调查局(USGS)。

(3)镍资源

2021年,全球镍矿产量为270万金属吨(见图3-28),原因是2020年建成运行的几个矿场在2021年投产,其中印度尼西亚和菲律宾的产量最大,分别占全球镍矿产量的37%和14%。2020年,镍的供应处于紧张状态,主要原因是恶劣的天气造成镍矿的减产,以及专供中国镍需求的印度尼西亚对镍的出口进行了限制。在2020年较低的基数上,2021年中国镍矿进口实现正增长。2021年,中国镍矿砂及其精矿进口总量为4351.92万

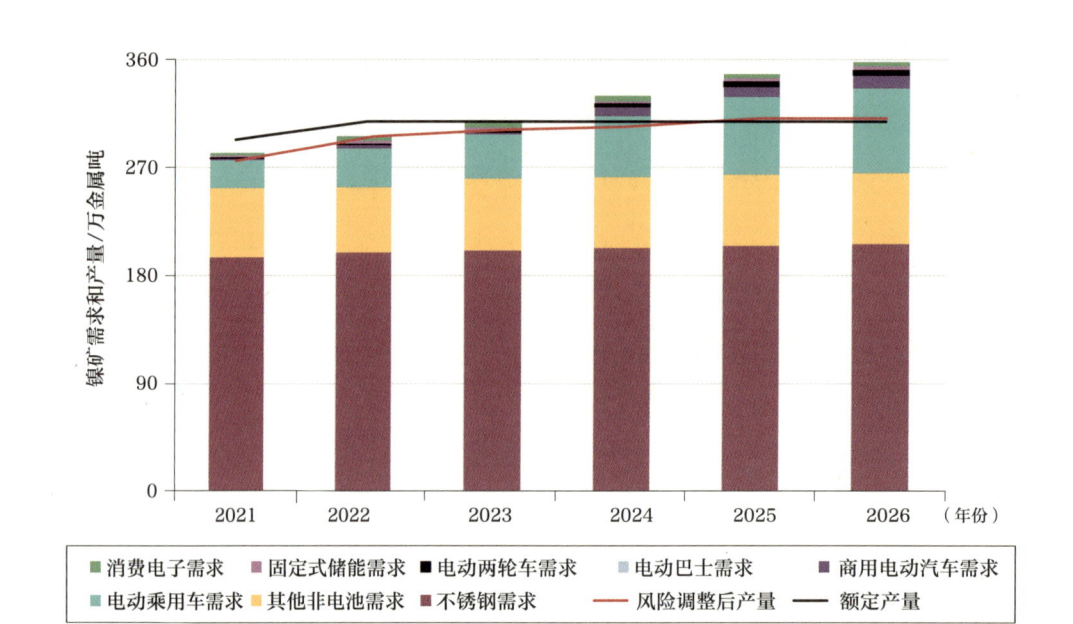

图3-28 2021~2026年全球镍矿需求和产量

注：2022~2026年为预测值

资料来源：国家能源集团技术经济研究院、彭博新能源财经（BNEF）。

吨，同比增加426.19万吨，增长10.86%。其中，自菲律宾进口镍矿总量为3901.01万吨，同比增长692.67万吨，增长21.59%；自印度尼西亚进口镍矿总量为83.92万吨，同比减少255.41万吨，下降75.27%；自其他地区进口镍矿总量为366.99万吨（见图3-29）。

在镍化合物方面，硫酸镍市场仍保持相对平衡，2020年全球硫酸镍的需求为23.3万吨，产能为26.6万吨。但随着未来电池对镍需求量的增长，预计到2024年，市场将会进入紧张状态。中国仍然控制着全球绝大部分硫酸镍的供应，2020年，全球55%的硫酸镍产能来自中国（见图3-30）。但随着其他国家，如芬兰、澳大利亚和印度尼西亚的硫酸镍产能的增长，中国产能所占比重将会下降。预计到2025年，全球硫酸镍产能将会比2020年增长七成。

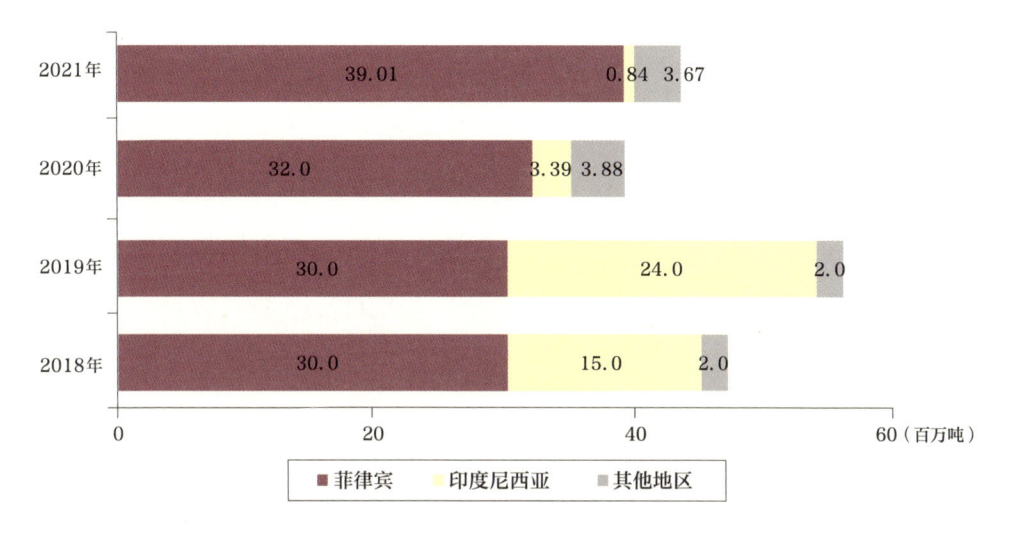

图3-29 2018～2021年中国镍矿进口来源

资料来源：中国海关总署。

全球硫酸镍产能：26.6 万吨

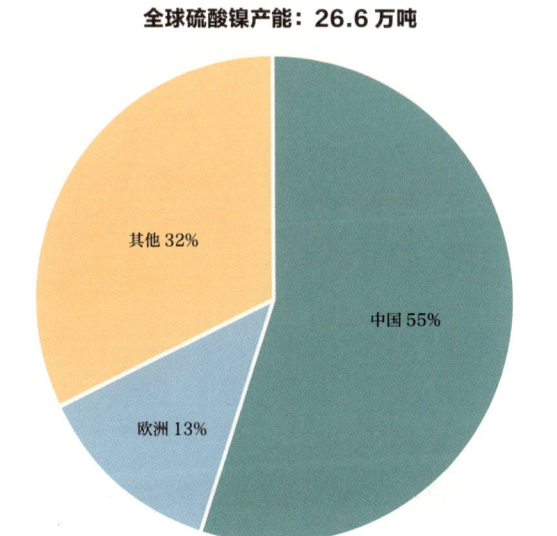

图3-30 2020年全球硫酸镍产能和分布

资料来源：彭博新能源财经（BNEF）。

5. 前景展望：锂离子电池成本持续下降，市场需求将大幅增长

（1）市场需求

到2030年，全球新增储能将达到58GW，是2021年装机容量（10GW）的5倍多。尽管供应链限制在短期内抑制了部署，但越来越多的市场开始将电池用于辅助服务和能源转移等大容量电力中。2022～2030年，全球储能市场将以30%的年均增长率增长。美国和中国仍然是世界上最大的两个市场，到2030年两者的新增装机容量占预期部署的54%（见图3-31）。不断增长的可再生能源整合增加了储能需求。美国和中国等已经在使用大规模存储系统来固定可再生能源，我们预计印度和英国等在21世纪后半叶储能需求将大幅增加。锂离子电池仍然是公用事业规模应用的首选技术。尽管全球储能市场在2021年的新增装机容量创下纪

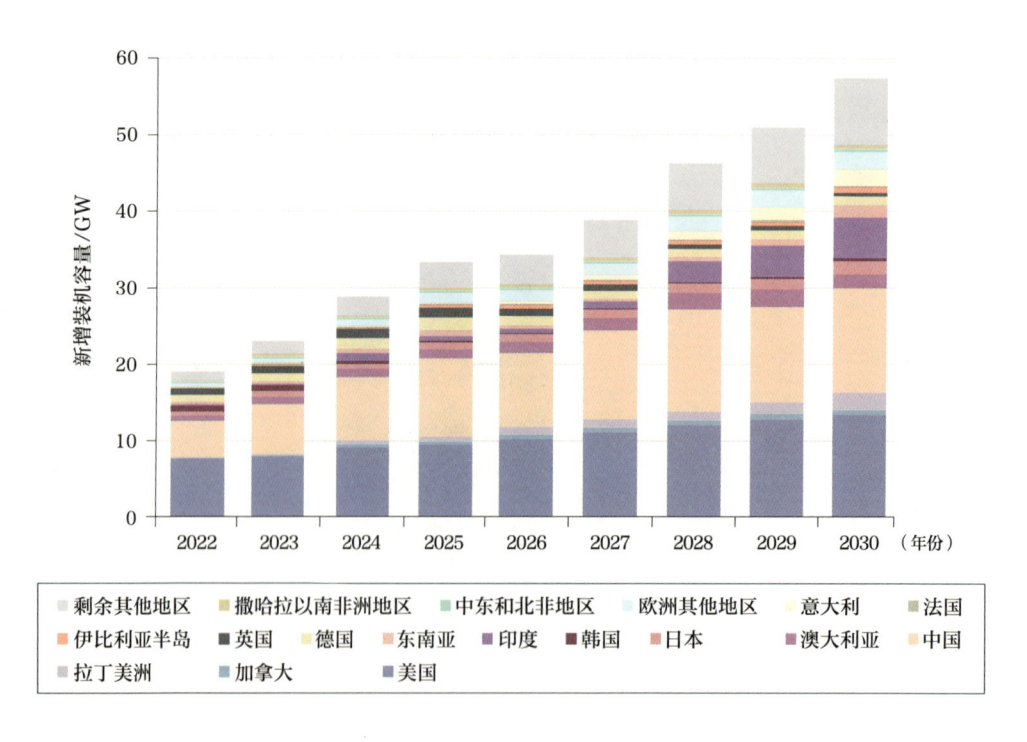

图3-31 2022～2030年全球储能新增装机容量预测（分地区）

资料来源：彭博新能源财经（BNEF）。

录，但供应链约束已影响部分市场供应。美国目前是世界上最大的储能市场，然而，中国最早可能在2025年超越美国，成为全球最大的市场，通货膨胀和商品高价格导致储能系统成本较高，影响了美国和英国等国家的储能建设步伐。

未来，约有55%的储能增加用于能量转移应用，尤其是在可再生能源渗透率较高的市场。工商业和家庭用储能将稳步增长，到2030年将约占全球的1/4。到2030年，输电和配电应用仍将处于边缘（见图3-32）。

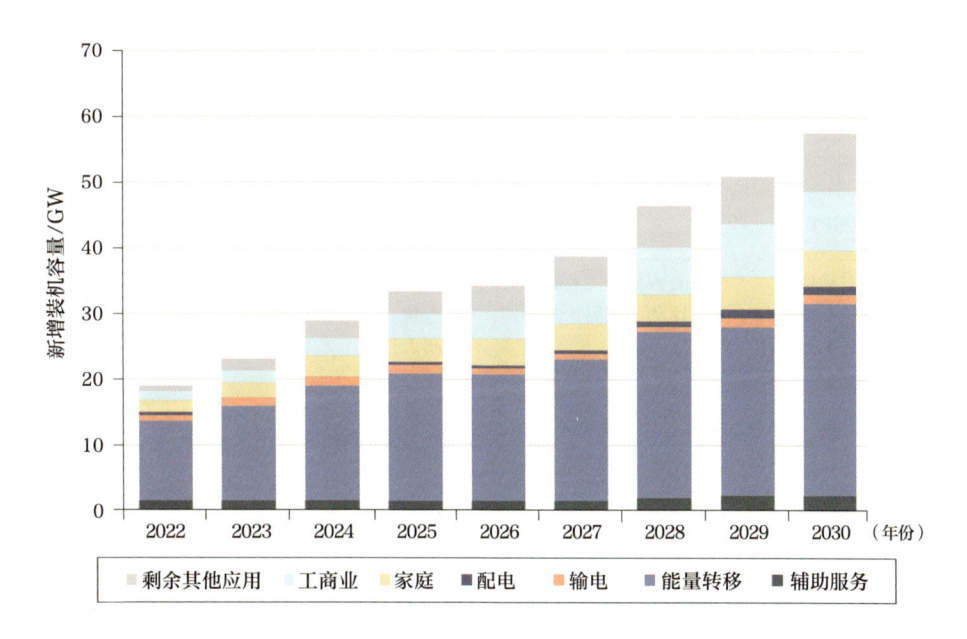

图3-32 2022～2030年全球储能新增装机容量预测（分应用）
资料来源：彭博新能源财经（BNEF）。

根据伍德麦肯兹的预测，到2050年，全球储能市场累计装机容量将达到1676GW（见图3-33），30年间将吸引近1万亿美元的投资需求。中国、美国和印度的储能累计装机容量将排到前三位，占全球的30%以上。所有储能中，用于发电侧和电网侧的储能将占到70%，其余为用户侧的工商业和家庭用储能。

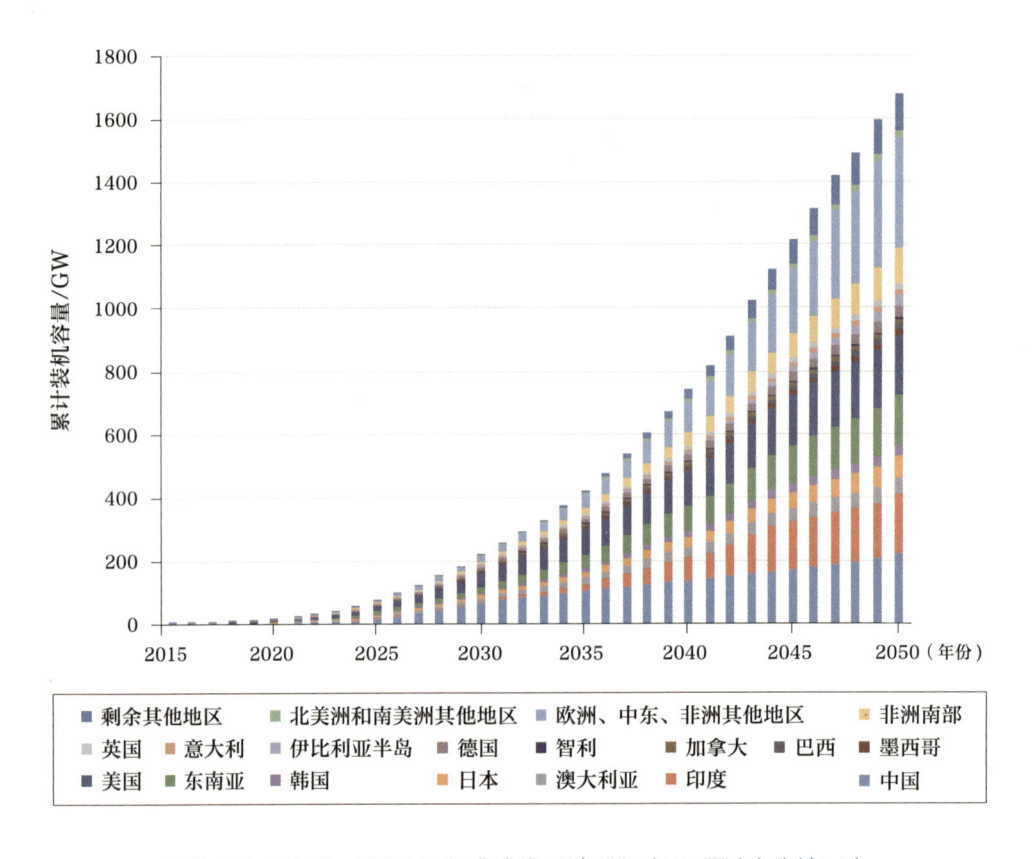

图3-33 2015~2050年全球储能累计装机容量预测（分地区）

注：2015~2021年为实际值。

资料来源：伍德麦肯兹（Wood Mackenzie）。

（2）成本预测

电化学储能成本将在规模效应和技术进步推动下持续下降。根据国际可再生能源署的预测，2030年铅酸蓄电池、钠硫电池、液流电池、锂离子电池等储能的初始投资成本相比2016年降幅普遍在50%以上，届时阀控式铅酸蓄电池、钠硫电池、全钒液流电池的成本约为100美元/千瓦时（见图3-34）。

在锂离子电池储能方面，锂离子电池通过技术进步和升级仍具备很大的成本下降潜力。锂离子电池储能系统中的非电池成本也有较大的下降空

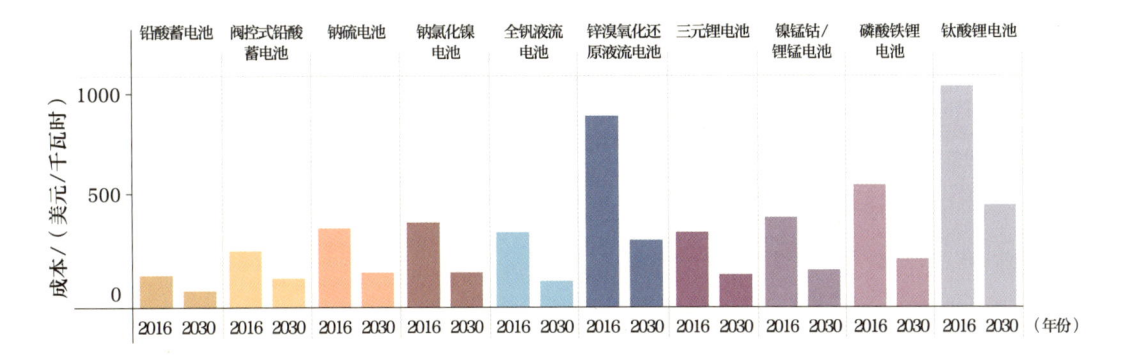

图3-34 2016年、2030年不同电化学储能成本趋势预测

注：2016年为实际值。

资料来源：国际可再生能源署（IRENA）发布的《电力储存与可再生能源：2030年的成本与市场》。

间，可随着规模的扩大而下降。美国国家可再生能源实验室（NREL）预测，到2030年，在低、中、高3种情形下全球4小时锂离子电池储能成本相比2019年仍有63%、47%、26%的降幅；到2050年则有78%、60%、44%的降幅（见图3-35）。

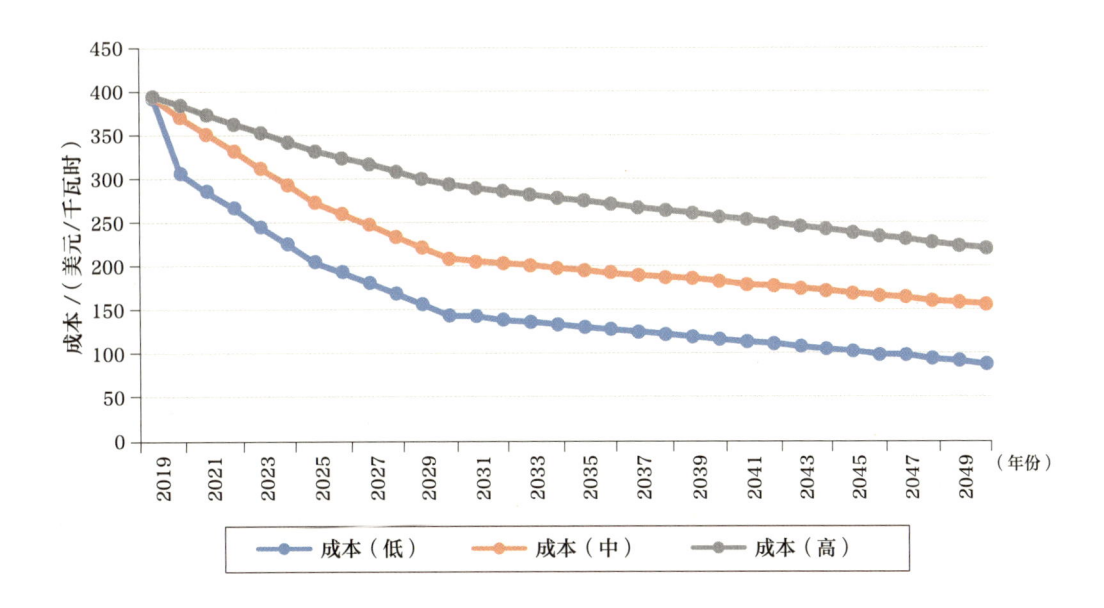

图3-35 2019~2050年全球4小时锂离子电池储能成本预测

注：2019~2021年为实际值。

资料来源：美国国家可再生能源实验室（NREL）。

（3）储能成本及下降趋势预测

各种储能技术的机理不同，应用场景也有差异。为评估各种储能技术的成本，分析不同应用场景下适宜的储能技术，需建立适用于各种储能技术的成本分析模型。现阶段应用最多的模型是系统成本模型和度电成本模型。

系统成本或初始投资成本（Cinv）即储能系统建设时投入的成本，包括设计、硬件、软件、工程、采购、施工等所产生的总费用。根据储能技术的特点，系统成本可分为容量成本（CE）和功率成本（CP），即Cinv=CE+CP。容量成本指储能系统中与储能容量相关的设备和施工的成本，如电池储能中的电池、电池集装箱等的设备费用和相应的施工费用，抽水蓄能电站中水库的成本，压缩空气储能中储气室和储热系统的成本，等等。功率成本指储能系统中与功率相关的设备和施工的成本，如电池储能系统中的变流器、变压器等设备，抽水蓄能电站中的水轮机，压缩空气储能中的压缩机和膨胀机，等等。针对具体的项目，初始投资成本也可直接根据所有设备的采购和施工费用计算得到，即采用可行性研究报告中的总投资数据或已建成项目的实际投资数据。

平准化度电成本（LCOE）是对项目生命周期内的成本和发电量进行平准化后计算得到的发电成本，即项目生命周期内的折现成本与生命周期内净发电量折现值之比。其计算公式为：

$$LCOE=Capital/[Life(Cycles) \times Efficiency]$$

LCOE是生命周期内折现收入总和与折现成本总和相等情况下的电价，即度电成本或成本电价。简化之，若折现率为零，LCOE就是生命周期累计收入等于累计成本时的电价。全生命周期储能度电成本还可以理解为单位能量产出的价格，在这个价格上净现值等式可以实现，投资者的收益率正好达到基准收益率（折现率）。

学习曲线是一种有效的成本预测方法，可以利用数据和资料为企业经营管理工作提供预测和决策依据，反映累计产量的变化对单位成本的影响，即累计产量的变化率与单位工时或成本的变化率之间保持一定的比例关系。

基于不同应用场景，接下来重点分析锂离子电池储能、全钒液流电池储能、铅蓄电池储能技术的竞争性。我们将不同年份的初始投资成本（系统成本）和全生命周期成本（度电成本）进行拟合分析，得到两种不同的学习曲线，如图3-36、图3-37所示。

从图3-36可以看到，从2010年到2020年，这三种技术路线的储能电池系统成本都发生很明显的下降，2010年锂离子电池、全钒液流电池和铅

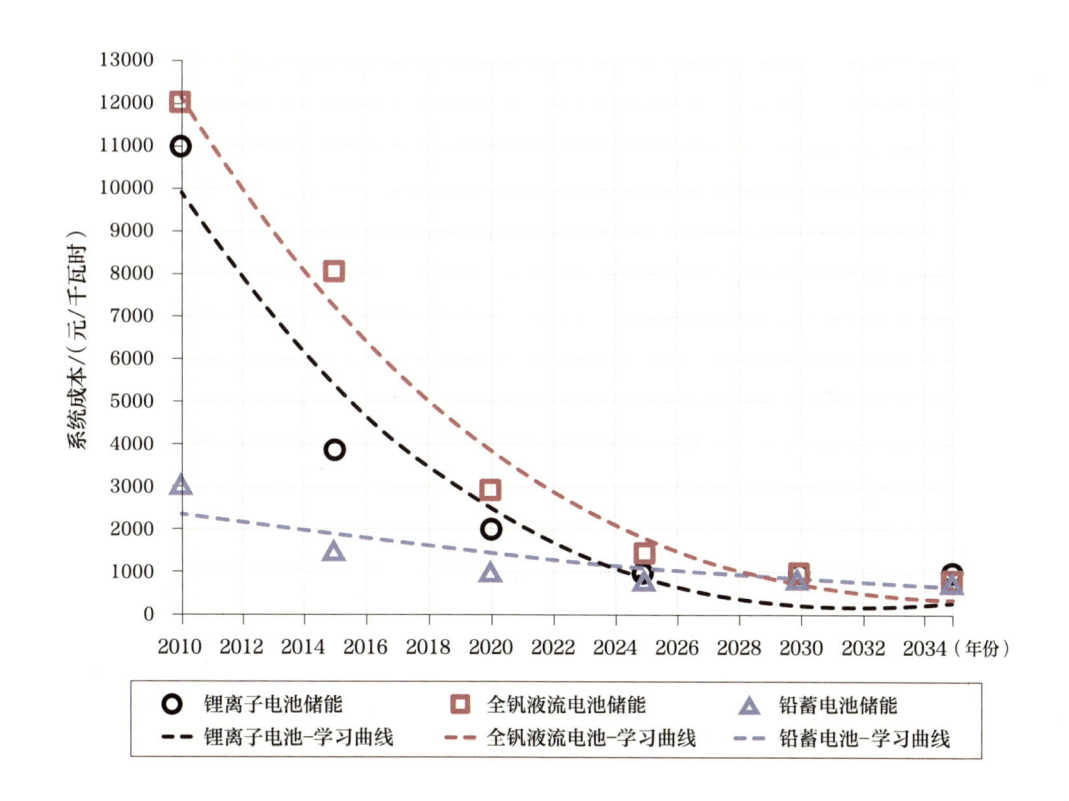

图3-36 2010～2035年储能系统成本统计及其趋势预测

注：2010～2021年为实际值。

资料来源：国家能源集团技术经济研究院。

蓄电池的系统成本分别是10900元/千瓦时、12000元/千瓦时和3000元/千瓦时,在过去10年,它们的系统成本分别年均下降了15.6%、13.2%和10.4%左右。未来5~10年,铅蓄电池的系统成本将基本稳定,下降空间不大;锂离子电池随着技术进一步迭代,系统成本将有一定幅度的下降,但是资源将在一定程度上影响其下降幅度;全钒液流电池的系统成本将进一步下降,主要在于其在未来5年规模化项目的实施,新型技术的产生和落地,以及电解液等关键材料的规模化生产。预计2025年前后,全钒液流电池与锂离子电池的系统成本将基本相当。

在系统成本学习曲线中,全钒液流电池的初始投资成本最高,但是随着国内全钒液流电池生产制造技术的不断进步,材料技术的突破,国

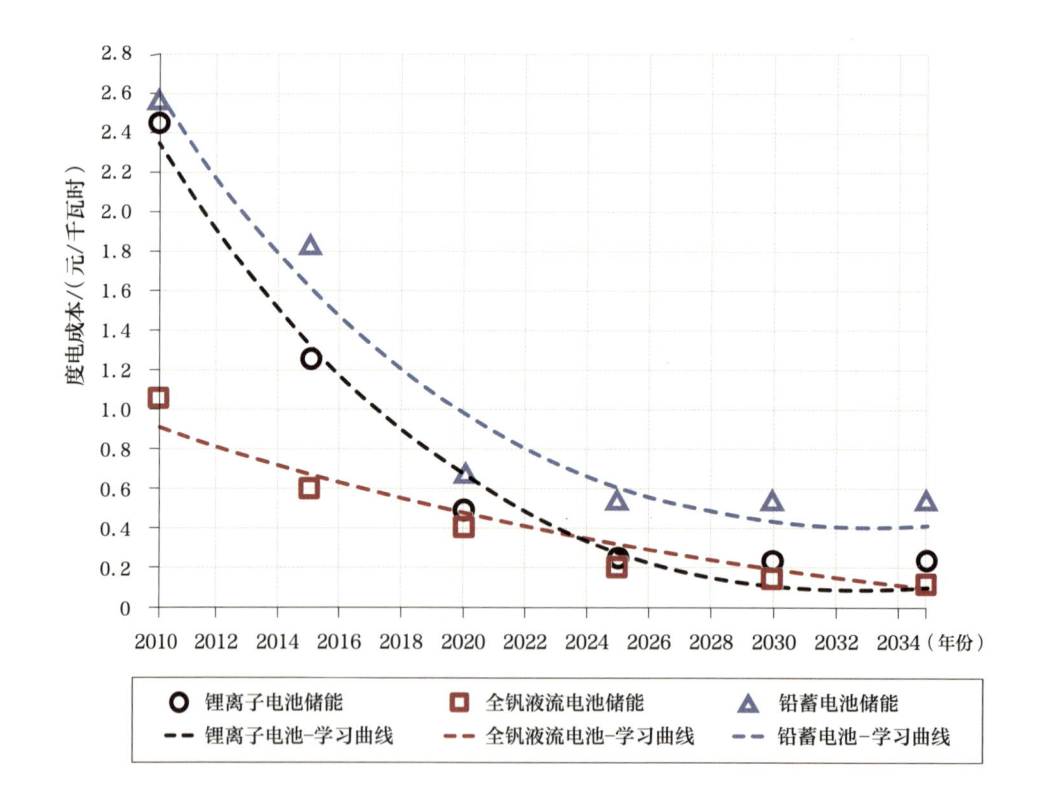

图3-37 2010~2035年储能度电成本统计及其趋势预测

注:2010~2021年为实际值。

资料来源:国家能源集团技术经济研究院。

内产业链的逐渐完善，尤其是膜材料的国产化及替代产品的出现，电堆成本大幅下降，甚至其系统成本将在未来几年低于技术成熟的锂离子电池。铅蓄电池储能技术的突出优点中包括价格低廉，然而随着锂离子电池、全钒液流电池等技术的进步和成本降低，铅蓄电池在储能领域的应用占比会逐步降低。

图3-37呈现了以上三种储能技术路线的度电成本学习曲线。在过去10年，这三种储能技术路线的度电成本都发生了大幅下降，主要原因在于示范应用项目带动产业链逐渐完善，同时技术创新也发挥了一定的作用，未来这三种储能技术路线的度电成本将会持续下降。铅蓄电池有相对较低的效率和相对较短的寿命以及较低的放电深度，虽然其系统成本不高，但总体上它们还是导致其度电成本高于其他两种储能技术路线。全钒液流电池因为在循环寿命和放电深度两方面具有优势，使得其度电成本总体上低于其他两种技术路线。

二 中国储能产业发展状况

（一）基本情况

截至2021年底，中国已投运电储能项目累计装机容量为46.1GW，占全球市场总容量的22%，同比增长30%。其中，抽水蓄能的累计装机容量最大，为39.8GW，同比增长25%，所占比重（86.3%）与去年相比再次下降，下降了3个百分点；市场增量主要来自新型储能，累计装机容量达到5729.7MW，同比增长75%，占比12.5%（见图3-38）。

2021年，中国新增投运电储能项目装机容量首次突破10GW，达到10.5GW。其中，抽水蓄能新增装机容量为8GW，达到历史新高，同比增长437%，占比76.3%；新型储能新增装机容量首次突破2GW，达到

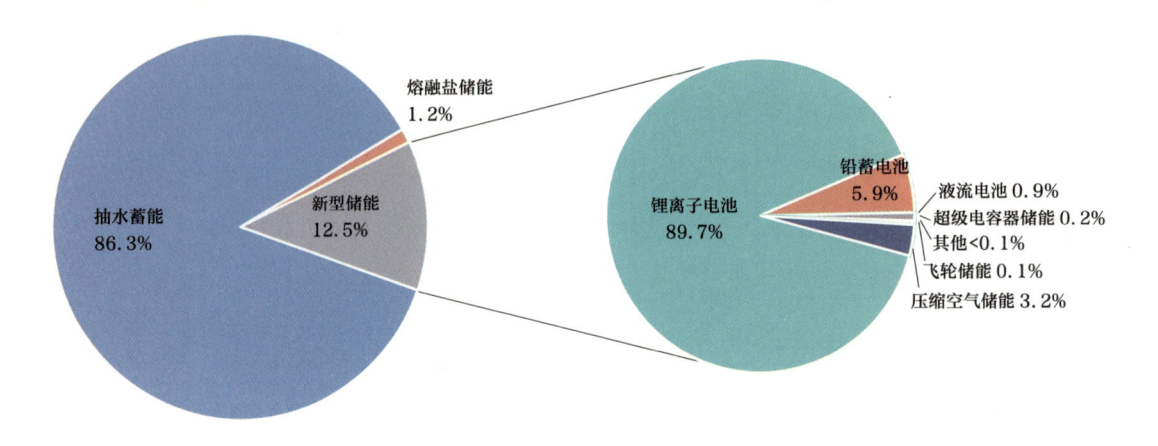

图3-38 截至2021年底中国电储能市场累计装机容量分技术占比
资料来源：中国能源研究会储能专委会和中关村储能产业技术联盟发布的《储能产业研究白皮书2022》。

2.4GW，同比增长54%，占比23.2%（见图3-39）。新型储能中，锂离子电池和压缩空气储能均有百兆瓦级项目并网运行，特别是后者，在2021年实现了跨越式增长，新增投运规模为170MW，接近2020年底累计装机容量的15倍。

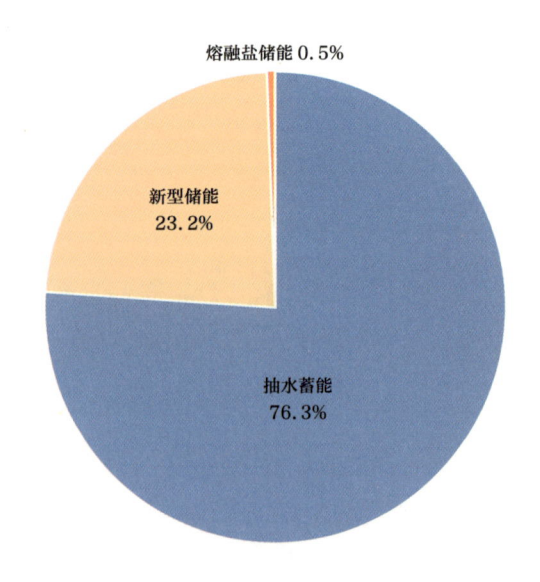

图3-39 2021年中国新增投运电储能项目的技术分布
资料来源：中国能源研究会储能专委会和中关村储能产业技术联盟发布的《储能产业研究白皮书2022》。

（二）抽水蓄能发展现状

1. 抽水蓄能迎来发展新机遇

2021年，中国新增投运的抽水蓄能电站的基本信息如表3-2所示，包括国网经营区域内的6个电站和南网经营区域内的2个电站，这8个电站总规划容量为13.1GW，将会在2021年、2022年陆续实现全部机组的投产运行。

表3-2　2021年新增投运抽水蓄能电站一览

单位：MW

电站名称	电站地点	单台机组容量	规划容量
阳江抽水蓄能电站一期	广东省阳江市	400	1200
敦化抽水蓄能电站	吉林省敦化市	350	1400
丰宁抽水蓄能电站	河北省承德市丰宁满族自治县	300	3600
荒沟抽水蓄能电站	黑龙江省牡丹江市海林市	300	1200
周宁抽水蓄能电站	福建省宁德市周宁县	300	1200
梅州抽水蓄能电站一期	广东省梅州市五华县	300	1200
长龙山抽水蓄能电站	浙江省湖州市安吉县	350	2100
沂蒙抽水蓄能电站	山东省临沂市费县	300	1200

资料来源：国家能源集团技术经济研究院。

2021年，国家发展改革委和国家能源局先后发布了《关于进一步完善抽水蓄能价格形成机制的意见》和《抽水蓄能中长期发展规划（2021—2035年）》，抽水蓄能将迎来更大的发展机遇。

2. 投资成本和技术发展情况：成本整体平稳、技术世界领先

在投资成本方面，抽水蓄能项目在"十三五"期间投资成本整体平

稳，"十四五"期间投资成本或将略有上涨。"十三五"期间投资成本保持平稳的主要原因是：水电机电设备技术的成熟，国产化程度、市场化程度的提高，近年来设备及安装工程投资基本平稳，建设安装条件也基本未发生重大变化。"十三五"期间抽水蓄能平均投资成本约为6300元/千瓦，预计"十四五"期间平均投资成本约为6400元/千瓦（见图3-40）。

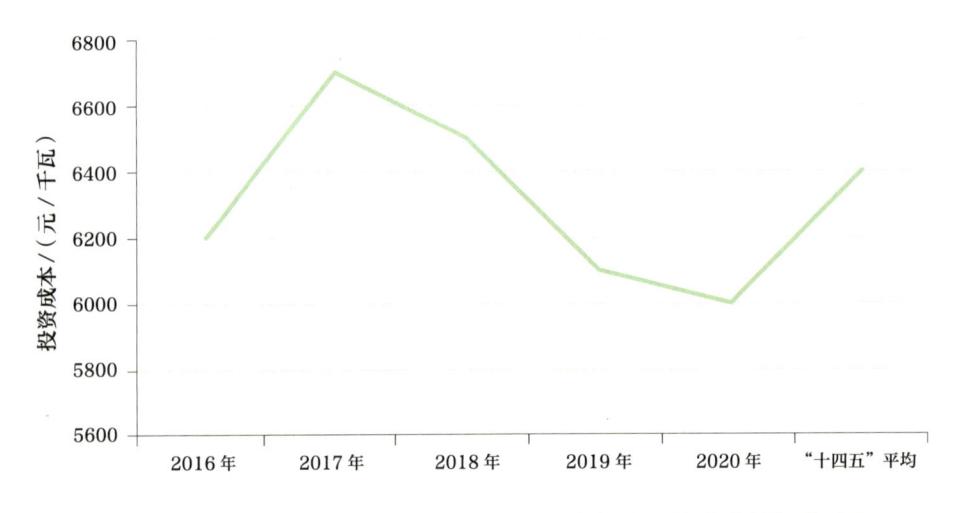

图3-40 "十三五"和"十四五"（预测）期间中国抽水蓄能投资成本
资料来源：国家能源集团技术经济研究院。

在技术方面，中国已成功实现700米级超高水头和40万千瓦级抽水蓄能机组等核心装备的研制和应用，装备制造达到世界先进水平。目前在运机组最大单机容量为37.5万千瓦（仙居，2016年投运），在建机组最大单机容量为40万千瓦（阳江）；最大发电水头为756米（长龙山，2021年投运）。此外，已全面掌握了复杂大型地下洞室群设计与建设的关键技术，目前在建的丰宁抽水蓄能电站装设12台机组，总装机容量为360万千瓦，地下厂房长达414米，装机容量和建设规模均为世界第一。依托工程成功解决了复杂地质条件下超长地下厂房开挖、加固支护、变形控制难题；攻克了高寒地区抽水蓄能设计和施工难题，具备了在全国各地建设电站的能力。

3. 运行情况：运行小时数大幅增加、运行方式地域差异较大

随着新能源装机规模的不断扩大和电力负荷峰谷差的拉大，中国抽水蓄能电站的运行小时数大幅增加，由低于2000小时增加至2500小时以上，目前已超过欧洲、美国的平均水平（见图3-41）。在一些较为极端的情况下，一个抽水蓄能电站的机组一天内启停次数和工况转换次数甚至达到14台次和30次，为保障系统安全稳定运行发挥了重要作用。

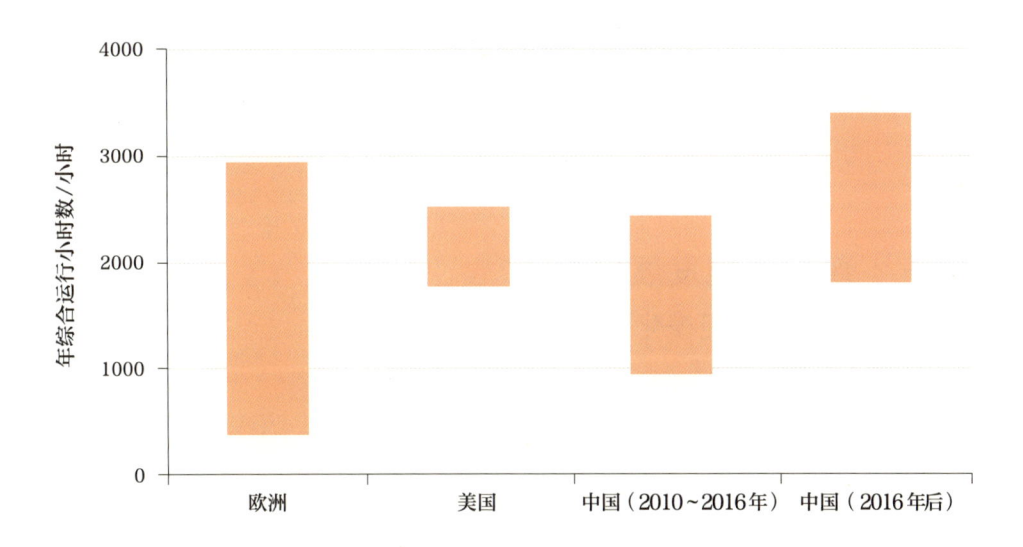

图3-41 中国抽水蓄能年综合运行小时数与欧洲、美国的比较
资料来源：国际能源署（IEA）、2011～2020年《电力工业统计资料汇编》。

抽水蓄能电站运行方式和工作特点呈现较强的地域差异。在三北地区，新能源装机容量大、系统其他灵活性资源少，抽水蓄能电站主要依据新能源发电特点，根据电网调度指令进行抽放，一些特高压线路的两端可作为短期的虚拟输电容量，为特高压线路提供安全备用。负荷变化是系统中的主要变化因素，因此抽水蓄能电站主要是依据负荷曲线进行调节，呈现夜间"一抽"、早晚用电高峰"两放"的运行特点。

新能源大规模并网运行给抽水蓄能运行强度和运行方式带来了显著变化。抽水蓄能机组在抽水工况作为电力负荷直接消纳新能源电量，顶峰发电和挂网备用可以间接提升新能源消纳空间。2018～2020年，国网新源控股有限公司所属的抽水蓄能电站抽水启动次数每年较同期分别增加6.4%、3.8%、5.6%，运行强度随着新能源快速发展而日趋增长。部分地区抽水蓄能电站午间抽水时长有所增加，早晚高峰开机发电时间有所提前，主要是面对光伏的规律性变化，在早间光伏发电出力较低时快速满足早高峰用电需求，并在下午晚高峰前弥补光伏发电迅速下降造成的用电缺口，午间低谷时段抽水促进光伏消纳，同时配合降低常规电源的启停成本和能源消耗。个别抽水蓄能电站机组启停及工况转换非常频繁，目的是应对风电出力的突发波动。

（三）新型储能发展现状

1. 新型储能迈向规模化发展

2021年，国内新型储能市场真正迈进规模化发展时代，新型储能项目新增投运装机容量继续刷新历史，超过2.4GW，同比增长57%（见图3-42），新增规划、在建新型储能项目规模为23.8GW/47.8GWh，是新增投运装机容量的近10倍，并且绝大部分项目计划在未来1～2年内建成。

另外，大规模新型储能项目的数量也在不断增多，特别是百兆瓦级项目数量，达到78个，超过2020年同期的11倍；规模合计16.5GW，占2021年新增新型储能项目（含规划、在建、投运）总规模的63%。这些百兆瓦级的项目以独立储能或共享储能为主，体量上具备了为电网发挥系统级作用的基础和条件；从技术路线上看，锂离子电池仍然占据主导地位，但也开始有包括液流电池、压缩空气储能等长时储能技术在内的百兆瓦级项目的建设和调试运行。

图3-42 2017~2021年新型储能项目新增投运装机容量及同比
资料来源：中国能源研究会储能专委会和中关村储能产业技术联盟发布的《储能产业研究白皮书2022》。

截至2021年底，中国已投运的新型储能项目主要分布在33个地区（含港澳台）中，累计装机容量在百兆瓦级以上的省份数量达到15个，比2020年同期增加了2个。排在前10位的省区分别是江苏、广东、山东、青海、内蒙古、湖南、安徽、浙江、河北和河南，累计装机容量为4.5GW（见图3-43），占国内市场总规模的79%。

其中，排在前3位的省份，累计装机容量均在500MW以上，特别是江苏，累计装机容量超过1GW，占国内新型储能市场总规模的18%，是国内首个累计装机容量达到吉瓦级的省份，并且连续5年牢牢占据榜首位置。江苏省的新型储能项目以用户侧和电网侧的应用为主，在这两个领域的累计装机容量分别占江苏省新型储能项目总规模的55%和41%。2021年，江苏在电源侧中的应用实现突破，不仅投运了江苏省首个火储联合调频项目，还开启了海上风电场配置储能的应用。

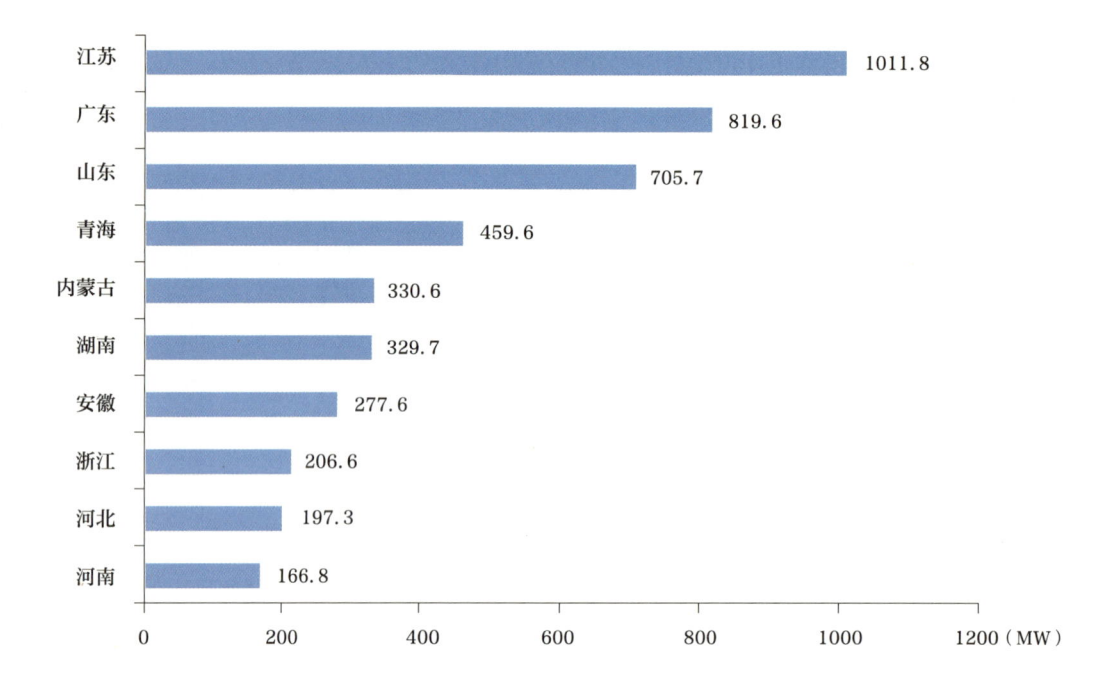

省区	容量 (MW)
江苏	1011.8
广东	819.6
山东	705.7
青海	459.6
内蒙古	330.6
湖南	329.7
安徽	277.6
浙江	206.6
河北	197.3
河南	166.8

图3-43 截至2021年底中国已投运新型储能项目累计装机容量排在前10位的省区
资料来源：中国能源研究会储能专委会和中关村储能产业技术联盟发布的《储能产业研究白皮书2022》。

2. 企业情况：储能发展吸引大量新兴企业，传统储能企业业务链向外延伸

中国储能市场的高速增长吸引了许多新的企业进入储能系统的供应市场。产业链上下游不同位置的各类企业在储能市场的开发中发挥着各自的作用，在寻求自身份额扩张的同时也有着不同的商业模式、策略和专注领域。

参与企业的类型主要有电池制造商、变流器制造商、电动汽车充电桩企业和新能源发电企业。此外，第三方储能系统设计和优化的企业也在高速增长的市场中迎来新的发展机会（见图3-44）。

2021年，在中国新增投运的新型储能项目中，装机容量排名前10位的储能电池供应企业依次为宁德时代、中储国能、亿纬动力、鹏辉能源、

图3-44 中国储能产业链上下游主要企业及其主要产业分布

资料来源：国家能源集团技术经济研究院、彭博新能源财经（BNEF）。

南都电源、海基新能源、力神、远景动力、中创新航和中天科技（见图3-45）。

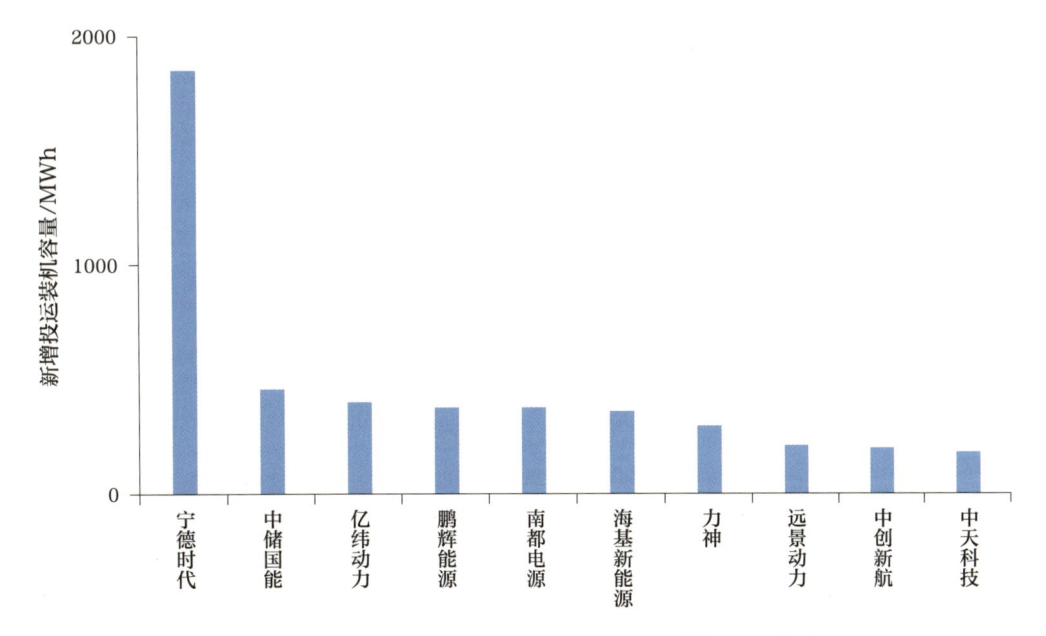

图3-45 2021年中国储能电池供应企业新增投运装机容量

资料来源：中国能源研究会储能专委会和中关村储能产业技术联盟发布的《储能产业研究白皮书2022》。

2021年，在全球市场中，储能电池（不含基站、数据中心备电电池）海外出货量排名前10位的中国储能电池供应企业依次为宁德时代、鹏辉能源、比亚迪、亿纬动力、派能科技、国轩高科、海基新能源、中创新航、南都电源和中天科技（见图3-46）。

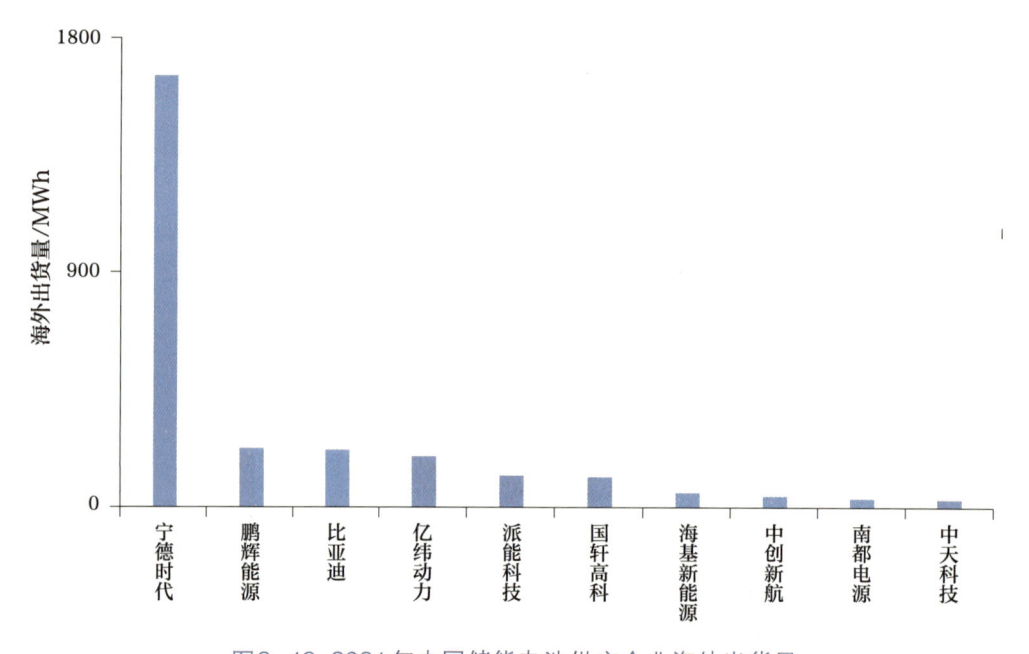

图3-46 2021年中国储能电池供应企业海外出货量
资料来源：中国能源研究会储能专委会和中关村储能产业技术联盟发布的《储能产业研究白皮书2022》。

2021年，在中国新增投运的新型储能项目中，装机容量排名前10位的变流器供应企业依次为上能电气、科华数能、索英电气、南瑞继保、阳光电源、盛弘股份、华自科技、智光储能、汇川技术和许继电气（见图3-47）。

2021年，在国际市场中，海外出货量排名前10位的中国变流器供应企业依次为阳光电源、科华数能、比亚迪、古瑞瓦特、上能电气、盛弘股份、南瑞继保、汇川技术、索英电气和科士达（见图3-48）。

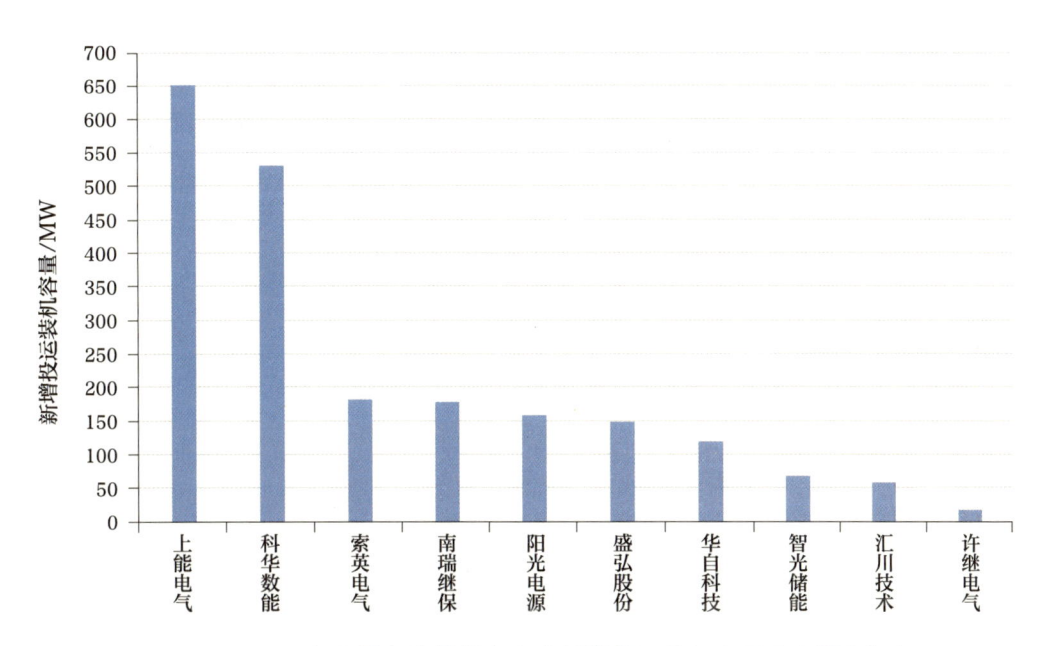

图3-47 2021年中国变流器供应企业新增投运装机容量（中国市场）

资料来源：中国能源研究会储能专委会和中关村储能产业技术联盟发布的《储能产业研究白皮书2022》。

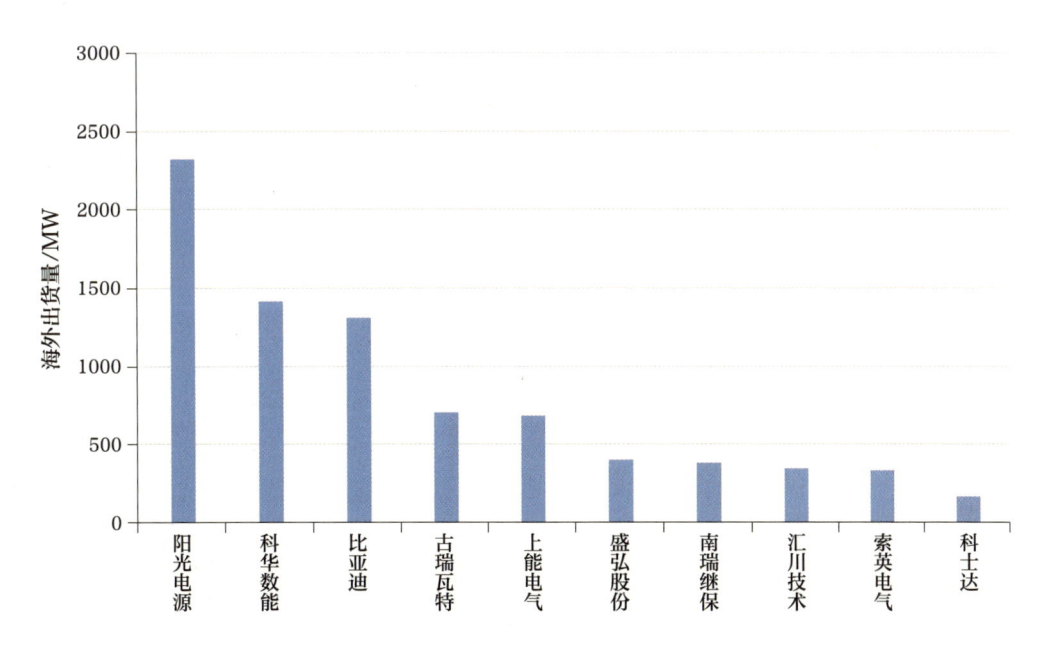

图3-48 2021年中国变流器供应企业海外出货量（国际市场）

资料来源：中国能源研究会储能专委会和中关村储能产业技术联盟发布的《储能产业研究白皮书2022》。

3. 收益情况：多数项目暂不具备收益条件，成本仍有待下降

按照当前的应用场景划分，储能主要包括发电侧、电网侧和用户侧三个方向，其所处位置、功能与作用等如表3-3所示。

表3-3 发电侧、电网侧、用户侧储能应用相关情况

场景	位置	功能	作用	建设成本	收益模式
发电侧	大规模风光并网	负荷跟踪、平滑输出等	解决新能源消纳问题，实现电网一次调频	1.3元/瓦时	减少弃电量，增加售电收入
电网侧	布置于电网枢纽	提供调峰调频等电力辅助服务	提升新能源消纳能力	1.3元/瓦时	获得调峰调频补偿
用户侧	分布式发电、微网及普通配网系统	实现用户电费管理与需求侧响应	电能质量改善、应急备用和无功补偿等附加价值	1.6元/瓦时	利用峰谷价差获益

资料来源：国家能源集团技术经济研究院。

储能项目收益与项目初始投资水平、售电收入的增值税、系统循环效率和储能寿命等因素息息相关，2020~2021年初始成本虽然下降较快（见表3-4），但仍未下降到符合多数储能项目经济性的成本范围内，大部分项目仍不具备收益条件，仅有个别应用场景的经济性已符合收益要求。

表3-4 2020~2021年储能项目初始建设成本变化

单位：元/瓦时

发电侧类型	最低中标价	
	2020年初	2021年初
风储（充电时长1小时）	2.154	1.634
光储（充电时长2小时）	1.448	1.060

资料来源：国家能源集团技术经济研究院。

考虑到土建等费用仍需资本投入，发电侧和电网侧2小时放电时长的储能EPC项目平均建设成本均为1.3元/瓦时；因规模小，平摊到每瓦时的土地成本和土建成本较高，用户侧储能EPC项目平均建设成本在1.6元/瓦时以上。

按照储能获取收益的典型模式，对用户侧当前高电价差区域，比如广东、江苏、北京等地的峰谷价差在0.7元/千瓦时以上，一般工商业和大工业客户可以通过储能系统在低谷电价时段充电，项目的峰谷电价模式下项目收益能够保持较高水平。如果全国峰谷价差能够拉大，在储能安全性可控的前提下，用户侧峰谷价差套利模式将具有良好的发展前景。对于发电侧，在2020年的投资成本下，原有高补贴光伏电站配备的储能项目收益率已经满足商业化运营的收益要求。比如，青海、新疆等地有大量的光伏发电项目上网电价在0.9元/千瓦时以上，储能在发电侧可以协助电源满足调度系统调节的需要，减少弃电量，增加售电收入。按照2020年5月发布的《新疆电网发电侧储能管理暂行规则》，发电侧储能电站可以有两种不同的运作模式：弃光严重时期作为自用容量，放电收益享受光伏电站的补贴标准；弃光不足时期作为调峰可用容量，享受0.55元/千瓦时的充电补贴，放电收益按标杆上网电价进行结算。此外，储能电站参与电力市场辅助服务，可以辅助电网进行调峰调频，并获得调峰调频补偿。当前电力辅助服务市场的调峰调频补偿额度以市场竞价为主，火电、水电等发电企业与储能、综合能源服务商共同决定辅助服务价格。以江苏《关于做好辅助服务（调峰）市场试运行有关工作的通知》为例，调峰辅助服务最高限价为0.6元/千瓦时，未报价机组临时调用价格为0.15元/千瓦时，对应的调频里程申报价格在0.1~1.2元/兆瓦，辅助服务市场报价范围波动大，火电等原有已装机电站的边际调节成本低，参与辅助市场的优势明显，储能电站主要胜在响应速度，辅助服务市场对储能电站的影响主要在于拓展收入来源。

（四）产业发展趋势

1. 政策方向：储能迎来风口，各级政府政策频发

当前，国家和各地方政府纷纷出台支持政策推动储能产业发展，政策设计逐步完善，落地实施不断强化。随着电力现货和辅助服务市场的不断开放和规范，储能将能更好地体现自身技术优势和市场价值。

在顶层设计方面，出台了《抽水蓄能中长期发展规划（2021—2035年）》和《关于加快推动新型储能发展的指导意见》两项重要政策（见表3-5）。

表3-5 中国储能顶层设计政策

文件名称	出台时间	出台部门	主要内容
《抽水蓄能中长期发展规划（2021—2035年）》	2021年9月	国家能源局	到2025年，抽水蓄能投产总规模6200万千瓦以上；到2030年，投产总规模1.2亿千瓦左右；到2035年，形成满足新能源高比例大规模发展需求的，技术先进、管理优质、国际竞争力强的抽水蓄能现代化产业，培育形成一批抽水蓄能大型骨干企业
《关于加快推动新型储能发展的指导意见》	2021年7月	国家发展改革委	系统阐述了我国关于新型储能的发展目标和政策举措。到2025年，实现新型储能从商业化初期向规模化发展转变，装机规模30GW以上；到2030年，实现新型储能全面市场化发展，装机规模基本满足新型电力系统需求。聚焦强化规划引导、推动技术进步、完善政策机制、规范行业管理等四大方向，并制定了相应的政策保障措施

资料来源：国家能源集团技术经济研究院。

在价格机制方面，出台了《关于进一步完善抽水蓄能价格形成机制的意见》和《关于进一步完善分时电价机制的通知》（见表3-6）。

表3-6 中国储能相关价格机制政策

文件名称	出台时间	出台部门	主要内容
《关于进一步完善抽水蓄能价格形成机制的意见》	2021年4月	国家发展改革委	坚持并优化抽水蓄能两部制电价政策，明确了以竞争性方式形成电量电价回收抽水、发电的运行成本，抽发运行成本外的其他成本通过容量电价回收，并将容量电费纳入输配电价回收。抽水蓄能电价政策的出台，将确保抽水蓄能电站能够获得合理收益，激发各类市场主体投资建设抽水蓄能项目
《关于进一步完善分时电价机制的通知》	2021年7月	国家发展改革委	分时电价政策指出要合理确定峰谷电价价差，上年或当年预计最大系统峰谷差率超过40%的地方，峰谷电价价差原则上不低于4∶1；其他地方原则上不低于3∶1；同时要建立尖峰电价机制，尖峰电价在峰段电价基础上上浮比例原则上不低于20%。更大的峰谷电价差将明显提高用户侧储能项目收益。此外，电网侧独立储能项目预计也将出台容量电价政策，激发电网企业开展新型储能项目的积极性

资料来源：国家能源集团技术经济研究院。

电源侧配置储能逐渐成为趋势。国家能源局出台了《关于2021年风电、光伏发电开发建设有关事项的通知》，建立保障性并网、市场化并网等并网多元保障机制。各地区完成年度非水电最低消纳责任权重所必需的新增并网项目，由电网企业实行保障性并网。对于保障性并网范围以外仍有意愿并网的项目，可通过自建、合建共享或购买服务等市场化方式落实抽水蓄能、储热型光热发电、火电调峰、新型储能、可调节负荷等新增并网消纳条件后，由电网企业予以并网。对于保障性并网项目，虽然国家未规定要求配置储能，但是要求配置一定比例储能的地方政府越来越多，且大都要求至少配置10%的比例（见表3-7）。对于市场化并网项目，《关于鼓励可再生能源发电企业自建或购买调峰能力增加并网规模的通知》进一步明确了2021年市场化并网的具体要求,即超过电网企业保障性并网以外的规模初期按照功率15%的挂钩比例(时长4小时以上,下同)配建调峰能力,按照20%以上挂钩比例进行配建的优先并网。

表3-7 地方政府新能源配储要求概况

序号	时间	地区	级别	文件名称	储能配比	时长
1	2020年3月	内蒙古	省级	《2020年光伏发电项目竞争配置方案》	5%	1小时以上
2	2021年8月		省级	《关于2021年风电、光伏发电开发建设有关事项的通知》	不低于15%	2小时
3	2021年7月	宁夏	省级	《关于加快促进储能健康有序发展的通知》	不低于10%	2小时以上
4	2021年1月	青海	省级	《关于印发支持储能产业发展若干措施(试行)的通知》	不低于10%	2小时以上
5	2021年2月	山西大同	市级	《大同市关于支持和推动储能产业高质量发展的实施意见》	不低于5%	—
6	2021年3月	贵州	省级	《贵州省风电光伏发电项目管理暂行办法(征求意见稿)》		
7	2021年3月	江西	省级	《关于做好2021年新增光伏发电项目竞争优选有关工作的通知》	不低于10%	1小时
8	2021年3月	陕西	省级	《关于促进陕西省可再生能源高质量发展的意见(征求意见稿)》	不低于10%(关中、陕北10万千瓦);20%(榆林)	2小时以上
9	2021年6月		省级	《陕西省新型储能建设方案(暂行)(征求意见稿)》	风电:陕北10%	—
10	2020年4月	河南	省级	《关于2020年申报平价风电和光伏发电项目电网消纳能力的报告》	—	

（续）

序号	时间	地区	级别	文件名称	储能配比	时长
11	2021年6月	河南	省级	《关于2021年风电、光伏发电项目建设有关事项的通知》	Ⅰ类区域10%；Ⅱ类区域15%；Ⅲ类区域20%	—
12	2020年6月	山西	省级	《关于2020年拟新建光伏发电项目的消纳意见》	15%~20%	—
13	2021年9月	山西	省级	《山西省2021年竞争性配置风电光伏发电项目评审结果的公示》	10%~15%	—
14	2021年8月		省级	《关于做好2021年风电、光伏发电开发建设有关事项的通知》	大同、朔州、忻州、阳泉10%以上	—
15	2020年6月		省级	《关于2020年拟申报竞价光伏项目意见的函》	20%	2小时
16	2021年2月		省级	《关于印发2021年全省能源工作指导意见的通知》	不低于10%	—
17	2021年3月	山东	省级	《关于开展储能示范应用的实施意见（征求意见稿）》	不低于10%	不低于2小时
18	2021年11月		省级	《关于公布2021年市场化并网项目名单的通知》	不低于10%	不低于2小时
19	2021年3月		省级	《关于加快推进全省新能源存量项目建设工作的通知》	10%~20%（河西五县）；其他地区5%~10%	2小时
20	2021年5月	甘肃	省级	《关于"十四五"第一批风电、光伏发电项目开发建设有关事项的通知》	河西地区（酒泉、嘉峪关、金昌、张掖、武威）最低10%；其他地区最低5%	不低于2小时
21	2021年5月	福建	省级	《关于因地制宜开展集中式光伏试点工作的通知》	10%（试点项目）	—

（续）

序号	时间	地区	级别	文件名称	储能配比	时长
22	2021年6月	天津	省级	《关于做好我市2021~2022年风电、光伏发电项目开发建设和2021年保障性并网有关事项的通知》	15%（单体容量超过5万千瓦的风电项目）	不低于1小时
23	2021年6月	湖北	省级	《湖北省2021年平价新能源项目建设工作方案（征求意见稿）》	不低于10%	不低于2小时
24			省级	《关于2021年平价新能源项目开发建设有关事项的通知》		2小时
25	2021年8月	安徽	省级	《关于2021年风电、光伏发电开发建设有关事项的通知》	不低于10%	1小时
26	2021年7月	辽宁	省级	《辽宁省新增风电项目建设方案（征求意见稿）》	10%以上	—
27	2021年9月		省级	《辽宁省新增风电项目建设方案》	10%以上	—
28	2021年9月	河北	省级	《河北省2021年风电、光伏发电保障性并网项目计划的通知》	南网不低于10%、北网不低于15%	不低于2小时
29	2021年10月		省级	《关于做好2021年风电、光伏发电市场化并网规模项目申报工作的补充通知》	南网不低于10%、北网不低于15%	不低于3小时
30	2021年10月	广西	省级	《2021年市场化并网陆上风电、光伏发电及多能互补一体化项目建设方案的通知》	风电20%；光伏15%	2小时
31	2021年10月	湖南	省级	《关于加快推动湖南省电化学储能发展的实施意见》	风电不低于装机容量的15%；集中式光伏发电不低于装机容量的5%	2小时
32	2021年11月		省级	《关于开展整县（市、区）光伏开发试点的通知》	—	—

(续)

序号	时间	地区	级别	文件名称	储能配比	时长
33	2021年11月	山东淄博	市级	《淄博市实施减碳降碳十大行动工作方案》	不低于10%	—
34	2021年9月	浙江义乌	市级	《关于推动源网荷储协调发展和加快区域光伏产业发展的实施细则》	光伏10%以上	—
35	2021年9月	江苏	省级	《关于我省2021年光伏发电项目市场化并网有关事项的通知》	长江以南8%及以上；长江以北10%及以上	2小时

资料来源：国家能源集团技术经济研究院。

2. 前景预测：规模化带来成本进一步下降，电化学储能将快速增长

（1）电化学储能技术的经济性将快速提升

以锂离子电池为代表的电化学储能成本下降速度尤为突出，2010年以来锂离子电池累计价格降幅超过80%。目前国内磷酸铁锂电池系统价格已低于800元/千瓦时，循环寿命普遍达到3000次以上；储能系统价格已经降低至1100～1500元/千瓦时。随着市场需求不断扩大，未来锂离子电池技术的经济性仍有较大进步空间。预计"十四五"期末，储能系统价格有望降至1000元/千瓦时以内，同时储能循环寿命和日历寿命均大幅提高，从而进一步大幅提高锂离子电池储能技术的经济性。

（2）政策体系初步建立，奠定储能规模化发展基础

2021年，中国首次明确了储能作为碳达峰、碳中和的关键支撑技术，为储能长期发展奠定了基础。在国家层面，储能的直接政策密集出台，《新型储能项目管理规范（暂行）》和《电化学储能电站安全管理暂行办法（征求意见稿）》将形成储能全生命周期、全流程的管理体系，为

储能可持续发展保驾护航;"十四五"时期新型储能发展专项规划即将发布;新版"两个细则",明确了储能的市场主体地位,推出"新的交易品种"、完善成本分担机制、建立竞争性的市场价格机制,为储能开拓了市场获益空间;电价市场化改革,进一步拉大峰谷价差,将催生出更多应用新模式。

(3)电化学储能装机容量将快速提升

预计"十四五"时期,新型储能累计装机容量达到3000万千瓦,即5年内中国的新型储能市场规模将增长近10倍。各地基于区域能源发展的切实需求以及带动新兴产业发展的需要,相继发布"十四五"储能发展目标。仅青海、山东、湖南、浙江、内蒙古五省区及南方电网储能的规划就达3900万千瓦,已高于国家制定的3000万千瓦目标。在保守场景下,2025年储能累计装机容量将达到3550万千瓦,与指导意见的目标相差不大;而在理想场景下,2025年累计装机容量将达到5500万千瓦以上,是指导意见中规划目标的将近2倍。从政策走向来看,预计电源侧储能规模将最大,已有20多地明确新能源配置储能比例。实际上,储能装机规模影响因素很多(尤其是电源侧配置比例不确定性大),政策和市场因素均会在很大程度上影响实际装机规模。比如,假设"十四五"期间可再生能源保障性并网规模共5亿千瓦,平均配建5%的储能规模,则新增储能装机规模达到2500万千瓦;另外假设市场化并网规模达到1亿千瓦,其中一半由电化学储能来落实调峰能力,则至少还将新增1000万千瓦电化学储能。

中国能源研究会储能专委会和中关村储能产业技术联盟基于保守场景和理想场景分别对2022~2026年中国新型储能累计装机容量进行了预测(见图3-49)。保守场景为政策执行、成本下降、技术改进等因素未达预期的情形,理想场景为储能规划目标顺利实现的情形。其中,在保守场景下,预计2026年中国新型储能累计装机容量将达到48.5GW,2022~2026年的年均增长率(CAGR)为50.2%,市场将呈现稳步、快速

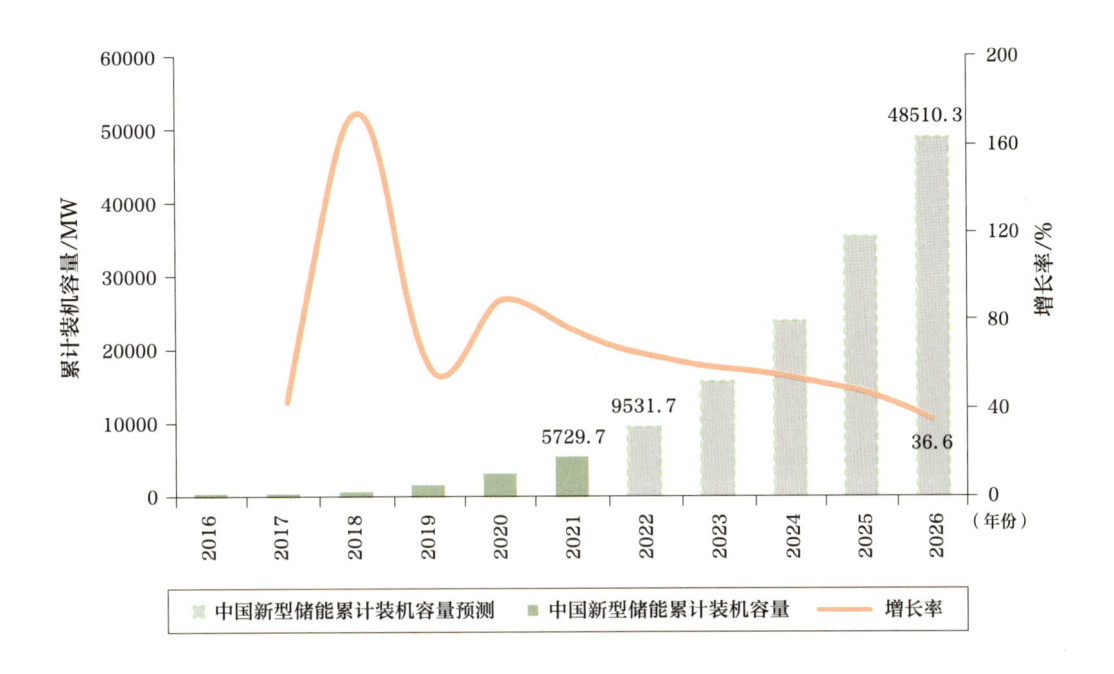

图3-49 中国新型储能累计装机容量及预测
（上图为保守场景，下图为理想场景）

资料来源：中国能源研究会储能专委会和中关村储能产业技术联盟发布的《储能产业研究白皮书2022》。

增长的趋势。

在理想场景下，随着电力市场的逐渐完善，储能供应链配套、商业模式的日臻成熟，新型储能凭借建设周期短、环境影响小、选址要求低等优势，有望在竞争中脱颖而出。预计2026年中国新型储能累计装机容量将达到79.5GW，2022~2026年的年均增长率为63.3%。

（4）"十四五""十五五"期间抽水蓄能将大幅增长，2030年后放缓

根据2021年9月国家能源局出台的《抽水蓄能中长期发展规划（2021—2035年）》，"到2025年，抽水蓄能投产总规模6200万千瓦以上；到2030年，投产总规模1.2亿千瓦左右；到2035年，形成满足新能源高比例大规模发展需求的，技术先进、管理优质、国际竞争力强的抽水蓄能现代化产业，培育形成一批抽水蓄能大型骨干企业"。"十四五""十五五"期间，中国抽水蓄能装机将按照上述规划目标发展。

但2030年后，由于资源和地理条件限制，易开发的水利资源将逐渐稀缺，新增抽水蓄能项目的成本将会大幅提升，在政策环境不变、技术发展不出现重大突破的情况下，中国抽水蓄能年新增装机容量或将在2030年后出现下降。2030年后，绝大多数发电侧新能源调峰调频的新增储能需求将由新型储能满足。

第四章
全球氢能产业发展现状与前景展望

一 全球氢能产业发展动态

（一）发展现状

1. 部分国家和地区逐渐发布氢能产业发展战略

截至2022年6月，全球已有20多个国家和地区的政府部门或相关机构发布了氢能产业发展战略。2021年至2022年6月，由国家机构发布的、具有代表性的氢能产业发展战略见表4-1。与此前相比，2021年以后，各国家和地区发布的氢能产业发展战略更易落地、可操作性更强，且伴随国家战略的发布，相应的扶持政策和举措被同时提出。

可以看出，在推动氢能产业发展的过程中，全球主要发达国家从各自资源禀赋、产业基础、市场承载能力及财力等方面系统谋划，制定分阶段、分领域发展战略。其中，鼓励在加速低碳制氢技术发展，液氢、有机储氢等氢能储运技术方面进行诸多探索，加强液氢加氢站研究、应用和推广，并在工业、交通、储能、发电等多个领域开展实践探索。

表4-1 部分国家和地区发布氢能产业发展战略

时间	国家/地区	主体	文件名称	规划性内容
2021年9月	卢森堡	卢森堡政府	《卢森堡国家级氢能战略》	提出七项重点措施，旨在促进可再生氢的生产、进口和使用，减少温室气体排放
2021年10月	韩国	韩国政府	《氢能领先国家愿景》	到2030年构建产能达100万吨的清洁氢能生产体系，并将清洁氢能比重升至50%；争取可再生氢的产量在2030年和2050年分别达到100万吨和500万吨，并将氢气自给率升至50%

(续)

时间	国家/地区	主体	文件名称	规划性内容
2021年10月	哥伦比亚	哥伦比亚政府	《哥伦比亚国家级氢能战略》	到2030年，电解能力达1GW；将40%的低碳氢纳入目前的工作应用（采矿、炼油、原料、化肥生产）中；拥有1500～2000辆轻型车辆和1000～1500辆重型车辆，打造50～100座加氢站
2021年10月	德国	德国联邦经济部和德国联邦研发部	《国际氢能项目资金资助指南》	支持在欧盟以外国家的绿色氢生产和加工以及氢能的储存、运输和使用的项目
2021年11月	美国	美国能源部	《"氢能双城"计划》	通过配合世界各地的社区进行合作、分享想法、相互学习以加速氢能产业发展，特别是加强一线城市的氢能部署
2022年4月	英国	英国政府	《英国氢能战略》（第二版）	重新拟定目标产氢量，2030年海上风电达50GW，并利用海上风电进行制氢
2022年4月	加拿大安大略省	加拿大自然资源部	《加拿大氢能战略》	到2050年，安大略省的低碳氢战略可以支持超过10万个工作岗位，每年减少5000万吨的温室气体排放——相当于道路上行驶约1500万辆汽车的排放量
2022年5月	美国加州	美国加州州长商务与经济发展办公室	《打造可再生氢能枢纽》	加州将在港口电气化运营、货物运输、交通和能源系统弹性方面进行深度投资

资料来源：国家能源集团技术经济研究院。

2. 绿氢生产及氢能应用市场规模快速上涨

各国争相布局绿氢的生产项目。据国家能源集团技术经济研究院不完全统计，截至2021年底，全球约有500个氢能项目，其中在建绿氢项目约

120个，全球规划中的吉瓦级绿氢项目装机规模合计达144.1吉瓦。与此同时，电解制氢设备运营规模提升，2021年全球低碳制氢产能达55万吨，新增电解制氢设备运营规模为468兆瓦。与此同时，2021年以来，雪佛龙、道达尔、BP等国际能源巨头多倾向将化石能源制氢和副产氢配备碳捕集、利用与封存技术（CCUS）作为向绿氢阶段过渡的主要制氢技术，并不断加大对绿氢项目的投资。

燃料电池汽车市场亦蓬勃发展。2021年，韩国成为最大的燃料电池汽车市场，仅韩国现代汽车NEXO销量就高达8300辆；美国加州也是燃料电池汽车的重要市场，销量超过3000辆，燃料电池汽车的商业模式多是以乘用车租车的方式实现；日本销量超过2000辆；中国市场受疫情管控及政策补贴未明确的影响，销量仅为1500辆；德国的销量较少（见图4-1）。

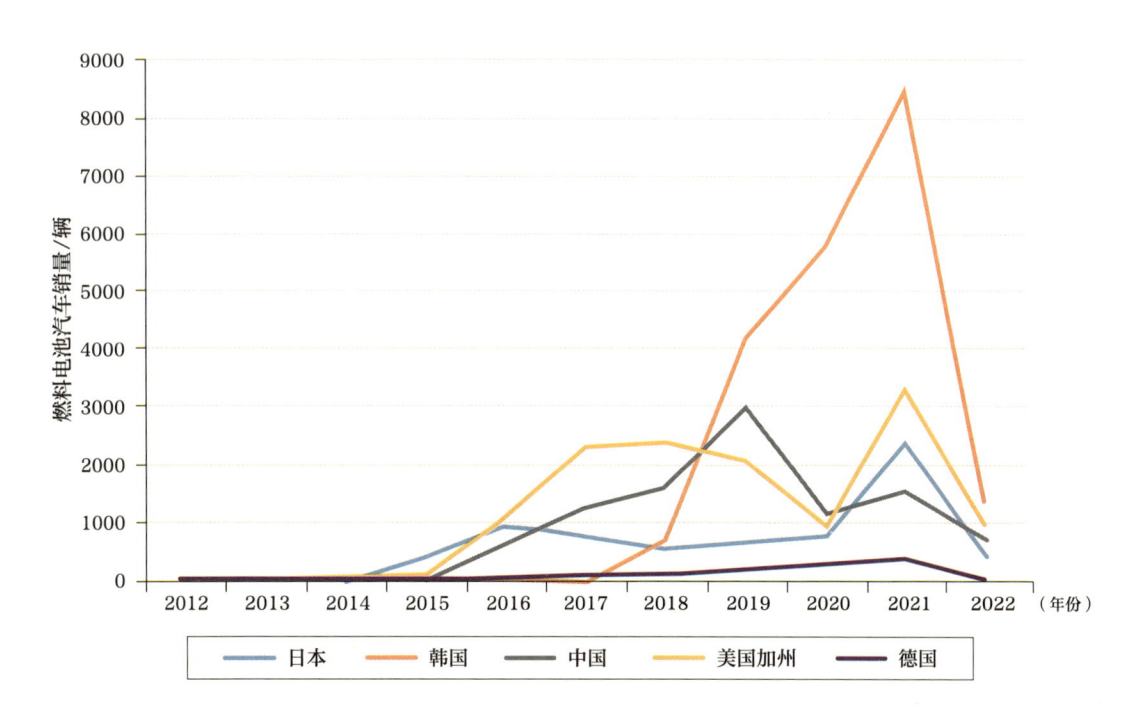

图4-1 全球燃料电池汽车销量情况

注：2022年为第一季度的数据。

资料来源：CaFCP、JADA、Hyundai Motor、Toyota、中国汽车工业协会、国家能源集团技术经济研究院。

中国成为加氢站最多的国家。与燃料电池汽车快速增长相对应的是加氢站等基础设施的建设，根据CaFCP、H2KOREA的统计，2017年全球加氢站为328座，2020年增长到485座，到2021年底全球加氢站保有量增长到685座。其中，2021年中国新建数量最多，超过100座，一跃成为全球加氢站保有量最高的国家（见图4-2）。

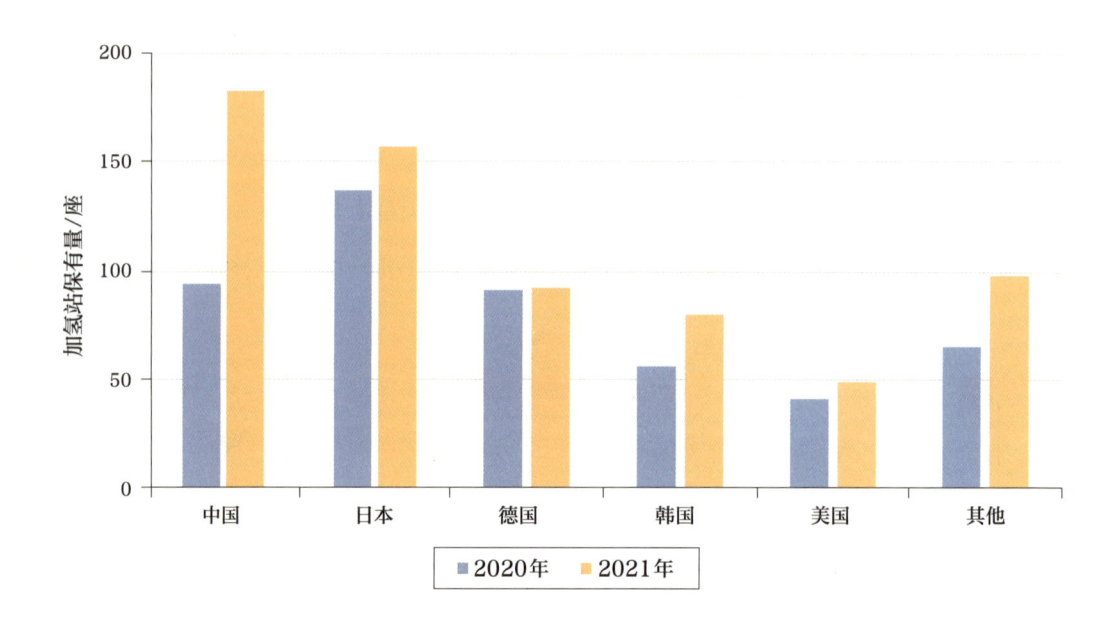

图4-2 2020年、2021年全球主要国家加氢站保有量

资料来源：CaFCP、H2KOREA、国家能源集团技术经济研究院。

（二）主要国家和地区发展概要

1.美国

2021年始，美国社会组织和部分政府机构开始逐渐关注并推动氢能产业发展。

从政府发布的氢能产业发展战略来看，2021年11月，美国能源部发布的《"氢能双城"计划》，提出要通过配合世界各地的社区进行合作、分享想法、相互学习以加速氢能产业发展，特别是加强一线城市的氢能部署。

从美国民间的氢能机构研究及推动工作来看，2021年12月，美国西部各州氢能联盟共同成立美国氢能联盟（USHA）。美国氢能联盟（USHA）一跃成为直接协助政策制定者制定氢能和燃料电池政策的首选组织，在倡导氢能和燃料电池行业发展、实现美国氢能和燃料电池的战略部署方面起到积极有效的推动作用。2022年3月，华盛顿绿氢联盟（WGHA）成立，联盟的董事会由来自塔科马电力、道格拉斯县公用事业、丰田汽车北美及博纳维尔环境基金会的人员组成。2022年3月，国际氢能经济和燃料电池伙伴计划（IPHE）发布《氢能及其载体国际贸易规则》研讨报告，展示未来国际氢能贸易的潜力及目前项目开展情况，研究建立氢能贸易体系的挑战及解决方法。

从发布的具体支持政策来看，2022年3月，美国参议院发布《卡车氢能法案》（The Hydrogen for Trucks Act），旨在为寻求转向零排放车辆的车队所有者和运营商提供财务支持，该立法将在2027财年之前授权2亿美元用于交通补助计划。2022年4月，美国政府发布《氢能枢纽计划》，提出拿出80亿美元资金支持氢能产业发展。

美国的绿氢生产项目处于积极探索阶段。根据国家能源集团技术经济研究院的不完全统计，2021年开始，美国宣布、动工建设的绿氢项目有15个左右。这些项目目前多数处于宣布阶段，尤其是由本土气体公司，如美国绿氢国际公司、美国气候技术创新公司Moto等主导的项目，反而是林德公司、法液空公司等在路易斯安那州等地建设的绿氢项目稳步开展了建设工作。

美国对氢能应用的探索更多体现在交通领域。2021年开始，美国、日本和韩国等国的汽车企业在加州等地开展了一系列的卡车和货运领域的探索。部分案例如表4-2所示。

表4-2 美国氢能在交通领域的应用

地区	主体（企业）	应用领域	产品类型	具体内容
加州	南加州阳光车道运输公司	交通	氢能燃料电池公交车	燃料电池电动重型公交CHARGE H2™
洛杉矶港口	丰田汽车旗下公司丰田通商	交通	货运卡车	利用从动物粪便中提取的氢气为货运卡车提供燃料
旧金山	美国斯维奇海事公司（Switch Maritime）	交通	氢燃料电池驱动商用渡轮	该渡轮为全长约21米的铝制双体客运渡船，配置三个氢燃料电池为两个螺旋桨提供动力，可搭载75名乘客
加州奥克兰港	现代汽车	交通	Class 96×4 XCIENT燃料电池重型牵引车	于2023年在加州奥克兰港部署30台Class 96×4XCIENT燃料电池重型牵引车
加州	Gemini Motor	交通	氢能燃料电池重卡	行驶里程达1400英里（合2253公里），可在20分钟内加满氢

资料来源：国家能源集团技术经济研究院。

2. 日本

日本在近两年增加了跨区域合作项目。例如，日本大阪燃气（Osaka Gas）与澳大利亚初创公司（Aqua Aerem）在绿氢生产等方面展开合作，建设了使用离网可再生能源和捕获干旱环境中大气水分的项目，预计将每年产生41万吨的氢气。2022年5月，日本政府与德国政府共同商讨利用氢能减少对俄罗斯能源的依赖，预计2023年开展一系列的氢替代天然气应用的合作。

日本在氢能综合应用上的探索依旧走在国际前列。在长期能源短缺的背景下，日本利用其技术布局的优势，在发电、分布式能源领域深入探索氢能应用。表4-3为2022年的部分案例。

表4-3 日本氢能应用探索部分案例

时间	地区	主体（企业）	具体内容	其他
2022年2月	东京	日本三菱重工业股份有限公司、三菱动力（MHI）	燃气轮机应用	计划2025年开始使用高砂氢园区，将小型和大型燃气轮机商业化，实现100%的氢燃烧
2022年4月	—	空中客车、川崎重工	机场氢气生态建设	用于机场的氢气供应链建设
2022年5月	—	松下	氢能分布式应用	利用太阳能发电，继而氢气存储、燃料电池发电，用于现场运营的电力100%来自可再生能源

资料来源：国家能源集团技术经济研究院。

3. 韩国

氢能供应体系和卡车应用成为政策的鼓励方向。2021年9月，韩国政府发布，为推动氢能有轨电车发展，计划到2023年和2024年分别实现氢能有轨电车的商用化和量产；到2030年构建产能达100万吨的清洁氢能生产体系，并将清洁氢能比重提升至50%；争取绿氢的产量在2030年和2050年分别达到100万吨和500万吨，并将氢气自给率提升至50%。2021年12月，韩国政府强调将在实际物流服务中测试由氢燃料电池驱动的货运卡车，并预计在一年内实现。

制氢项目与国外合作开展。2022年1月，韩国燃气公司（Kogas）建立一个包括制氢基地、加氢站和海外制氢工厂在内的氢气生产平台，项目第一阶段将于2023年竣工。计划到2030年每年生产83万吨氢气，并从东南亚和澳大利亚进口20万吨绿色氢气。

氢气的应用在发电、交通领域开展。韩国在燃料电池发电机组的应用，以及开发燃料电池无人机、客车零部件等领域开展尝试。部分案例如表4-4所示。

表4-4 韩国氢能应用部分案例

时间	主体（企业）	应用领域	产品类型	具体内容
2021年11月	浦项能源和斗山燃料电池	发电	燃料电池发电机组	全球最大的氢燃料电池发电厂，世界最大的氢燃料电池发电站
2021年12月	韩国飞机零部件生产商韩华宇航	交通	燃料电池系统	被韩国Lead National Task项目选中研发可用于城市空中交通的氢能燃料电池系统
2022年5月	巴拉德动力系统公司、韩国斗山燃料电池公司、斗山北美的全资子公司HyAxiomqi	交通	燃料电池电动客车	该项合作计划开发全套的零排放氢能车载应用解决方案，包括提供燃料电池电动客车和加氢基础设施建设
2022年5月	Hylium Industries	交通	液氢无人机	预计可飞行5个小时以上，并在5吨移动式液氢加氢站上存储并运输2500升3ATM级低压液化氢，同时实现充装高纯度液化氢

资料来源：国家能源集团技术经济研究院。

4. 德国

德国推动氢能产业发展的相关政策较多（见表4-5）。一方面，研发部、经济和能源部等的支持性政策落地，通过资金补贴、支持大项目建设等方式，积极鼓励、支持氢能项目，尤其是制氢项目；另一方面，德国民间组织活跃，发布白皮书、路线图等相关研究成果，推动政府加大支持力度、吸引社会资本进入等。

表4-5 德国氢能产业发展相关政策

时间	国家	主体	项目或文件名称	规划性内容
2021年10月	德国	德国联邦经济和能源部、德国联邦研发部	《国际氢能项目资金资助指南》	支持在欧盟以外国家的绿色氢生产和加工以及氢能的储存、运输和使用的项目

(续)

时间	国家	主体	项目或文件名称	规划性内容
2021年12月	德国	德国联邦研发部	3项发展绿色氢能的引领项目	致力于水电解槽批量生产技术的H2Giga项目，研究借助风力涡轮机直接在海上生产氢能及其衍生物的H2Mare项目以及聚焦于研发、评估氢气运输技术的TransHyDE项目
2021年12月	德国	德国联邦经济和能源部	德国首个海上风电制氢站	项目第一轮招标将于2022年进行。目前德国政府已从其能源和气候计划中为海上制氢试验厂拨出5000万欧元的支持资金
2022年3月	德国、挪威	政府	共同修建运氢管道	两国计划就氢能管道项目进行可行性研究，把绿氢从挪威运往德国
2022年4月	德国、荷兰	德国尤利西研究所Jülich、德国能源署DENA	HY3氢能项目——围绕2050年的跨国氢能经济展开研究	跨境合作的背景下，氢气产能和基础设施的联合部署有助于地区氢能产业升级
2022年5月	德国、日本	政府	共同商讨利用氢能减少对俄罗斯能源的依赖	2023年将启动双方政府间的磋商，并就氢气作为天然气和煤炭能源的替代能源展开合作
2022年5月	德国不来梅港、汉堡、施塔德	政府	氢能创新技术中心（ITZ H2）	支持各公司未来在交通领域的发展、支持国际合作和标准的制定
2022年6月	德国、澳大利亚	绿色氢能工作组	发布白皮书和"10点行动计划"	德国和欧盟的工业需求中心目前已准备每年购买500万吨绿氢，潜在市场每年可达2700万吨，欧盟应尽快采用具有明确定义的绿氢标准认证计划

资料来源：国家能源集团技术经济研究院。

海上风电制氢成为德国制氢方向的重要探索。2021~2022年，德国在风电制氢上布局较多，尤其是利用德国较长的海岸线开发的海上风电制氢项目。德国采用开放合作方式，德企与日企、美企共同开发。2021～2022年德国部分制氢案例如表4-6所示。

表4-6 德国部分制氢案例

时间	国家	地区	主体（企业）	氢气来源	具体内容
2021年10月	德国	杜伊斯堡-沃尔苏姆	蒂森克虏伯伍德氯工程技术有限公司	陆上风电	预计每年可生产7.5万吨绿氢
2021年11月	德国	—	AquaVentus财团、日本公用事业公司J-Power和日瑞合资企业日立ABB Power，以及美国海上工程和建筑服务公司McDermott等	海上风电	围绕北海，包括众多子项目，总装机容量为10GW
2021年12月	德国	专属经济区（EEZ）	德国联邦经济和能源部	海上风电	已完成招标
2022年6月	德国	不来梅、Eisenhüttenstadt	莱茵集团、安赛乐米塔尔	海上风电	为德国莱茵集团提供能源

资料来源：国家能源集团技术经济研究院。

二 中国氢能产业政策发展概况

（一）国家层面的相关支持政策

截至2022年6月底，国家各部委共发布氢能相关政策76条，皆为国务院及其下属机构发布，具体发布情况（含多个部委联合发布政策）如图4-3所示。在76条政策中，有近10条涉及燃料电池汽车推广的专项政策，包括提出补贴数额、推广数量、推广模式等；有近5条涉及氢能未来规划和行业技术标准，其他则是在更广泛的政策中提到氢能产业链相关制储运加各个环节的技术突破及相关产业发展等。

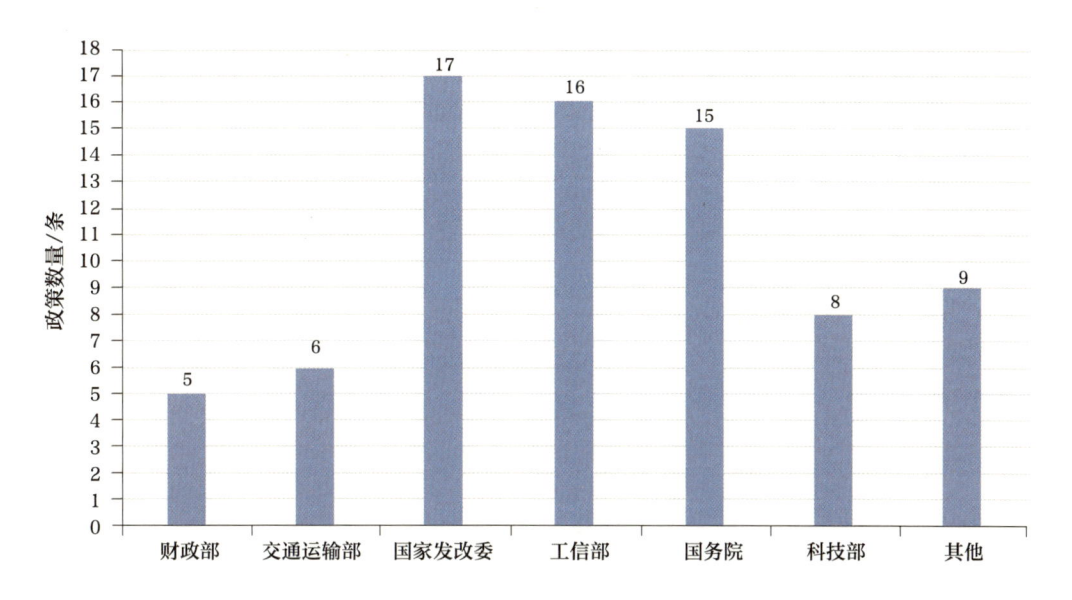

图4-3 截至2022年6月底国家各部委发布的氢能产业相关政策数量
资料来源：各部委网站、国家能源集团技术经济研究院。

（1）中央领导相关讲话

2019年3月，国务院总理李克强所做的《政府工作报告》中首次提及氢能。2020年4月，国家能源局印发《中华人民共和国能源法（征求意见稿）》，首次将氢能纳入"能源"范畴。2020年3月，氢能先后被写入《2021年国民经济和社会发展计划草案》和《2020年能源工作指导意见》。2021年2月，国务院印发的《国务院关于加快建立健全绿色低碳循环发展经济体系的指导意见》中提出，"因地制宜发展水能、地热能、海洋能、氢能、生物质能、光热发电"。

2022年1月，习近平主持中共中央政治局就努力实现碳达峰碳中和目标进行第三十六次集体学习。中共中央总书记习近平在主持学习时强调，实现碳达峰碳中和，是贯彻新发展理念、构建新发展格局、推动高质量发展的内在要求，是党中央统筹国内国际两个大局做出的重大战略决策。习近平指出，推进"双碳"工作，必须坚持全国统筹、节约优先、双轮驱动、内外畅通、防范风险的原则；要把促进新能源和清洁能源发展放在更加突出的位置，积极有序发展光能源、硅能源、氢能源、可再生能源；要加快发展有规模有效益的风能、太阳能、生物质能、地热能、海洋能、氢能等新能源，统筹水电开发和生态保护，积极安全有序发展核电。

2022年3月，经国务院同意，国家发改委、国家能源局联合印发《氢能产业发展中长期规划（2021—2035年）》。该规划部署了推动氢能产业高质量发展的重要举措。一是系统构建氢能产业创新体系。聚焦重点领域和关键环节，着力打造产业创新支撑平台，持续提升核心技术能力，推动专业人才队伍建设。二是统筹建设氢能基础设施。因地制宜布局制氢设施，稳步构建储运体系和加氢网络。三是有序推进氢能多元化应用，包括交通、工业等领域，探索形成商业化发展路径。四是建立健全氢能政策和制度保障体系，完善氢能产业标准，加强全链条安全监管。该规划提出氢能产业发展各阶段目标：到2025年，基本掌握核心技术和制造工艺，燃料电池车辆保有量约5万辆，部署建设一批加氢站，可再生能源制氢量达到10万~20万吨/年，实现二氧化碳减排100万~200万吨/年；到2030年，形成较为完备的氢能产业技术创新体系、清洁能源制氢及供应体系，有力支撑碳达峰目标实现；到2035年，形成氢能多元应用生态，可再生能源制氢在终端能源消费中的比例明显提升。

（2）国家发改委

2021年以来，加快能源转型、促进绿色消费等相关政策成为国家发改委的政策主旋律。由国家发改委发布的与能源相关的政策，大都有提到氢能的相关内容，包括氢能在电储能中的应用、与可再生能源的结合等方面。此外，值得注意的是，2022年3月，《氢能产业发展中长期规划（2021—2035年）》发布，其对未来5年甚至15年氢能产业发展奠定了基础。2021年至2022年6月底，国家发改委共发布氢能相关政策17条，其中代表性政策如表4-7所示。

表4-7 国家发改委发布的氢能相关代表性政策

发布时间	文件名称	主要内容
2021年4月	《2021年能源工作指导意见》	结合氢能、储能等新兴领域、产业发展急需的重要领域，研究增设若干创新平台；开展氢能产业试点示范，探索多种技术发展路线和应用路径
2021年7月	《关于加快推动新型储能发展的指导意见》	以需求为导向，探索开展储氢、储热及其他创新储能技术的研究和示范应用
2021年12月	《"十四五"能源领域科技创新规划》	氢气制备关键技术：[集中攻关]突破适用于可再生能源电解水制氢的质子交换膜（PEM）和低电耗、长寿命高温固体氧化物（SOEC）电解制氢关键技术，开展太阳能光解水制氢、热化学循环分解水制氢、低热值含碳原料制氢、超临界水热化学还原制氢等新型制氢技术基础研究
2022年1月	《促进绿色消费实施方案》	大力推广新能源汽车，逐步取消各地新能源车辆购买限制，推动落实免限行、路权等支持政策，加强充换电、新型储能、加氢等配套基础设施建设，有序开展燃料电池汽车示范应用
2022年1月	《2022年能源行业标准计划立项指南》	电解质制氢及综合应用，氢电耦合技术，氢燃料电池发电站，燃料电池关键零部件
2022年2月	《关于完善能源绿色低碳转型体制机制和政策措施的意见》	完善加氢、加气（LNG）站点布局及服务设施，探索输气管道掺氢输送、纯氢管道输送、液氢运输等高效输氢方式。探索建立氢能产供储销体系
2022年1月	《"十四五"新型储能发展实施方案》	到2025年，新型储能由商业化初期步入规模化发展阶段、具备大规模商业化应用条件。氢储能、热（冷）储能等长时间尺度储能技术取得突破。将加大关键技术装备研发力度，推动多元化技术开发，开展氢（氨）储能等新一代高能量密度储能技术
2022年3月	《氢能产业发展中长期规划（2021—2035年）》	到2025年，基本掌握核心技术和制造工艺，燃料电池车辆保有量约5万辆，部署建设一批加氢站，可再生能源制氢量达到10万~20万吨/年，实现二氧化碳减排100万~200万吨/年。到2030年，形成较为完备的氢能产业技术创新体系、清洁能源制氢及供应体系，有力支撑碳达峰目标实现。到2035年，形成氢能多元应用生态，可再生能源制氢在终端能源消费中的比例明显提升

（续）

发布时间	文件名称	主要内容
2022年3月	《"十四五"现代能源体系规划》	显著提高安全高效氢能技术创新能力；建立健全氢能建设标准；积极开展风电、光伏发电制氢示范；强化氢能等前沿科技攻关，实施一批具有前瞻性、战略性的国家重大科技示范项目
2022年5月	《"十四五"可再生能源发展规划》	建设海洋能、储能、制氢、海水淡化等多种能源资源转换利用一体化设施；推动可再生能源规模化制氢利用；在有条件的地区，充分利用新能源直供电、风光氢储耦合、柔性负荷等技术；统筹推进绿氢终端供应设施和能力建设，提高交通领域绿氢使用比例；积极探索氢气在冶金化工领域的替代应用等

资料来源：国家发改委网站、国家能源集团技术经济研究院。

（3）工信部

工信部在环保、新材料，尤其是汽车领域，对氢能及燃料电池产业的发展提出要求和目标。2021年至2022年6月底，工信部共发布氢能相关政策16条，其中代表性政策如表4-8所示。

表4-8 工信部发布的氢能相关代表性政策

发布时间	文件名称	主要内容
2021年3月	《2021年工业和信息化标准工作要点》	在"推进新技术新产业新基建标准制定"中指出：大力开展电动汽车和充换电系统、燃料电池汽车等标准的研究与制定
2021年12月	《"十四五"工业绿色发展规划》	加快氢能技术创新和基础设施建设，推动氢能多元化利用；开展可再生能源电解制氢示范工程；鼓励氢能等替代能源在钢铁、化工等行业的应用；推进绿氢炼化等技术的推广应用等

(续)

发布时间	文件名称	主要内容
2021年12月	《"十四五"原材料工业发展规划》	突破储氢材料等一批关键材料,推动可再生能源发电制氢产业互补发展。组织研发富氢碳循环高炉、氢能窑炉、氢基直接还原等技术攻关。组织实施氢冶金、非高炉炼铁等低碳冶炼试点项目
2021年12月	《重点新材料首批次应用示范指导目录(2021年版)》	文件中氢能领域列入高纯氢气、燃料电池全氟质膜、柔性石墨双极板、储氢气瓶用碳纤维复合材料、AB型稀土储氢合金等5类氢能产业链核心材料
2022年3月	《2022年汽车标准化工作要点》	提出要加快新能源汽车等新兴领域标准研制,助力产业转型升级。加快推进电动汽车远程服务与管理系列标准研究,修订燃料电池电动汽车碰撞后安全要求标准
2022年4月	《关于"十四五"推动石化化工行业高质量发展的指导意见》	加快突破新型催化、绿色合成、功能-结构一体化高分子材料制造、"绿氢"规模化应用等关键技术;鼓励石化化工企业因地制宜、合理有序开发利用"绿氢",推进炼化、煤化工与"绿电""绿氢"等产业耦合示范

资料来源:工信部网站、国家能源集团技术经济研究院。

(4)科技部

科技部作为对前沿技术提出攻关方向的部委,在原材料、能源等领域提出氢能产业的攻关方向。值得注意的是,2022年提出的重点研发项目包括33项氢能技术。2021年至2022年6月底,科技部共发布氢能相关政策8条,其中代表性政策如表4-9所示。

(5)财政部、交通运输部及其他部委

财政部承担着重要的产业补贴评审工作,燃料电池汽车的"以奖代补"政策由财政部统一评审和支持。2021年至2022年6月底,财政部、交通运输部及其他部委共发布氢能相关政策20条,其中代表性政策如表4-10所示。

表4-9 科技部发布的氢能相关代表性政策

发布时间	文件名称	主要内容
2021年9月	《关于发布国家重点研发计划"氢能技术"重点专项2021年度定向项目申报指南的通知》	2021年拟在"氢进万家"综合示范技术方向，启动1个定向项目，拟安排国拨经费1.5亿元，定向项目由山东省科技厅作为推荐单位组织申报
2021年12月	《"十四五"原材料工业发展规划》	突破储氢材料等一批关键材料，推动可再生能源发电制氢产业互补发展。组织研发富氢碳循环高炉、氢能窑炉、氢基直接还原等技术攻关。组织实施氢冶金、非高炉炼铁等低碳冶炼试点项目
2021年12月	《"十四五"能源领域科技创新规划》	氢气制备关键技术：[集中攻关]突破适用于可再生能源电解水制氢的质子交换膜（PEM）和低电耗、长寿命高温固体氧化物（SOEC）电解制氢关键技术，开展太阳能光解水制氢、热化学循环分解水制氢、低热值含碳原料制氢、超临界水热化学还原制氢等新型制氢技术基础研究
2022年4月	《"氢能技术"重点专项2022年度项目申报指南》	共包括33项氢能技术，其中"氢能技术"重点专项中包括24个；"稀土材料"重点专项中包括1项氢能技术；"高端功能与智能材料"重点专项中包括4项氢能技术；"可再生能源技术"重点专项中包括1项氢能技术；"煤炭清洁高效利用技术"重点专项中包括1项氢能技术；"新能源汽车"重点专项中包括2项氢能技术

资料来源：科技部网站、国家能源集团技术经济研究院。

表4-10 财政部、交通运输部及其他部委发布的氢能相关代表性政策

发布时间	发布单位	文件名称	主要内容
2021年7月	教育部	《高等学校碳中和科技创新行动计划》	制定了碳中和近期、中期、远期目标
2021年7月	交通运输部海事局	《氢燃料动力船舶技术与检验暂行规则(征求意见稿)》	适用于国内航行船长20米及以上使用氢燃料电池作为主推进动力源的钢质船舶

(续)

发布时间	发布单位	文件名称	主要内容
2021年9月	财政部、工信部、科技部、国家发改委、国家能源局	《关于启动燃料电池汽车示范应用工作的通知》	由北京市大兴区、上海市和广东省佛山市牵头的京津冀、上海、广东三个城市群正式入选
2021年11月	交通运输部	《综合运输服务"十四五"发展规划》	大力发展清洁化运输装备。积极推动新能源和清洁能源车辆、船舶在运输服务领域应用，加大运营、通行、停车、充电等政策支持。加快充换电、加氢等基础设施规划布局和建设
2021年12月	财政部	《关于印发〈绿色数据中心政府采购需求标准（试行）〉的通知（征求意见稿）》	优先采购使用氢能源、液冷、分布式供电、模块化机房等高效系统设计方案，实现节能、节水、节地、节材和环境保护
2021年12月	国务院关税税则委员会	《国务院关税税则委员会关于2022年关税调整方案的通知》	2022年1月1日起，我国将对954项商品实施低于最惠国税率的进口暂定税率。其中，包含增压器、循环泵、膜电极组件、双极板、碳电极片等5种燃料电池关键零部件
2022年1月	交通运输部	《绿色交通"十四五"发展规划》	鼓励开展氢燃料电池汽车试点应用，在电动货车和氢燃料电池车辆推广行动方面，明确在北京、天津、石家庄等城市推进中心城区应用纯电动物流配送车辆
2022年3月	海事局	《氢燃料电池动力船舶技术与检验暂行规则（2022）》	该规则从检验与发证、船舶布置、轮机、电气装置、控制检测和安全系统、消防、氢燃料储存、氢燃料加注等方面做出具体的要求
2022年5月	财政部	《财政支持做好碳达峰碳中和工作的意见》	大力支持发展新能源汽车，完善充换电基础设施支持政策，稳妥推动燃料电池汽车示范应用工作

(续)

发布时间	发布单位	文件名称	主要内容
2022年6月	生态环境部、国家发改委、工信部、国家能源局等七部委	《减污降碳协同增效实施方案》	在加强协同技术研发应用方面，要加强氢能冶金、二氧化碳合成化学品、新型电力系统关键技术等研发
2022年6月	交通运输部、国家铁路局、中国民用航空局、国家邮政局	《交通运输部 国家铁路局 中国民用航空局 国家邮政局贯彻落实＜中共中央 国务院关于完整准确全面贯彻新发展理念做好碳达峰碳中和工作的意见＞的实施意见》	四部门提出将积极发展新能源和清洁能源运输工具，依托交通强国建设试点，有序开展纯电动、氢燃料电池、可再生合成燃料车辆、船舶的试点

资料来源：财政部、交通运输部、生态环境部网站，国家能源集团技术经济研究院。

（二）地方层面的产业规划

全国部分省区市也出台了一系列政策规划和行业标准，鼓励氢能产业链的集群化发展。2021年至2022年6月底，全国共有10多个省区市、20多个市（县）正在编制或已经发布氢能专项规划和推广补贴政策，地方氢能专项规划大多涉及加氢站建设、产业（链）规模扩大、氢燃料电池汽车推广、固定式发电应用、企业培育等目标，并配套车辆购置补贴、加氢站建设补贴、加氢补贴等不同程度的扶持。在此期间，地方直接涉及氢能的政策已经发布52项，其中规划类政策32项、扶持类政策20项。

燃料电池汽车和加氢站建设是未来推广应用的重点。在32项规划类政策中，共有17个省区市明确了燃料电池汽车的推广数，19个省区市明确了加氢站的保有量。

在燃料电池汽车方面，截至2025年，各省区市将累计推广燃料电池汽车超11万辆，其中山东、北京、广东、上海、河北、江苏、内蒙古、山西8个省区市的目标在1万辆及以上。

在加氢站方面，截至2025年，各省区市将累计建成加氢站超1200座，其中广东和山西将分别建成300座、130座加氢站；山东、河北和内蒙古3个省区的加氢站数量也将达100座；安徽、宁夏和天津等皆为10座及以下（见表4-11）。

表4-11 截至2025年各省区市燃料电池汽车的推广数、加氢站的保有量

单位：辆，座

省区市	燃料电池汽车	加氢站	省区市	燃料电池汽车	加氢站
山东	10000	100	辽宁	1000	11
安徽	600	5	内蒙古	10000	100
北京	10000	74	宁夏	—	2
广东	15000	300	山西	12000	130
上海	10000	70	四川	6000	60
河北	10000	100	天津	1000	10
河南	5000	80	浙江	5000	50
湖北	3000	15	重庆	1500	15
江苏	10000	50	湖南	1000	15
贵州	—	20	—	—	—

资料来源：各地方政府网站、国家能源集团技术经济研究院。

三 产业规模

（一）燃料电池汽车产销规模

随着疫情的好转及相关政策的支持，2021年燃料电池汽车产销量分

别完成1742辆和1553辆（见图4-4），相较于2020年分别增长48.21%和34.75%。

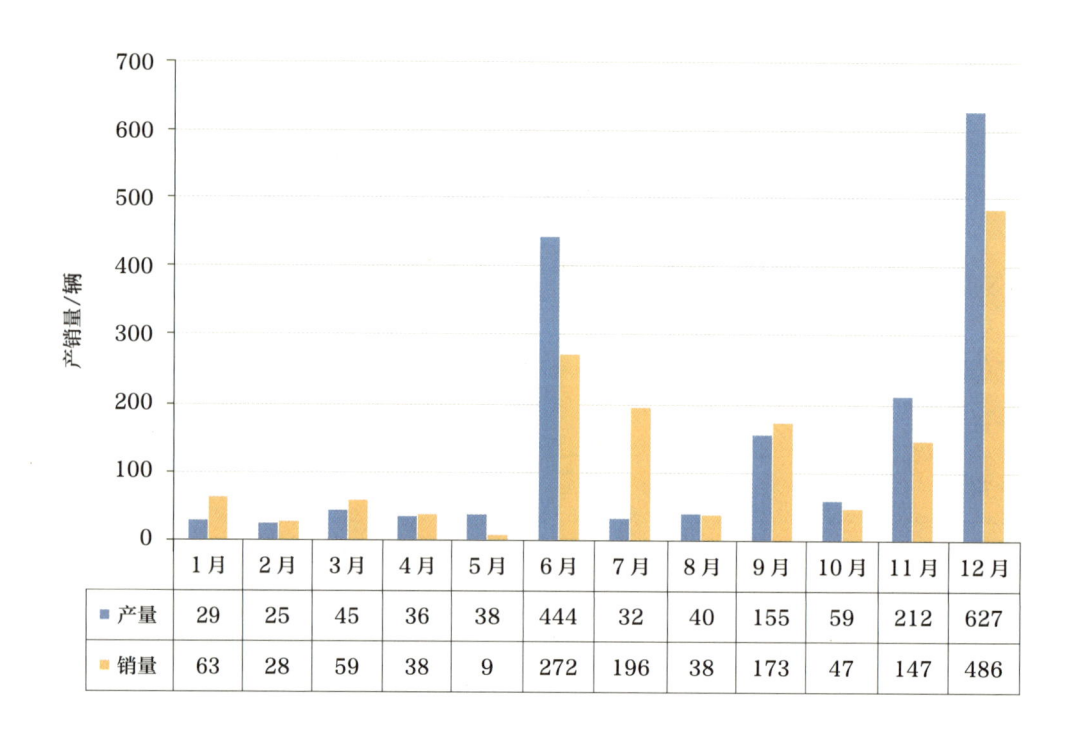

	1月	2月	3月	4月	5月	6月	7月	8月	9月	10月	11月	12月
产量	29	25	45	36	38	444	32	40	155	59	212	627
销量	63	28	59	38	9	272	196	38	173	47	147	486

图4-4　2021年1~12月燃料电池汽车产销量情况

资料来源：中国汽车工业协会、国家能源集团技术经济研究院。

2022年上半年，根据中国汽车工业协会等的数据，中国燃料电池汽车产销量情况如图4-5所示。

（二）氢气生产供应规模和格局

1. 建设规模

根据国家能源集团技术经济研究院统计，随着"双碳"政策、氢能产业趋于明朗，2021年至2022年6月底，中国公布的建成投产的风光制氢项目总数量为14个，正在建设和规划建设的风光制氢项目总数量约186个，

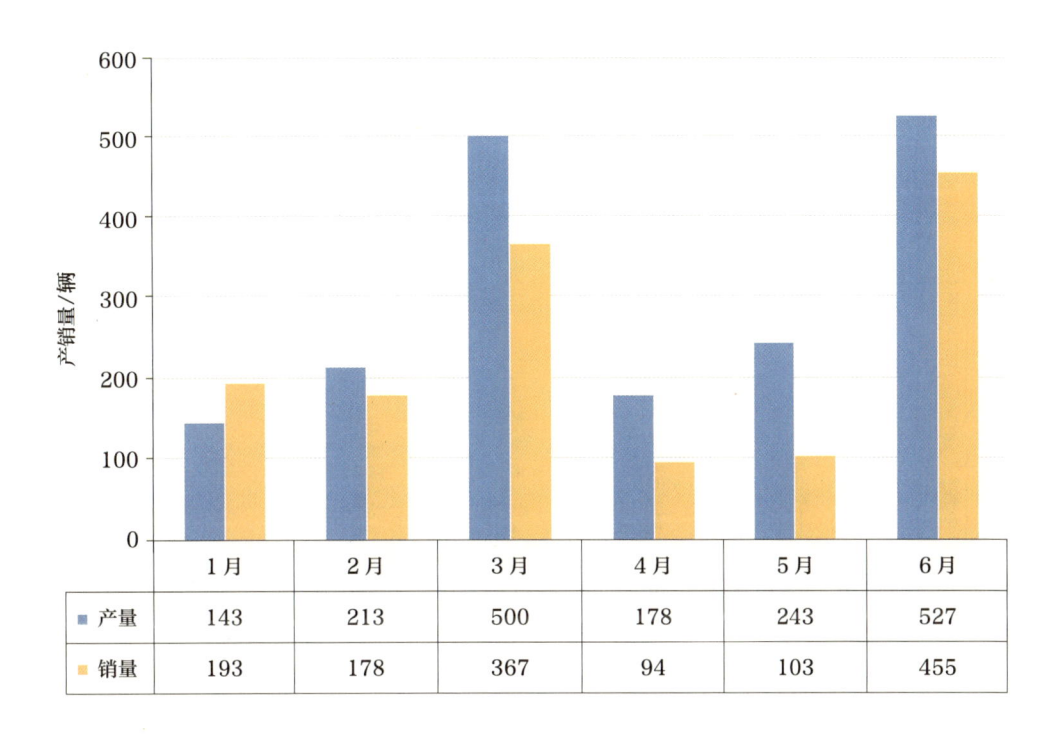

	1月	2月	3月	4月	5月	6月
产量	143	213	500	178	243	527
销量	193	178	367	94	103	455

图4-5　2022年1~6月燃料电池汽车产销量情况

资料来源：中国汽车工业协会、国家能源集团技术经济研究院。

其中披露出产能数据的项目超过143个，这部分产能总规模超过90000兆瓦。电解槽功率在1兆瓦到数千兆瓦不等，多数为100~1000兆瓦。

2. 建设格局

（1）规模分布

2021年至2022年6月底，风光制氢项目分布在25个省区市，大部分为西部、北部地区。

其中，内蒙古、河北两地数量远超其他省区市，分别为59个、51个。此外，宁夏、贵州、甘肃、吉林和山西等省区也正在积极推进绿氢生产（见图4-6）。

（2）电力来源

在公布的项目中，以风电、光伏发电作为单一电力来源的项目占比分

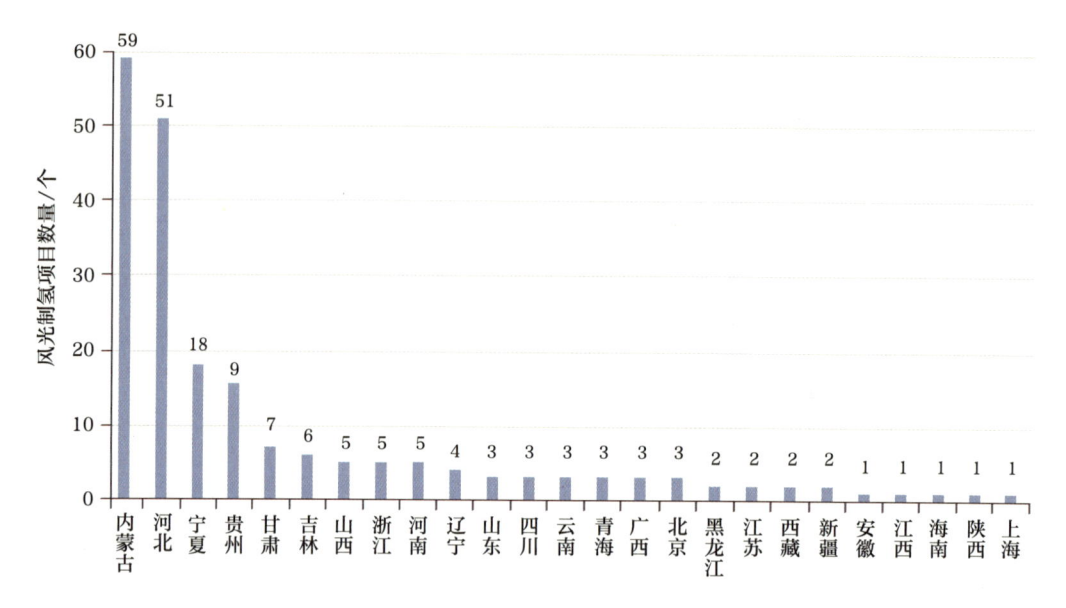

图4-6 2021年至2022年6月底国内风光制氢项目的地区分布情况

资料来源：相关公开数据、国家能源集团技术经济研究院。

别为10.8%、57.2%。风电、光伏发电一体化的项目占比约为27.6%。风电大部分分布在河北、吉林、内蒙古等北部地区；光伏发电则分布在山东等经济发达省份或宁夏、甘肃等高原地区；风电、光伏发电一体化项目分布在大部分地区。此外，在江苏、山东等地，有效范围的海上风电制氢项目将陆续开展。贵州、四川的水电制氢项目亦在陆续推进。2021年至2022年6月底国内风光制氢项目的资源分布情况如图4-7所示。

（三）基础设施建设规模和格局

1. 建设规模

加氢站是氢能最重要的基础设施之一，2021年中国新建加氢站数量快速增长。历年来新建加氢站数量统计如图4-8所示。

2. 建设格局

2021～2022年，随着国家发改委、国家能源局发布《氢能产业发展

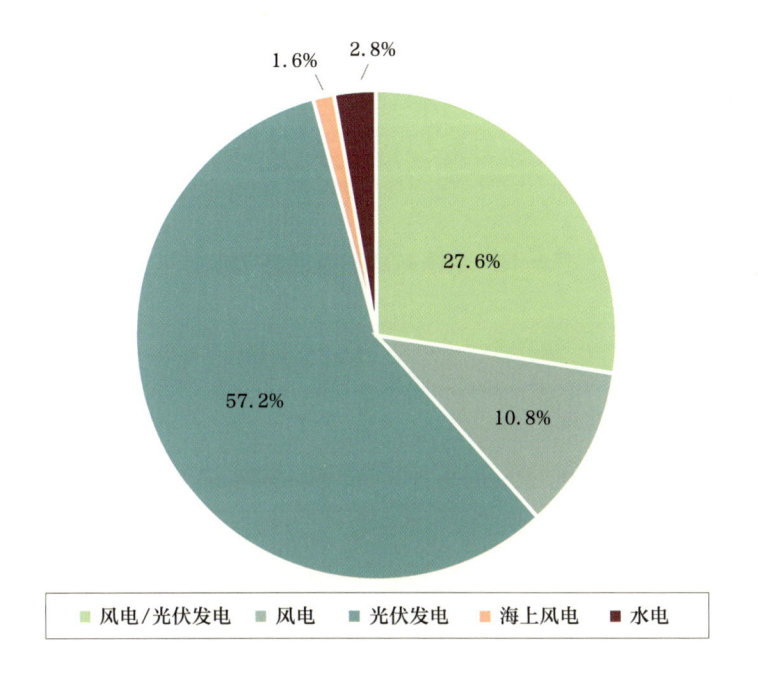

图4-7 2021年至2022年6月底国内风光制氢项目的资源分布情况

资料来源：相关公开数据、国家能源集团技术经济研究院。

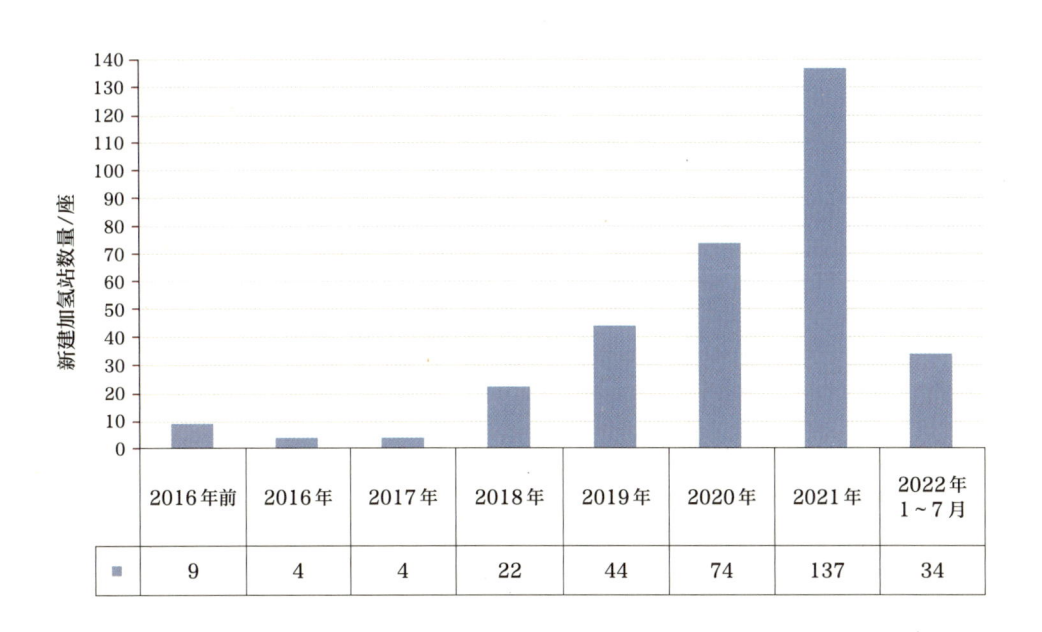

饼图数据：
- 风电/光伏发电：27.6%
- 风电：10.8%
- 光伏发电：57.2%
- 海上风电：1.6%
- 水电：2.8%

	2016年前	2016年	2017年	2018年	2019年	2020年	2021年	2022年1~7月
新建加氢站数量/座	9	4	4	22	44	74	137	34

图4-8 历年来中国新建加氢站数量统计

资料来源：相关公开数据、国家能源集团技术经济研究院。

中长期规划（2021—2035年）》，以及燃料电池示范城市群的申报、评选工作的开展，中国多个省区市新建加氢站。截至2022年6月底，27个地区新建了加氢站，分布情况如表4-12所示。

表4-12 中国新建加氢站数量统计

单位：座

地区		加氢站数量	合计
华北	北京	8	41
	天津	6	
	内蒙古	7	
	山西	7	
	河北	13	
华东	安徽	5	58
	浙江	17	
	山东	18	
	江苏	12	
	上海	5	
	福建	1	
华南	广东	26	32
	海南	5	
	广西	1	
西南	四川	3	12
	云南	1	
	重庆	5	
	贵州	3	

(续)

地区		加氢站数量	合计
华中	河南	3	18
	湖北	9	
	江西	1	
	湖南	5	
东北	吉林	2	5
	辽宁	3	
西北	宁夏	2	4
	陕西	2	
港澳台	香港	1	1

资料来源：相关公开数据、国家能源集团技术经济研究院。

其中，广东建设数量远超其他地区，达到26座；山东、河北、江苏、浙江4省建设数量均超过10座，分别为18座、13座、12座、17座；北京、湖北、天津、内蒙古、山西建设数量均超过5座；其他地区建设数量在1~5座。值得注意的是，最南端的海南及香港亦分别建设了5座、1座加氢站。

四 中国氢能产业重点环节分析

（一）制氢

1. 技术进展

制氢技术的攻关方面，目前由研究机构主导，以重点攻关电解水设备的催化剂、膜、氢气提纯或探索其他制氢技术路径，如光催化制氢机理等。北京大学、南方科技大学、中国科学院福建物质结构研究所、中国科学院大连化学物理研究所（简称"大连化物所"）等相关团队均发布了有关催化剂的最新研究进展（见表4-13）。这表示电解水设备的核心技术是目前国家、省区市前沿支持和行业发展的重点方向。

表4-13 中国上游产业链关键技术动态

技术方向	团队	成果
催化剂	北京大学马丁团队、大连理工大学石川团队等	制备出一种高效、稳定的Pt/α-MoC催化剂。该催化剂可用于催化水煤气变换（WGS）制氢反应，是迄今报道的催化性能最佳的WGS催化剂
催化剂	南方科技大学材料科学与工程系谷猛团队	制备出的具有超高活性的催化剂，可有效提升氢的利用率，电流密度相比于传统电解水制氢设备增长160倍
催化剂	中国科学院福建物质结构研究所研究员曹荣、曹敏纳团队	设计并合成了表面部分氧化的Au@AuIr2核壳合金纳米催化剂，该材料表现出优异的电催化分解水的性能。该研究更大限度地提升了催化剂的活性与稳定性，也极大提升了贵金属催化剂的利用效率
催化剂	大连化物所刘健团队、大连理工大学周思、天津大学梁骥团队	构筑了钴单原子催化剂掺杂碳载金属钌纳米反应器，实现了电催化析氢反应中绿氢的高效制备，为碳载金属纳米催化剂性能的调控提供了新思路。该复合纳米反应器催化反应是目前文献报道的最高活性之一
制氢提纯	河南利源集团、西南化工研究设计院有限公司	项目依托原有焦炉煤气制液化天然气（LNG），处理约含75%氢气的富氢尾气，经二段PSA纯化后，最终制得99.999%的高纯氢气
制氢提纯	中国科学院青岛生物能源与过程研究所研究员江河清、德国汉诺威大学	相较于传统铁基双相膜的化学不稳定性，钛基双相膜材料在含有水蒸气和高浓度氢气气氛下处理100小时，仍然保持原有的相结构和微观形貌，抗还原稳定性十分优异

(续)

技术方向	团队	成果
制氢技术路径	宁夏大学省部共建煤炭高效利用与绿色化工国家重点实验室研究员马保军团队	在光催化制氢机理研究方面取得新进展，发现并提出不同组装方法的复合催化剂的电子转移路径
制氢技术路径	浙大机械/海洋研究院交叉团队	国际上首例海洋能制氢系统成功进行了实海况系统的单元联调试验，首次实现海能发电与绿色制氢全过程，扎实地走出"淡氢氧"三联供海能海用创新技术方案的第一步
直接电解海水制氢技术路径	中国科学院宁波材料技术与工程研究所燃料电池技术团队	基于前期开发多年的扁管型固体氧化物燃料电池，创新性地尝试了在高温下进行海水电解制氢的研究。在未使用任何贵金属催化剂的情况下，获得了最高72.47%的能量转化效率。长期实验后电池的内部结构、成分和性能均未发生明显变化，电解电压亦远低于室温电解槽
碳捕集、提纯	中国科学院大连化学物理研究所研究员杨维慎、副研究员班宇杰团队	提出了以简单"零维分子"——2-甲基咪唑为基元构筑高选择性分子筛膜。这种"零维"概念的分子筛膜，实现了氢气（H_2）/二氧化碳（CO_2）分子的有效分离，为获取高纯H_2及捕获CO_2提供了潜在实现路径
制氢装置	考克利尔竞立与华能清能院、华能四川公司、华能四川氢能公司	考克利尔竞立成功举办国际首套1300Nm^3/h电解槽下线仪式，据悉，该电解槽在1.6兆帕运行压力下，电解槽的额定产氢量达到1300Nm^3/h，最大产氢量可达1500Nm^3/h，同时，具备20%～115%宽频调谐制氢能力，单槽产氢能力是国际最大的
制氢装置	扬州吉道能源有限公司	发布首套安全承压壳式单槽产能最大制氢水电解槽。该电解槽制氢量达1350m^3/h，最高可达1500m^3/h，压力为2.5兆帕

资料来源：相关公开数据、国家能源集团技术经济研究院。

2021年之前，国内氢能源行业的产业化产品较少，而目前制氢装备制造的技术逐渐发展，如考克利尔竞立、中海油、扬州吉道能源有限公司、安徽中科昊海气体科技有限公司、大连化物所燃料电池系统科学与工程研究中心等机构均发布了关于制氢装置的技术进展。此外，固体氧化物电解池领域逐步发展，清华大学、武汉华科福赛新能源有限公司发布了最新的SOEC装置制造进展。这表明制氢装备制造技术正快速发展，这也将导致制氢成本的逐渐下降。

此外，制氢相关技术如氢气检测也有所突破，中国中化中央研究院、广州石化化工等团队发布了氢气检测与传感器相关最新技术进展。

2. 企业动态及趋势

2021年是制氢行业大爆发的年份。从企业角度来看，无论是国企、央企还是设备企业，布局制氢行业、电解槽制造的企业越来越多。

相关氢能设备企业纷纷转向电解槽领域。如传统做加氢站、储氢瓶的国富氢能公司新建产业园布局高压氢气Ⅲ型瓶8万只、500套水电解制氢成套设备生产线；做储氢瓶的上市公司厚普建设氢能装备产业园，做氢能核心零部件、成套装置等。

国企、央企布局PEM等先进技术的电解槽。由中国石化集团资本有限公司发起设立的恩泽基金与康明斯，按50∶50的比例共同出资并于中国境内设立合资公司——康明斯恩泽（广东）氢能源科技有限公司，合资公司生产线将生产康明斯HyLYZER系列质子交换膜（PEM）电解水制氢设备，一期年产能为500兆瓦，将于2022年建成并实现量产，后续产能可根据市场需求扩大到吉瓦（1000兆瓦）级。此外，国家电投成立长春绿动氢能科技，由国家电投集团氢能科技发展有限公司控股，长春绿动依托国氢科技前期技术储备，已全面掌握PEM制氢核心技术。200Nm^3/h的PEM制氢系统是长春绿动第一个兆瓦级集成式制氢产品。

上市公司规模化生产，布局碱性电解槽。隆基股份于2018年就开始调研水电解行业。2021年10月，隆基氢能成立后仅半年，第一台碱性水电解槽下线，意味着隆基氢能已经有了交付能力。隆基氢能将于2023年建立起大规模的电解水制氢设备的装备能力，同时研究用光伏发电这种间歇式绿电进行间歇式电解水制氢的应用。协鑫新能源2021年7月公布其氢能战略，表示正积极寻求运用光伏发电的绿电优势，以蓝氢和绿氢做多样化布局，将氢能业务打造成可持续发展的独特竞争力。风电龙头明阳智能在2021年加快了氢能布局速度，先后与中国石化、宁德时代、隆基股份等巨头名企签署战略合作协议，在"风光储氢"一体化、"源网荷储"一体化以及绿电制绿氢示范项目等领域建立战略合作伙伴关系。

（二）储氢与加氢站

1. 技术进展

储氢系统的技术攻关主要集中在材料、阀门、系统、容器装置等方面。与储氢相关的国内中游产业链关键技术动态如表4-14所示。

表4-14 中国中游产业链关键技术动态

技术方向	团队	成果
储氢系统	舜华新能源	自主研发的车用氢气瓶组合阀（型号：QKF-A）正式通过了德国交通部（KBA）EC79/EU406认证，并获得了型式批准证书。这是全球首个获得德国交通部（KBA）认证车用氢气瓶组合阀。车用氢气瓶组合阀是车载储氢系统与燃料电池汽车的核心零部件
车载储氢系统	清能股份子公司海易森汽车（Hyzon Motors）	新的车载储氢系统。该系统能够减少车辆重量与制造成本。据悉，该车载储氢系统将轻质复合材料与金属框架相结合，可将系统的总重量降低43%，总成本降低52%，所需的制造组件数量减少75%
储氢检测技术	北京航天试验技术研究所	完成国内首例车载液氢瓶火烧试验，标志着中国氢能装备检测能力的进一步提升，为车载液氢瓶检测标准的制定提供了重要的参考依据。该试验瓶为高真空多层绝热结构的液氢重卡车载氢瓶，瓶内充装液氢真实介质，先后完成了蒸发率、维持时间和耐火烧性能等关键测试

（续）

技术方向	团队	成果
管道输氢	中国石油大学、清华大学、西安交通大学、西南化工研究院	项目将要研发出1套流量随动精准掺氢设备，氢气分离纯度在99.999%以上，且年输氢总量在5000吨以上，泄漏率低于0.3%/h，同时建设4千米以上的纯氢管道输送试验平台
固体储能供热	河北建筑工程学院	解决储能材料、绿色供热领域的关键技术和难题；拥有2台1.5兆瓦的固体蓄热体，采用分离式系统，实现不同工况下系统的性能研究
车载储氢	海易森汽车	除了减轻重量和降低成本，该车载储氢系统还可以配置容纳不同数量的储氢罐。最小的版本可容纳5个储氢罐，并可以扩展到7个。一个特殊的版本可以容纳10个储氢罐，适用于长途行驶卡车。这两种选项安装在驾驶室后方，但第三个存储系统允许在卡车的每侧额外安装2个储氢罐，可以在不减小挂车尺寸的情况下扩展车辆的续航里程
液态储氢	中国船舶重工集团公司第七一二研究所	采用独特高真空绝热双层独立密闭薄膜围护系统结构，大幅降低液氢蒸发率，使得超低温液氢实现在常压状态下存储，提高超低温液氢存储的安全性
液态储氢	江苏国富氢能技术装备股份有限公司	该液氢储存容器设计尺寸在200米^{3}以上，储氢量超过14吨

资料来源：相关公开数据、国家能源集团技术经济研究院。

2. 企业动态及趋势

输氢管道进一步发展。继2021年上半年建设的从天津滨海新区到高新区工业园区的输氢管道及由中国石油天然气管道工程有限公司负责的河北定州至高碑店氢气长输管道科研性项目，2021年下半年至2022年6月又有三条具体输氢管线宣布建设，分别是：由宁夏沃凯珑新材料有限公司依托管廊敷设的直径50毫米、长度1.2公里、全年输送氢气200万标方的管道项目；由中国石油玉门油田公司负责建造的直径200毫米、长度5.77公里、压力2.5兆帕的纯氢输氢管道,同时也是中国石油玉门油田公司可再生能源制氢示范项目的配套示范输氢管道工程；由通辽市隆圣峰天然气有限公司负责的科研性质的通辽隆圣峰规划建设示范工程——甘旗卡综合站至创业路4.7公里纯氢管道。可以看出,输氢管道从最初的独立项目,正逐步地发展为各个示范项目的配套项目,成为已布局建设的点与点间的连线。

液氢和固态储氢开始装备生产布局。2022年2月25日,齐鲁氢能（山东）发展有限公司在山东临淄开始建设产业园区,分两期建设氢气提纯装置、联合制氢装置、液氢罐区、液氢重卡车载系统、液氢加氢站成套设备,预计建设两个液氢重卡车载系统智能生产线、液氢加氢站成套设备生产线,年产液氢1.32万吨、高压氢气7920万标方。2022年6月16日,厚普清洁能源（集团）股份有限公司开始在四川新都建设产业园区,分两期建设加氢站智能装备生产基地、低压固态储氢装备基地、氢能压缩机装备基地、燃料电池用空压泵基地等。

（三）燃料电池系统及零部件等

1. 技术进展

中国下游产业链关键技术动态如表4-15所示。

表4-15 中国下游产业链关键技术动态

技术方向	团队	成果
燃料电池系统	上汽红岩、捷氢科技	上汽红岩官方显示,搭载了捷氢科技PROME P390燃料电池系统的红岩重卡在-30℃,甚至在-35℃的极端环境里,圆满地完成了燃料电池系统的标定工作。据悉,这可能是国内目前为止,车型最丰富的一次氢燃料重卡的冬季标定

（续）

技术方向	团队	成果
燃料电池	中国一汽集团	中国一汽集团自主研发的首台氢能发动机是国际领先、国内公开发布的第一台热效率可达42%并可实现零碳排放、零污染排放的内燃机。采用高压缩比米勒循环、超稀薄清洁燃烧系统、高压射流氢气直喷系统、高效增压系统、零排放后处理系统等国际领先技术，且具有完整独立的自主知识产权
燃料电池－客车热管理技术	福田欧辉	福田欧辉正式发布全球首个氢燃料客车应用综合热管理技术——U度。该技术集空调、除霜、采暖、电池热管理于一体，客车内部设置三个温度控制分区，通过余热交换器，利用燃料电池系统产生的废热为车内采暖和前风窗除霜、除雾。这一技术的大规模应用不仅让燃料客车的成本进一步降低，还将大幅减少排放
燃料电池	燃料重塑科技	PRISMA XII产品的主要特点之一是运行时间至少为3万个小时，性能下降不到10%，可与重型内燃机相媲美
燃料电池	联合燃料电池系统研发有限公司、华丰燃料电池有限公司	本次开发并开始生产销售的"TL Power 100"基于丰田第2代MIRAI的燃料电池系统，使用了部分国产零部件，配合国内商用车的使用环境，提高了系统的功率以及耐久性，通过在中国本土化的研发，实现了业界顶级的711W/kg、4.9kW/L的高功率密度（额定功率101kW）和3万小时的超长耐久性
石墨板燃料电池单堆	高成绿能	高成绿能自主研发的石墨板燃料电池单堆功率再创新高，最大功率可至240kW，使用寿命最长达40000小时，比功率密度达4.5kW/L，将运用于重卡配套系统和氢储能电站发电系统
固态金属储氢燃料电池叉车	新氢动力	新氢动力发布了"氢能+5G无人3T级叉车""氢能+5G无人5T无人输送车""固态金属储氢燃料电池叉车"三款新品。其中，"氢能+5G无人3T级叉车"和"氢能+5G无人5T无人输送车"均可以独立完成货仓内货物的搬运以及应用区域内的无人运输
纯电动轿车	长安汽车	长安汽车旗下长安深蓝品牌推出的全新纯电动轿车正式发布，新车基于EPA1全新纯电动平台打造，定位A+级轿车。氢燃料电池版综合续航700km以上，馈电氢耗低至0.65kg/100km，可实现3分钟快速补能

资料来源：相关公开数据、国家能源集团技术经济研究院。

2. 企业动态及趋势

截至2022年6月，工信部共上榜燃料电池车型306款（见图4-9），共有208家车企参与制造燃料电池汽车，包括城市客车、燃料电池厢式运输车、燃料电池保温车等；共142家系统企业配套这些车型，其中亿华通、国鸿重塑、上海重塑、捷氢科技、上海重塑、氢蓝时代、潍柴动力、爱德曼、雄韬氢雄、武汉众宇、广东泰罗斯等企业的系统配套车型数量较多。

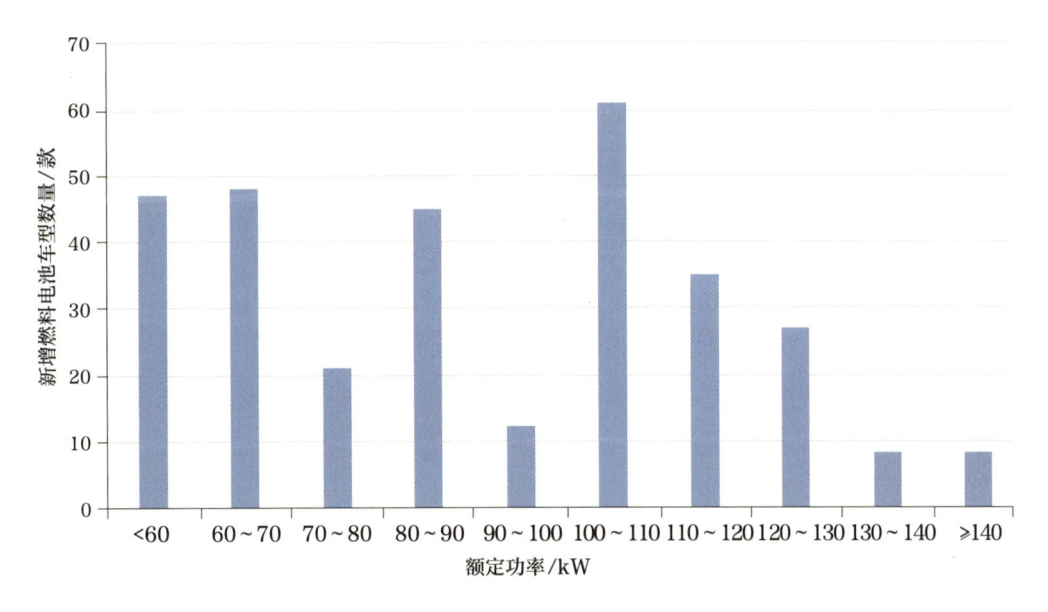

图4-9 截至2022年6月工信部目录新增燃料电池车型中燃料电池系统的额定功率分布

资料来源：工信部、国家能源集团技术经济研究院。

2021年，新增燃料电池汽车数量、新增的企业类型都较多。从燃料电池系统的额定功率这一指标来看，一方面，2021年首次上榜工信部目录的车型+系统组合变化多，这类车型的燃料电池系统的额定功率普遍较低，车型及系统仍处于相对早期的试用阶段，功率多低于70kW。另一方面，产业历经几年的发展，已有部分燃料电池系统企业不断突破，2021年出现了较多100~120kW的新产品，甚至额定功率在120kW及以上的燃料电池系统车型超过40款,这表明中国燃料电池正向大功率迈进。

五 中国重点企业趋势分析

(一)能源企业

1. 中国石化

在"三桶油"中,中国石化是布局氢能产业最积极的一个。

在企业合作方面,2021年1月,中国石化邀请协鑫集团、天合光能、隆基集团、中环电子等4家新能源企业,共同召开新能源产业发展视频对话会,就新能源产业发展现状及未来趋势展开深入探讨。在氢能、地热、光伏、风电、生物质等方面展开积极布局,努力将其打造为实现绿色洁净、转型发展的重要增长极。2021年5月,中国石化与长城控股签署战略合作框架协议,双方将在氢能产业、氢能技术和氢能资本领域展开多项合作。在氢能产业领域,双方将协同推进氢燃料电池汽车示范以及加氢站或油氢合建站的建设;在氢能技术领域,双方将强化气态和液态氢能源"制储运加用"等领域专项课题的研究合作。

在业务布局方面,2021年,中国石化称在"十四五"期间将加快发展以氢能为核心的新能源业务,拟规划布局1000座加氢站或油氢合建站、7000座分布式光伏发电站点。截至2020年底,中国石化销售有限公司累计开展加氢站试点项目27个,分布在广东、上海、浙江和广西等地。2021年9月,中国石化首个兆瓦级电解水制氢示范项目在中原油田启动。该项目由中原油田牵头,大连石油化工研究院、广州工程有限公司、青岛安全工程研究院共同攻坚。该项目的电解功率为2.5兆瓦,一天生产超纯氢1.12吨,纯度可达99.9995%。

在子公司布局方面,2021年12月,中国石化出资设立全资子公司——中国石化雄安新能源公司,该子公司未来将开展氢能基础设施建设、加氢站运营、氢气储运、氢气管道建设运营、氢能科技研发等业务，远期还将规划修建氢气管道、探索布局液氢产业。

2. 国家电投

国家电投集团氢能科技发展有限公司（简称"国家电投氢能公司"）是国家电投发展氢能产业的创新平台，是首个以氢能为主业的央企二级科技型企业和"科改示范行动"中唯一的氢能企业，希望以2021年12月进行的A+轮融资项目为契机，充分借助投资者在战略、产业及金融方面提供的支持，进一步提升市场化程度，将公司打造成为氢能行业"独角兽"企业。

在与地方政府合作方面，2021年9月，江西省九江市政府与国家电投氢能公司举行战略合作协议签约仪式，九江市委书记、市委副书记，国家电投氢能公司党委书记、董事长出席并见证签约。双方将在氢能应用场景、氢能装备制造以及氢能赋能传统产业优化升级上加强全方位战略合作，共同构建氢能产业生态。2021年12月，国家电投投资建设中韩（长春）国际合作示范区碳中和产业园，项目规划总占地面积67万平方米，计划总投资超100亿元，主要建设国家电投氢能源综合利用产业基地、制氢装备制造基地、氢能电池生产研发中心、碳交易中心及其他配套设施。

在机制和产品创新方面，2021年12月5日，国家电投氢能公司30万平方米质子交换膜生产线投产仪式在武汉举行。该质子交换膜生产线是国内首条全自主可控质子交换膜生产线，可生产厚度从8微米到20微米的质子交换膜，年产量可装备2万辆氢燃料电池汽车。2021年12月29日，国家电投氢能公司A+轮融资签约仪式在北京成功举行。国家电投总经济师高光夫在致辞中表示，国家电投氢能公司是集团实施氢能产业的创新平台，也是集团力争打造的氢能行业"独角兽"企业，愿各股东方同舟共济，积极参与。在全体嘉宾的见证下，24家股东与公司共同签署《国家电投集团氢能科技发展有限公司增资协议》。

在示范项目开拓方面，国家电投实施国内首个"绿氢"掺入天然气示范项目。2021年10月，国内首个"绿氢"掺入天然气示范项目——国家电投辽宁朝阳天然气掺氢示范项目正式实施。20余家能源和燃气企业代表共同见证了壁挂炉、燃气热水器和灶具成功点火及掺氢天然气灶具煮熟饺子的全过程。现场专家表示，这是国内首个"绿氢"掺入天然气示范项目在民用终端应用验证方面取得的新进展。2021年11月，国家电投所属中国联合重型燃气轮机技术有限公司的"电-氢-电"产业研究人员提出将依托国家电投西藏分公司所属西藏沛德堆龙德庆30MW牧光互补复合并网发电项目，在世界屋脊建设全球首个氢-氧综合利用的"风光电-氢-电热"示范项目，该项目也是国内首个纯氢燃气轮机示范项目。

3. 其他

中国能建设立全资子公司中能建氢能源发展有限公司，该子公司致力于统筹引领公司氢能业务发展，打造公司氢能全产业链和一体化发展平台，充分发挥投资带动和产业牵引作用，做强做大公司氢能产业。

中国船舶重工集团公司第七一八研究所是国内较早从事电解水制氢技术的国家重点科研单位，拥有多项制氢技术的完全自主知识产权，参与过国内外多个氢能项目建设，所属派瑞氢能公司业务涵盖氢能"制储运加"等全产业供应链，涉及水电解制氢、化石燃料制氢、氢能交通、海洋氢能等多个领域。

华电集团可再生能源制氢、大规模储能及氢能综合利用技术研究项目，水电解制氢装置一次性调试成功，第一瓶合格氢气经第三方单位化验，达到99.99%的纯氢要求，满足了氢燃料电池的使用需求，实现了燃料电池"绿氢"在华电集团的顺利出炉。

东方电气于2010年就启动了氢燃料电池技术的开发项目，并于2018年成立东方电气（成都）氢燃料电池科技有限公司。东方电气董事会秘书龚丹表示，东方电气制定了"三位一体"的氢能产业发展战略，将在氢能领域成为一流的核心装备研制及综合解决方案提供商,打造氢能全产业链整合高地。

(二)上市公司

对上市公司年报和公开数据初步筛查后,2021年有实际氢能产业布局的上市公司达64家(主要指2020~2021年在"氢能"领域的布局,传统氢气使用不被统计;主要指中国沪深股市上市公司)。这些企业来自能源化工、电力电子、汽车制造、装备制造、光伏发电和风电等诸多传统领域,有央企、地方国企和民营企业等。截至2022年3月,这些企业的市值从百亿元至千亿元不等,在制氢、储运加、燃料电池、零部件等多领域开展布局。其中,燃料电池与零部件之和占比最大,其次是制氢、储运加等环节(见图4-10)。

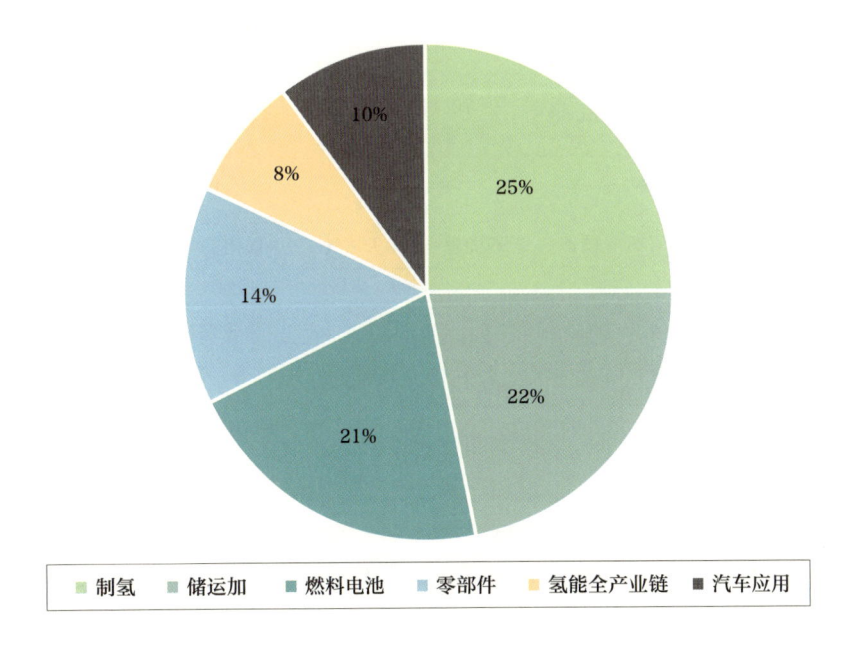

图4-10 上市公司氢能产业布局领域分布统计

资料来源:各上市公司年报、国家能源集团技术经济研究院。

1. 布局制氢的上市公司

2021年，共有14家上市公司重点布局制氢项目。从主营业务来看，布局制氢项目的企业均主要从事新能源、天然气、煤化工等相关领域，2021年主营业务收入从数十亿元至千亿元不等，增长率也相差较大（见图4-11、图4-12），平均市场规模较大。

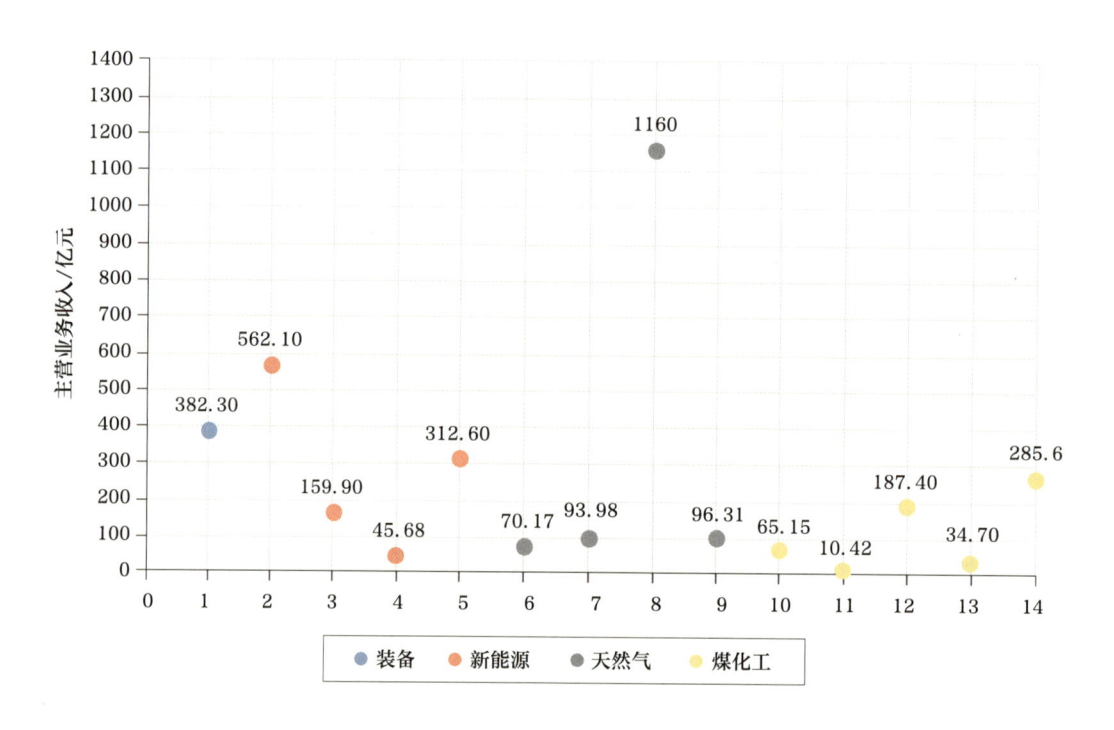

图4-11 布局制氢的上市公司2021年主营业务收入

注：横轴1~14分别指中国船舶、隆基股份、新天绿能、阳光电源、天合光能、九丰能源、广汇能源、新奥股份、佛燃能源、宝丰能源、航天工程、阳煤化工、航锦科技、卫星石化。

资料来源：各上市公司年报、国家能源集团技术经济研究院。

中国船舶主要从事装备业务，其2021年的主营业务收入为382.30亿元，增长率为负值。

隆基股份、天合光能、新天绿能、阳光电源4家上市公司的主营业务是光伏发电、风电等新能源，前三家均为主板企业，2021年企业主营业务

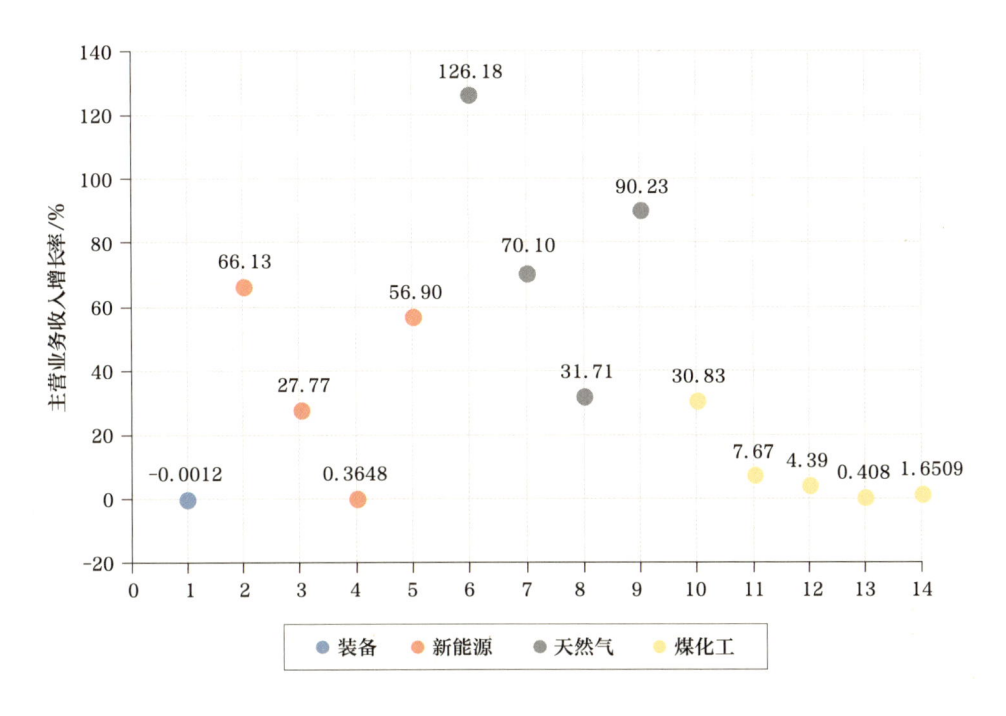

图 4-12 布局制氢的上市公司 2021 年主营业务收入增长率

注：横轴 1~14 的含义同图 4-11。
资料来源：各上市公司年报、国家能源集团技术经济研究院。

收入均超百亿元。隆基股份、天合光能等光伏公司主营业务收入增长率超50%，为当前增长较好的板块。

新奥股份、九丰能源、佛燃能源、广汇能源则主要从事天然气业务，其中新奥股份2021年主营业务收入超千亿元；九丰能源、佛燃能源、广汇能源虽主营业务收入不到百亿元，但其2021年主营业务收入增长率分别达126.18%、90.23%、70.10%。整体而言，几家天然气上市公司的传统业务板块处于快速增长期。

宝丰能源、航天工程、阳煤化工、航锦科技、卫星石化5家上市公司则主要从事煤化工业务。这类企业2021年的主营业务收入基本在百亿元左右，大部分增长率有限，除宝丰能源外，其他增长率均低于10%，这类资源型企业面临较大的转型压力。

从制氢布局来看，诸多上市公司充分结合自身的主营业务布局产业链。

从事装备相关业务的上市公司，中国船舶是代表，其下第七一八研究所一直从事电解水制氢装备制造。因其装备制造的底蕴基础和超前布局，在制氢行业中，其在装备制造、技术研发、产业链布局上均有较大优势。

从事新能源相关业务的上市公司，其布局制氢的方式，一方面是通过研发氢气设备，如电解槽、电解系统等，另一方面则是利用自己的风、光资源开发及电站运营能力，建设制氢项目，生产绿色氢气。

从事天然气相关业务的上市公司，其布局制氢的方式，或是研发天然气制氢相关技术、建设天然气制氢项目，或是转型探索绿电制氢业务，利用其天然气传统客户资源开拓氢气业务。

从事煤化工相关业务的上市公司，则加紧布局氢气纯化业务，以期副产氢气、煤制氢气等纯度低的氢气能够通过纯化后供燃料电池汽车使用；亦有力求转型的，如宝丰能源、航天工程等，通过示范项目、设备开发等方式，探索"绿氢"在煤化工中对部分"灰氢"的替代。

2. 布局储运加的上市公司

2021年，共有16家上市公司重点布局储运加领域。从主营业务来看，布局储运加的上市公司从事领域较多，如煤化工、汽车零部件、材料、能源服务、气体装备、气体服务等，2021年主营业务收入大多集中在十亿元至百亿元，增长率相差较大（见图4-13、图4-14），个别企业主营业务收入达到千亿元（中集集团）和万亿元（中国石油）。

化工：金能科技、东华能源、中国石油3家上市公司都为化工企业，且为沪深主板企业，前2家上市公司2021年主营业务收入超百亿元，在布局储运加的上市公司中属于高收入企业，但由于业务转型压力较大，增长率较低，甚至为负增长。而中国石油由于其综合性强，主营业务收入超万亿元，且增长率为正。

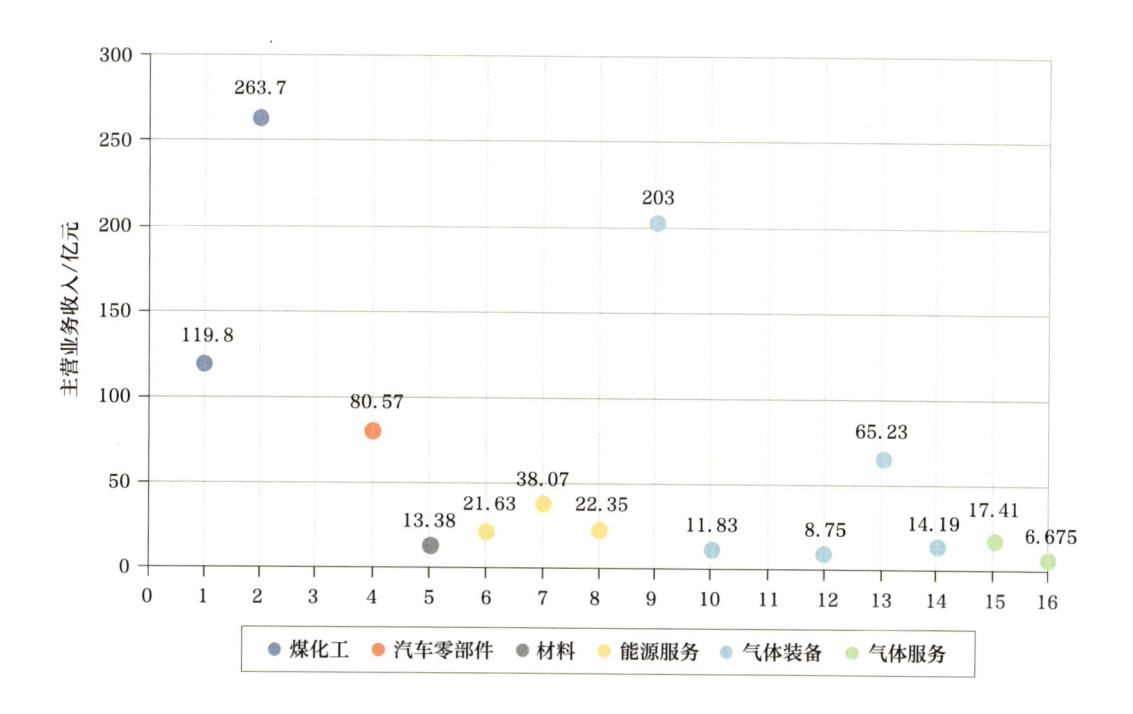

图4-13 布局储运加的上市公司（除中集集团和中国石油外）2021年主营业务收入

注：横轴1~16分别指金能科技、东华能源、中国石油、亚普股份、金博股份、浙江新能、东华科技、联美控股、中材科技、京城股份、中集集团、厚普股份、鸿达兴业、金通灵、金宏气体、凯美特气。

资料来源：各上市公司年报、国家能源集团技术经济研究院。

汽车零部件：亚普股份为汽车零部件企业，主营业务为汽车储能系统研发，增长率为负，面临较大的转型压力。

材料：金博股份为材料企业，核心技术门槛高，在科创板上市，规模较小，布局了储氢领域的关键材料，增长率达到213.72%，处于快速增长期。

能源服务：东华科技、浙江新能、联美控股属于能源服务企业，主要从事供热管理、能源供应等业务，主营业务收入在20亿~40亿元。因业务能力差异较大，其增长率差异也较大。

气体装备：中材科技、京城股份、中集集团、厚普股份、鸿达兴业、金通灵6家上市公司为传统的气体装备企业，除中集集团外，其他主营业

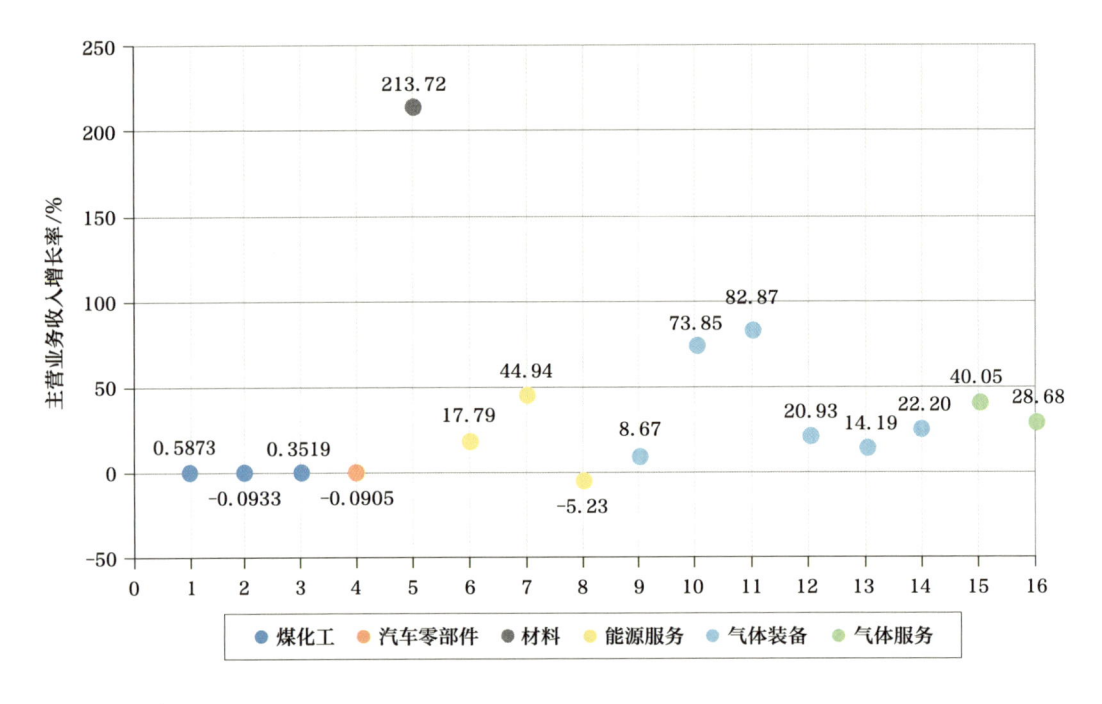

图4-14 布局储运加的上市公司2021年主营业务收入增长率

注：横轴1~16的含义同图4-13。
资料来源：各上市公司年报，国家能源集团技术经济研究院。

务收入在数亿元至百亿元不等。其中中材科技、鸿达兴业2家上市公司的增长率小于15%，京城股份、中集集团、厚普股份、金通灵的增长率分别为73.85%、82.87%、20.93%、22.20%，增长较好。不同公司的发展情况分化严重。

气体服务：金宏气体、凯美特气2家气体服务上市公司，主要进行各种大宗气体的生产或提供技术服务，其主营业务收入集中在数亿元至十亿元，增长率分别为40.05%、28.68%，收入稳定增长。

从储运加布局来看，煤化工企业通过对工业副氢进行提纯、压缩、储运、充装，延伸产业链，提升产业副氢附加价值，布局储氢业务。其中，中国石油一方面探索储氢后的应用场景，另一方面开启重大工程研究，如借助长距离输送管道等大规模项目，布局氢能全产业链。

汽车零部件、材料及气体装备等上市公司是通过研发、生产新产品，如储氢材料、储氢罐等，切入储氢环节。

能源服务、气体服务领域的上市公司主要通过拓展公司既有业务类型，把氢气作为服务商品，通过与其他公司或工业区的联合，扩大本公司的业务范围。

3. 布局燃料电池及汽车应用的上市公司

2021年，共有13家上市公司重点布局燃料电池项目，6家上市公司重点布局汽车应用项目。从主营业务来看，布局燃料电池领域的上市公司主要从事电力电气、汽车零部件及内燃机、装备制造等相关业务，2021年主营业务收入也从数亿元至千亿元不等；而布局汽车应用的企业则主要从事汽车零部件及整车制造等相关业务，2021年主营业务收入从百亿元至千亿元不等。两种企业市场规模均较大，但是受疫情影响，国内市场呈下滑趋势，相关产业链的生产能力受到抑制，生产成本上升，导致不少企业产生营业亏损。

天能股份、雄韬股份2家上市公司的主营业务是光伏发电、风电等新能源，天能股份为科创板企业，雄韬股份为主板企业，2021年2家企业主营业务收入增长率均低于30%，净利润均呈负增长，其中雄韬股份净利润亏损500多万元，市场发展较差。

华昌化工主要从事煤化工行业，2021年营收超70亿元，营收增长率达67%。因资源型企业面临较大的转型压力，华昌化工的营业状况还是较为良好的。

腾龙股份、全柴动力、中国中车、潍柴动力、豪森股份5家上市公司主要从事汽车零部件及内燃机制造。中国中车与潍柴动力2021年营收均达到两千亿元级别，腾龙股份及全柴动力主营业务收入仅有数十亿元。由于全球新冠病毒感染疫情导致停工停产以及汽车行业低迷，大部分业务增长率较低，其中中国中车与豪森股份均为负增长，其他企业增长率均低于

30%。未来，这类汽车零部件制造企业将持续面临生产成本高与市场需求下降的影响。

亿华通、安泰科技、中自科技、大洋电机4家企业则主要从事装备制造，2021年营收在数亿元至百亿元，主营业务收入增长率除了安泰科技与大洋电机为25%外，其余均在10%以下，中自科技的主营业务收入甚至下降63%。由于技术突破、规模化生产能力提升以及广泛应用场景的形成需要一定时间，这类企业营收增长乏力。

从燃料电池和汽车应用布局来看，诸多上市公司充分结合自身的主营业务布局产业链。

从事电力电气相关业务的上市公司，其布局氢能的方式，或是将企业业务从锂离子电池、铅蓄电池等动力电池扩展到燃料电池，在原有产业链的基础上，研发生产燃料电池；或是将清洁能源发电业务结合电解制氢，研发氢燃料电池，再使用自身所产的氢气，实现氢能全产业链发展。

从事煤化工相关业务的上市公司，其布局氢能的方式是结合企业自身强大的化工优势，研发氢燃料电池催化剂，进一步降低氢燃料电池成本。

从事汽车零部件等相关业务的上市公司，其布局氢能的方式，一方面是借助企业自身在内燃机制造方面的丰富经验，研制氢燃料电池发动机，以满足重卡、机车、雪蜡车等的装配需求；另一方面是借助其汽车零部件制造的经验以及生产链，布局氢燃料电池系统研制，为重卡或机车提供氢燃料电池系统。

从事装备制造等相关业务的上市公司，其布局氢能的方式，一是像亿华通这样主营业务就是生产氢燃料电池的公司，积极与多方进行氢能领域长期合作，结合多方优势，发展自身；二是企业擅长新材料制备的，结合企业掌握的材料领域技术，自主研发氢燃料电池发动机；三是主营环保催化剂的企业，如中自科技，凭借在尾气处理催化剂领域积累的深厚经验，掌握了贵金属高分散、高稳定等关键催化剂技术。

4. 布局氢能全产业链的上市公司

2021年，共有5家上市公司布局氢能全产业链。从主营业务来看，布局氢能全产业链的上市公司主要从事煤化工、新能源、装备等相关领域，2021年主营业务收入从亿元至万亿元不等，增长率差异较大（见图4-15），市场规模相差也较大。

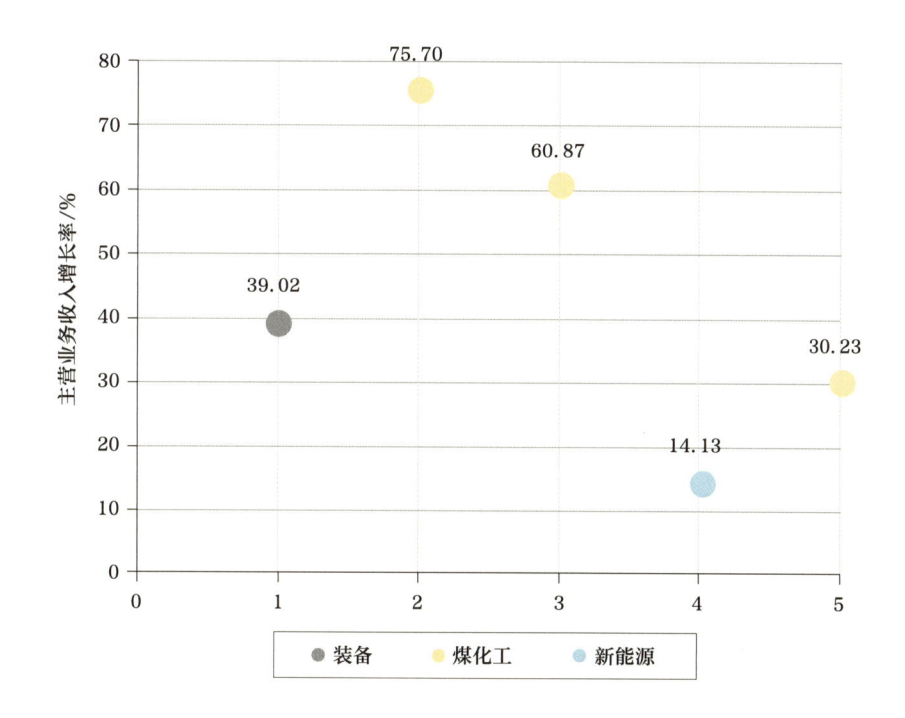

图4-15 布局氢能全产业链的上市公司2021年主营业务收入增长率

注：横轴1~5分别指中泰股份、美锦能源、嘉化能源、粤水电、中国石化。
资料来源：各上市公司年报、国家能源集团技术经济研究院。

美锦能源、嘉化能源、中国石化、粤水电、中泰股份5家上市公司均为主板企业。其中，前3家企业主营业务为化工，美锦能源和嘉化能源2家企业2021年营收在百亿元左右，增长率均高于50%，是该板块当前增长情况比较好的企业；中国石化2021年营收超万亿元，增长率超30%，增长相对比较稳定，转型压力较小；粤水电的主营业务是新能源，2021年营收超百亿元，但增长率仅超10%，增长速度较慢，未来增长空间较大；中泰股份的主营业务是装备，2021年营收低于10亿元，但增长率超30%，未来还有很大的增长空间。

从氢能全产业链布局来看，从事煤化工相关业务的上市公司，其布局氢能的方式，一方面是通过与其他公司合作积极完成氢能全产业链布局，另一方面是建造油、气、氢、电、非"五位一体"的综合能源供给网点；亦有公司（如嘉化能源），主要通过投资制氢、储氢等氢能领域的其他企业，布局自己公司的氢能全产业链。

从事新能源相关业务的上市公司，其布局氢能的方式是打造"上游风光发电、绿氢制储运加，中游燃料电池发动机及其核心部件研发生产制造，下游绿氢及其燃料电池在交通运输、建筑、公用设施等领域的应用"的产业集群。

从事装备相关业务的上市公司，一方面已具备在制氢、储氢领域大规模发展的技术，另一方面利用公司现有技术继续布局加氢站，推进氢能市场化应用。

六 产业发展趋势

（一）全球氢气应用的加速推动，成为脱碳的重要方式

一方面，近期欧洲碳市场十分活跃，碳配额价格一路飙升，为氢等低碳技术提供了较好的土壤。另一方面，在全球范围内，氢被尝试在多种应用场景中使用，包括船、发电厂、燃烧炉、钢铁冶金、机场供电系统等。

海外制氢工厂仍为重点，多类应用开启示范推广。绿氢项目及其在很多领域的广泛应用，一直是欧洲乃至韩国、日本等地的重要探索方向。从2021年的相关热点来看，合作开发绿氢的项目方开始由国际能源企业主导，如壳牌、BP等，转向由本国的能源公司主导。此外，在钢

铁、发电、建筑供热、数据中心，甚至是啤酒生产中，均在开展绿氢的示范推广。

（二）"双碳"政策发布较多，氢能在未来10年的主要定位逐渐明晰

2021年以来，国家相关部委先后发布了"双碳"政策系列里的"1+N"（"双碳"政策将有1条政策引领，分行业再出台N条细分政策），总体指引了未来"碳达峰""碳中和"的相关产业的发展路径。一方面，氢能与其他可再生能源将相辅相成，共同在能源结构调整中发挥重要作用；另一方面，氢能开发利用成为交通、钢铁、化工领域减碳的重要路径。这使氢能可以在"大能源""双碳"等领域获得长足发展，而非仅仅在交通领域。此外，《氢能产业中长期发展规划（2021—2035年）》也奠定了未来的发展基础。

（三）"以奖代补"的燃料电池示范城市群政策将引领未来3~5年燃料电池汽车的应用

随着2021年燃料电池示范城市群政策落地，国家能源局等五部门先后公布了北京、上海、广东、河北、河南5地的首批示范城市群名额，燃料电池示范城市群进入实际落地阶段。以中央政策为基本盘，城市群内的部分城市开始出台更为细致的支持政策。预计未来3~5年，将推广3万~5万辆燃料电池汽车。此外，山东、浙江、上海等地均发布了具体的补贴方式和办法，其中不乏与国家资金相匹配的内容，地方政府的政策干预将更加落地。

（四）能源企业开始在技术、产品等更深层面有所布局

产业链的技术布局此前更多的是在科技企业、科研院所等展开，随

着产业的发展和各大企业布局的深入，能源企业从一开始仅是甲方购买的角色，现在通过并购或招募团队的方式更深层次地进入产业的最前端，即技术领域。此外，传统的发电企业如三峡集团、华能集团、华电集团，以及资源企业中国燃气等能源相关的国企、央企开始加速布局，在氢气等能源领域的替代上进行探索，包括孵化科技公司、与相关企业合作成立子公司、推动示范应用等。国家电投、中国石化开发自主可控的PEM制氢技术，为企业更深层次布局氢能源产业的重要标志。

专题讨论之一：
全国碳市场启动一周年回顾

全国碳市场是落实碳达峰、碳中和目标的重要政策工具，自2021年7月16日启动一周年以来运行平稳有序，首批纳入2162家发电企业，覆盖碳排放规模45亿吨，配额累计成交1.94亿吨、84.92亿元，均价为43.77元/吨，监测、报告、核查、配额分配与登记交易等实施细则逐步完善。总体来看，首个履约期履约完成率基本达到预期，大部分国家核证自愿减排量（CCER）剩余存量实现一次性集中消纳，同时碳排放数据质量问题受到高度重视，燃煤元素碳含量"高限值"得到及时修正，减轻了发电企业的保供压力。但市场运行过程中也暴露出一些不足，比如顶层设计及路线图仍然缺失；交易活跃度低，呈现明显的"潮汐现象"；信息披露质量参差不齐。展望下一步，《碳排放权交易管理暂行条例》已纳入《国务院2022年度立法工作计划》，第二个履约期的配额分配方案、燃煤机组基准值、负荷修正系数等关键要素预计会显著变化，CCER机制重启广受期待，碳市场发展路线图和行业扩容时间表有待研究制定。随着全国碳市场进入第二个履约期，碳排放报告管理和交易履约成为常态化工作，建议相关企业集团一是加强政策评估，科学把握第二个履约期配额盈缺变化；二是盘点碳减排资产，为CCER重启做好准备；三是探索应用碳金融手段盘活碳资产；四是密切跟踪碳市场相关政策；五是持续推动碳资产管理制度建立健全。

一 全国碳市场启动一周年回顾

（一）政策进展情况

2021年7月16日，全国碳市场正式开市交易，首批纳入2162家发电企业，覆盖碳排放规模达45亿吨。全国碳排放权交易中心和碳配额登记系统分别设在上海和武汉。在首个履约周期内，全国碳市场监测、报告、核查、配额分配与登记交易等实施细则逐步完善，CCER抵销使用规则得以明确，市场要素及基础设施经受住了检验，首个履约期顺利收官。2022年，全国碳市场进入第二个履约期，顶层设计制度文件《碳排放权交易管理暂行条例》已纳入《国务院2022年度立法工作计划》。碳排放数据质量问题受到高度重视，生态环境部修订了排放核算方法和报告指南，明确了温室气体排放报告管理相关重点工作，强调以数据质量管理为重点，加快完善制度机制建设。

（二）市场交易情况

全国碳市场启动一周年内价格波动上行，交易量集中在履约期。2021年7月16日，全国碳市场开盘价为48元/吨，碳价在经历开市后短暂的上涨后，开始缩量下跌，9月持续下跌至42元/吨。2021年11~12月临近履约期，市场流动性增加，市场交易主体达到此前的近3倍，成交均价逐步回升。2021年12月31日，全国碳市场首个履约期结束，收盘价为54.22元/吨。进入2022年，全国碳市场交易活跃度陡降，成交均价维持在55~60元/吨。截至2022年7月15日，全国碳市场运行满一周年，累计运行242个交易日，配额累计成交量1.94亿吨，累计成交额84.92亿元，平均价格为43.77元/吨（见图5-1）。

二 全国碳市场启动一周年取得的成绩

（一）全国碳市场平稳运行，履约完成率基本达到预期

全国碳市场运行满一周年，总量目标与配额分配等市场要素，以及注册登记系统、结算系统和交易系统等信息基础设施经受住了实践检验，基本具备支撑市场运行的条件。2021年10月25日，生态环境部发布《关于做好全国碳排放权交易市场第一个履约周期碳排放配额清缴工作的通知》（简称《首个履约期配额清缴工作通知》），要求各地12月15

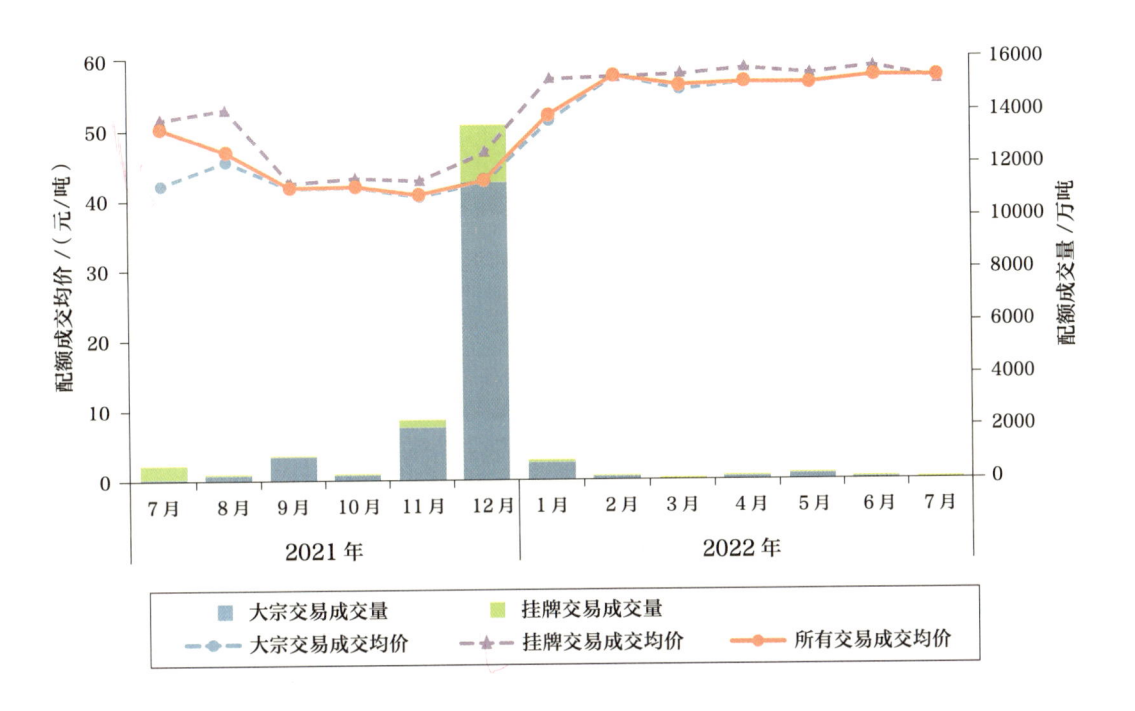

图5-1 全国碳市场启动一周年交易情况

注：统计时间为2021年7月16日至2022年7月15日。
资料来源：国家能源集团技术经济研究院。

日前95%的企业完成履约。全国碳市场首个履约期结束后，按履约量计算的履约完成率达99.5%，整体情况较好。根据履约完成及处罚情况，全国有100余家企业没有完成履约。按企业数量计算的履约完成率约为94.5%，基本达到预期。

（二）大部分CCER剩余存量实现一次性集中消纳

《首个履约期配额清缴工作通知》还明确了2021年允许企业使用CCER抵销小于等于5%的应清缴配额。此前市场上供过于求的存量水电以及其他一些三类CCER项目等被允许进入全国碳市场。CCER成交价格一度上涨到近50元/吨，市场上原本3000万~4000万吨的CCER存量大部分实现一次性集中消纳。

（三）碳排放数据质量问题受到高度重视

全国碳市场在首个履约期暴露出碳排放数据造假的问题，受到生态环境部的高度重视。2021年10~12月，生态环境部牵头组织31个工作组开展了碳排放报告质量专项监督帮扶。2022年4月8日，碳达峰碳中和工作领导小组办公室召开电视电话会议，通报碳市场数据造假有关问题，部署严厉打击碳排放数据造假行为、推进碳市场健康有序发展工作。2022年7月13日，生态环境部召开全国碳市场建设工作会议，再次强调要以数据质量管理为重点，加快完善制度机制建设，建立健全碳市场数据质量日常管理机制。

（四）燃煤元素碳含量"高限值"得到及时修正

2022年6月8日，生态环境部印发《关于高效统筹疫情防控和经济社会发展 调整2022年企业温室气体排放报告管理相关重点工作任务的通知》，将燃煤元素碳含量缺省值从0.03356tC/GJ调整为0.03085tC/GJ（下调8.1%，但相较常规燃煤品种缺省值高出10%~18%），规定当燃煤元素碳含量实测月份为3个月及以上时可采用实测月份数据的算术平均值代替未实测月份数据，明确对于查实存在燃煤元素碳含量数据虚报、瞒报的企业仍采用0.03356tC/GJ。燃煤元素碳缺省值的降低使碳排放核算结果在一定程度上回归了"真实、准确"的原则，有利于减轻发电企业保供压力，保障经济平稳运行。

三 全国碳市场运行一周年存在的不足

（一）顶层设计及路线图仍然缺失

目前全国碳市场的顶层制度文件为生态环境部发布的《碳排放权交易管理办法（试行）》，未来将会被《碳排放权交易管理暂行条例》取代。当前分配方法以强度控制为主，没有实现真正意义上的总量控制，缺乏比较清晰的总量目标，无法与国家"双碳"目标进行衔接，全国碳市场中长期建设路线图缺失。

（二）交易活跃度低，呈现明显的"潮汐现象"

在首个履约期配额总体富余的情况下，交易活跃度低。主要原因为市场观望情绪重，企业"惜售"心理强，换手率（即总交易量/配额总量）仅为2%，低于试点碳市场5%的平均换手率，远低于欧盟碳市场的超过20%的现货换手率和超过400%的期货换手率。交易呈现明显的"潮汐现象"，临近履约期的成交量占总成交量的82%。

（三）信息披露质量参差不齐

公开透明的信息披露是全国碳市场健康运行的基础支撑，对于公众监督碳排放数据质量、市场发现合理价格具有重要作用。截至2022年3月31日，在全国排污许可证管理信息平台披露碳排放的企业数量为1371家，占比只有63%。到6月底，披露企业的数量超过2000家，但仍有个别企业不愿披露，部分企业披露不规范，导致披露内容质量参差不齐，可信度受影响。

四 全国碳市场下一步展望

（一）《碳排放权交易管理暂行条例》纳入2022年立法计划

《碳排放权交易管理暂行条例》作为顶层设计，其出台已经成为全国碳市场进一步完善的重中之重，目前已经纳入《国务院2022年度立法工作计划》，由生态环境部负责起草。除法律支持外，预计主管部门还将进一步完善全国碳市场的基础制度，强化顶层设计，以碳市场法律法规和政策为导向，加强政策跟踪评估，统筹协调和责任落实，更好发挥碳市场作用。

（二）第二个履约期关键要素预计变化显著

《2021、2022年度全国碳排放权交易配额总量设定与分配实施方案》已形成征求意见稿，第二个履约期的关键要素已经显现。其中，第二个履约期为2年，配额分配方案总体延续首个履约期的方案框架，继续基于强度控制设计配额分配方案的思路和配额分配的相关工作，调整了各类发电机组基准值，燃煤机组基准值大幅下降（30万kW以上、30万kW及以下、非常规机组的基准值分别下降7.8%、12.6%、14.4%），对部分小型机组的基准值下调幅度较大。对于热电联产机组，增加了负荷（出力）系数的修正系数，降低了低负荷热电联产机组的履约压力。

（三）CCER机制重启广受期待

CCER机制是碳市场的重要补充，能够推动在更大范围内实现减排，在目前的供需关系下亟待重启。从供给来看，随着全国碳市场首个履约期结束，市场上原有的CCER存量大部分被使用，余下可交易的CCER已经十分有限。从需求来看，全国碳市场未来纳入更多行业后CCER使用量上限逐步增加,以实现企业碳中和为目的的自愿抵销需求亦将持续增加。

(四)发展路线图和行业扩容时间表有待研究制定

全国碳市场初期仅纳入发电行业就已成为全球覆盖碳排放规模最大的碳市场,在启动运行阶段的基础上,下一步将进入完善阶段、深化阶段与成熟阶段。未来何时扩容新的行业、何时开放机构和个人进入、何时设定配额绝对总量目标以及引入有偿分配机制,相关发展路线图有待进一步研究制定。

专题讨论之二：
"东数西算"工程与西北风光大基地的协同发展分析

2022年2月，国家发改委、中央网信办、工信部、国家能源局联合印发通知，正式全面启动"东数西算"工程。在京津冀、长三角、粤港澳大湾区、成渝、内蒙古、贵州、甘肃、宁夏8地启动建设全国一体化算力网络国家枢纽节点，并规划了10个国家数据中心集群，全国一体化大数据中心体系完成总体布局设计。此举是中国一体化大数据中心体系建设的里程碑式举措，也将对西北部地区可再生能源电力装机建设产生重大影响，有望助力西北风光大基地建设，部分消除可再生能源消纳的后顾之忧，并且拓宽火电的生存空间。

一　"东数西算"工程相关政策概况

"数"指数据，"算"是算力，即对数据的处理能力，"东数西算"是通过构建数据中心、云计算、大数据一体化的新型算力网络体系，将东部算力需求有序引导到西部，优化数据中心建设布局，促进东西部协同联动。"东数西算"与"南水北调""西电东送""西气东输"同属优化资源配置的国家级工程。

该政策最早可以追溯至《中华人民共和国国民经济和社会发展第十四个五年规划和2035年远景目标纲要》提出的"加快构建全国一体化大数据中心体系"。此后，国家发改委、工信部陆续印发了《关于加快构建全国一体化大数据中心协同创新体系的指导意见》《全国一体化大数据中心协同创新体系算力枢纽实施方案》《新型数据中心发展三年行动计划（2021—2023年）》《"十四五"数字经济发展规划》等文件，提出了"东数西算"工程的概念，并陆续批复了京津冀、长三角、粤港澳大湾区、成渝、内蒙古、贵州、甘肃、宁夏8个启动建设全国一体化算力网络国家枢纽节点的方案。2021年5月，在中国国际大数据产业博览会展会期间，8个国家枢纽节点正式启动建设。

在规划布局方面，8个国家枢纽节点将作为算力网络的骨干连接点，规划设立10个国家数据中心集群，每个集群是一片物理连续的行政区域，是数据中心的建设地点。功能定位有两种，首先在京津冀、长三角、粤港澳大湾区、成渝跨区域的4个国家枢纽节点布局6个集群，服务于重大区域发展战略实施的需要，需要实现大规模算力部署与土地、用能、水、电等资源的协调可持续，优化数据中心供给结构，扩展算力增长空间。其次在贵州、内蒙古、甘肃、宁夏等单一行政区域的国家枢纽节点布局4个集群，定位于积极承接全国范围的非实时算力需求。前者处理工业互联网、金融证券、灾害预警、远程医疗、视频通话、人工智能推理等对网络要求较高的业务，后者处理后台加工、离线分析、存储备份等对网络要求不高的业务。

二 必要性和战略意义

数据和算力是基础战略性资源和重要生产要素渐成共识。近年来，中国算力高速增长，但呈现东西布局不均衡现象。目前，中国约有500万标准机架，算力达到130EFLOPS[①]，人口密集和经济发达地区（如京津冀、长三角、粤港澳大湾区、成渝）能源紧张，机架数量全国占比逾60%，西部地区、经济欠发达地区能源富集，机架数量全国占比约10%。未来，算力需求将继续高速增长，年增速预计将在20%以上。[②]但由于用能紧张、用地紧张、电价昂贵等原因，东部已很难完全承载新增算力。

---

① 每秒13000亿亿次浮点运算。
② 2022年2月18日，国家发展改革委高技术司负责同志就实施"东数西算"工程答记者问。

三 投资规模和收益行业

"东数西算"是与"南水北调""西电东送""西气东输"比肩的又一项国家级大工程。从项目投资规模来看,"南水北调""西电东送""西气东输"三大工程初始投资都在数千亿级别,历时数十年,总体投资和带动当地投资总额超万亿元。由此可以预见,"东数西算"项目数十年的建设周期投资体量将在数千亿级别。据国家发改委相关预测,10个国家数据中心集群到2025年总投资规模就有望达4000亿~5000亿元。

"东数西算"工程影响广泛,可以使众多行业受益,能带动土建工程、IT设备制造、信息通信、基础软件和绿色能源供给等行业的发展。对于提供算力的企业,可以加快实现云网协同,提升算力服务品质,降低网络、电力等成本,规划算力资源更有针对性,提升资源使用效率。对于需要使用算力的企业,可以享受更为便捷、易用的算力服务,进一步降低上云用数成本,加快实现数字化转型。对于煤矿智能化来说,数据采集与传输、数据存储、数据服务、数据信息安全等也会进一步得到提升。

四 "东数西算"工程高度契合西北部可再生能源发展需求

西北部地区有能力承接算力增长的需求,增量主要集中在宁夏、内蒙古、甘肃三个省区。西北部地区电力资源丰富、土地资源充裕、电价相对低廉,完全具备承接东部算力需求的能力。贵州以水电为主,并已进行一定的算力布局,新建数据中心的增量将更多集中在西北部的宁夏、内蒙古、甘肃三个省区。西北部可再生能源装机规模巨大,需要提高当地消纳能力。2021年,宁夏、内蒙古、甘肃三个省区风电、光伏发电装机占全国的比例达35%。国家发改委于2021年12月下发了《以沙漠、戈壁、荒漠地区为重点的大型风电光伏基地规划布局方案》，提出了四大沙漠和采煤沉陷区共五大基地总装机容量约为4.55亿千瓦的建设规划，并要求"十四五"期间本地消纳与外送比例达到1∶3，"十五五"期间达到1∶2。该规划要求决定了对于以沙漠、戈壁、荒漠地区为重点的大型风电光伏基地（简称"大基地项目"），在尽快开展特高压建设拓宽外送通道的同时，也需要尽快提升当地的消纳能力。

"东数西算"工程对使用"绿色电力"提出了相应要求。"东数西算"工程是高能耗行业，一个数据中心每年用电量达1亿至几亿千瓦时。国家发改委在给各数据中心的批复函中明确提出要"推动数据中心充分利用风能、太阳能、潮汐能、生物质能等可再生能源。支持数据中心集群配套可再生能源电站"；要"建设绿色低碳数据中心"，"显著提升可再生能源使用率"，对宁夏特别指出"要充分发挥区域可再生能源富集的优势"。宁夏、内蒙古、甘肃三个省区围绕"东数西算"新建的数据中心使用"可再生能源发电"占比不低于80%。鼓励新建数据中心使用"绿色电力"，将有效提升西北部地区可再生电力的消纳能力。

五 "东数西算"工程西北地区新增消纳能力测算

总体来看，到2030年，大基地在西北地区新建项目将产生1.24亿千瓦以上的风光消纳需求。到2025年将有5000万千瓦需要本地消纳，到2030年将有7400万千瓦需要本地消纳（见表6-1）。

"东数西算"工程为了保证全国数据的自主可控性，以现有数据中心为基础，增量以新建10个集群为主。根据既定条件和设定条件下的测算（见表6-2），宁夏、内蒙古、甘肃3个集群在"十四五"和"十五五"期间共需新增可再生能源装机容量分别为1710万千瓦和3527万千瓦，即到2030年，有望在宁夏、内蒙古、甘肃三个省区共产生5237万千瓦的可

表6-1 大基地在西北地区新建项目状况

单位：万千瓦

大基地项目	所在区域	"十四五"期间		"十五五"期间	
		外送	自用	外送	自用
库布齐沙漠	内蒙古鄂尔多斯	2400	1500	1200	3000
腾格里沙漠	宁夏西北部、内蒙古西部、甘肃中部	3300	1200	2400	800
乌兰察布沙漠	内蒙古西部、宁夏东部	1000	1100	3900	—
巴丹吉林沙漠	内蒙古阿拉善右旗北部、甘肃	1100	1200	1500	2800
库木塔格沙漠	新疆	—	—	1500	800
合计		7800	5000	10500	7400

资料来源：国家发改委。

表6-2 测算相关条件

条件数量	既定条件	
1	全国数据中心能耗	2020年，中国数据中心耗电量已逾2000亿千瓦时，约占全社会用电量的2%，电能利用率（PUE）高达1.49
条件数量	设定条件	
1	耗电量	2020年，全国数据中心耗电量按2000亿千瓦时计算，平均利用率为60%
2	算力年增速	全国算力年增速取20%
3	节能	考虑节能因素（年节电率为2.7%）
4	能源需求年增速	15.8%
5	新建数据中心"绿电"占比	80%（参考调研值）

(续)

条件数量	设定条件	
6	10个集群权重	均等
7	风光供电比	1:1
8	利用小时数	2021年，宁夏、内蒙古、甘肃三个省区平均风电、光伏发电利用小时数为2156小时和1528小时

资料来源：国家发展改革委：《"东数西算"工程系列解读之二｜实施"东数西算"工程——全面贯彻落实十四五规划和二〇三五年远景目标纲要精神》，2022年3月9日；工信部发布的《新型数据中心发展三年行动计划（2021—2023年）》指出，计划到2023年底，全国数据中心平均利用率力争提升到60%以上；2022年2月18日，国家发展改革委高技术司负责同志就实施"东数西算"工程答记者问；2022年1月，国家发展改革委发布的《关于加快构建全国一体化大数据中心协同创新体系的指导意见》指出，到2025年，大型、超大型数据中心运行电能利用效率降到1.3以下，2020年为1.49，由此计算得出年节电率为2.7%。

再生能源装机容量新需求。

测算可得：至2025年和2030年，10个集群分别共需要2475亿千瓦时、5103亿千瓦时的电力供应。"十四五""十五五"时期，宁夏、内蒙古、甘肃三个省区数据中心需求新增风光装机容量1710万千瓦（风电709万千瓦、光伏发电1001万千瓦）和3527万千瓦（风电1463万千瓦、光伏发电2064万千瓦），分别占三个地区大基地新建装机容量自用部分的34%和48%。因此，"东数西算"工程顺利展开后，将极大地提高西北部当地的消纳能力，部分消除大基地建设的后顾之忧。

专题讨论之三：
CCUS全流程技术发展研究

随着"双碳"进程的深入推进,中国出台了一系列绿色低碳产业扶持政策,国内CCUS产业正加速发展。首个100万吨级CCUS项目已经投产、300万吨级CCUS项目正在规划建设、1000万吨级海上封存项目正在做相关预可行性研究……据中国21世纪议程管理中心的不完全统计,截至2022年7月,中国现有规划和运行中的CCUS项目数量近100个,是2021年同期的2倍。其中已投运或建设中的CCUS示范项目约为40个,分布在19个省份,包括燃煤电厂CCUS示范项目13个,年总体捕集能力约60万吨,整体捕集能力较低。大型CCUS项目主要集中在石化行业,已建、在建和规划中的有6个百万吨级CCUS项目。

尽管中国CCUS在政策、技术、示范工程和商业化运营方面取得了飞跃式发展,但从整个能源系统的角度来看,CCUS只有与资源开采、能源生产、能源储运与能源利用过程相结合,才能发挥其减排CO_2的作用,这就需要开展CCUS全流程技术的研究。

一　CCUS全流程技术的特点

CCUS全流程技术是指以实现CCUS全流程、集成化、规模化、产业化集群部署为目标,以高强度工业排放源中CO_2的大规模低能耗捕集、高效输运、产业化利用和安全经济有效的地质封存系列关键技术为基础和核心内涵,通过源汇匹配和技术集成匹配将CCUS关键技术环节进行科学衔接,发展形成的CCUS系统性一体化技术及其应用模式。CCUS全流程技术是未来的重要发展方向和实现大规模产业化应用的关键,更是中国CCUS去碳产业集群化规模部署的紧迫需求。

CCUS全流程技术,除包含CO_2捕集、输送、利用、封存等关键技术环节和系统要素外,还涉及源汇匹配、关键环节技术集成匹配等要素间关系,以及系统运行的风险监测、评估与预警等相关技术内容。

在"双碳"目标下,CCUS全流程技术的关键流程主要包括碳排放源调查与CO_2地质封存潜力评价、关键环节技术集成匹配、CCUS系统优化和CCUS风险评价等,如图7-1所示。

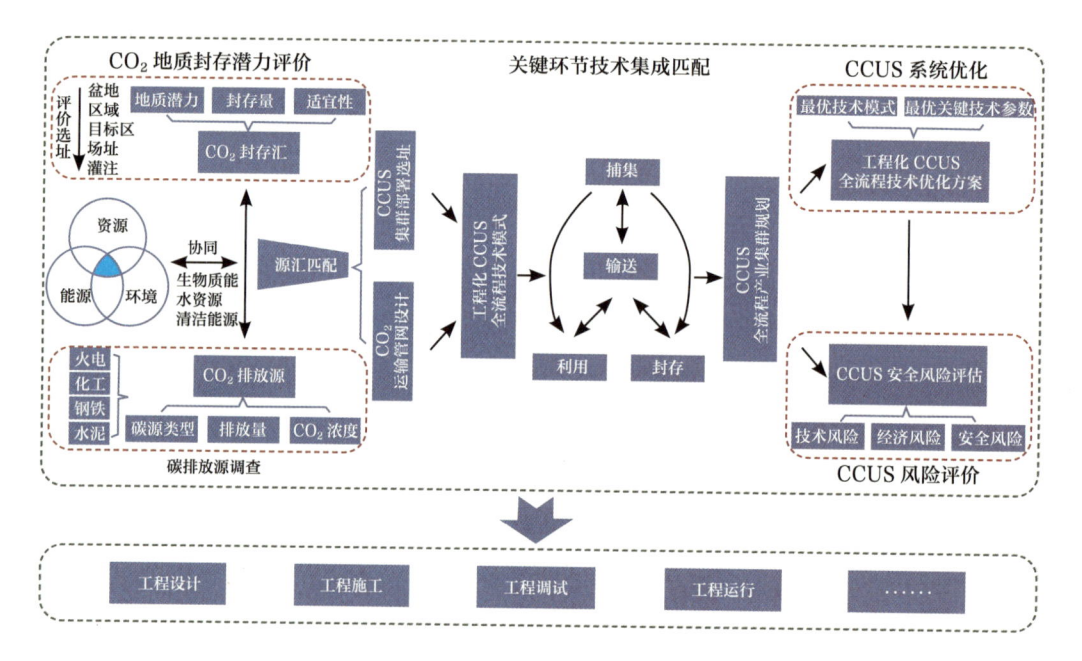

图7-1 CCUS全流程技术

资料来源:国家能源集团技术经济研究院。

二 CCUS全流程技术的研究重点

(一)源汇匹配

CCUS源汇匹配的本质是CCUS集群系统的总体规划和运输管网的布局,是CCUS全流程技术形成的关键机制之一。CCUS源汇匹配的内涵:针对一个地区的CO_2排放源地理位置分散、排放量各异,CO_2利用和地质封存汇的碳去除潜力、方式不同,以及源汇之间CO_2运输方式和运输成本易受区域地理条件、土地利用类型、河流、交通、人群密度等因素影响的问题，通过科学构建CCUS源汇匹配关系，可以降低CO_2运输成本并实现CO_2利用与地质封存效果最大化。

目前，欧美国家针对CCUS集群运输管网数学模型开展了深入研究，开发出一批各具特色的源汇匹配决策支持系统并对其实现了工程应用。国内对CCUS集群源汇匹配与运输管网规划的研究相对较少，与CCUS全流程技术产业集群的发展并不匹配。

（二）技术集成匹配

CCUS全流程技术受限于碳源（CO_2体积分数、压力、温度等）、捕集工艺、利用目标、封存地质体等因素，捕集、输送、利用和封存等各技术环节的科学衔接和集成匹配十分重要（见图7-2）。

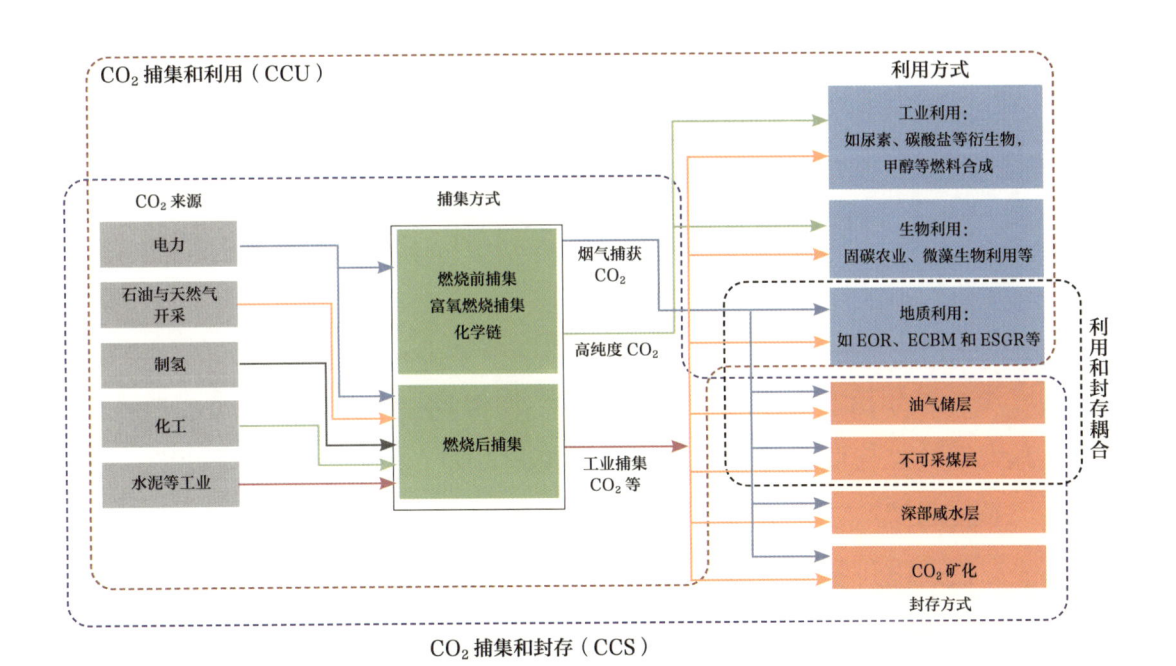

图7-2 CCUS技术集成匹配流程

资料来源：国家能源集团技术经济研究院。

对于具有不同CO_2体积分数的工业碳源，通过捕集工艺和去除技术（利用或封存）的科学匹配，形成一体化的捕集—利用—封存协同减排技术模式，是实现CO_2捕集、利用、封存效果最大化，保障CCUS高效实施的必然要求，同时也有利于减少CCUS系统成本，降低CCUS的实施风险。目前，已形成的CO_2捕集技术覆盖了主要的碳排放源类型，CO_2利用与封存技术在工业领域的电力、石油与天然气开采、制氢、化工等行业均有工程示范和实践探索。

针对不同CO_2体积分数的碳排放源类型，选择不同的捕集技术，可形成多种CCUS的技术匹配模式。目前，低CO_2体积分数烟气排放的燃煤电厂、天然气开采以及钢铁、水泥等工业领域多采用化学吸收法捕集CO_2（燃烧后捕集），以醇胺溶液吸收法为主；高CO_2体积分数烟气或尾气排放的化工领域多采取物理吸收法或吸附法捕集CO_2，以低温甲醇法和变压吸附法为主。此外，随着燃烧前捕集、富氧燃烧捕集、BECCS和DACCS等捕集技术的发展，CCUS技术匹配模式更加丰富。

三　CCUS全流程技术的应用

在CCUS产业集群化、规模化部署的情景下，CCUS全流程技术根据其应用场景和技术选择，有多种技术应用模式：一是实现主要碳排放工业源大幅减排与低碳转型的技术应用模式，如"燃煤电厂+CCUS""钢铁厂+CCUS""水泥厂+CCUS""能源化工+CCUS"等；二是服务化石能源低碳化开发利用的技术应用模式，如煤炭地下气化（UCG）-煤制氢-CCS一体化零碳排放技术、整体煤气化联合循环发电系统（IGCC）-CCS技术等；三是服务高碳排放行业和特定区域实现碳减排的技术应用模式，如"煤炭能源基地+CCUS""油气能源基地+CCUS""煤炭-油气多能源基地+CCUS"等。

（一）"燃煤电厂+CCUS"的应用

燃煤电厂在中国的电力供给中扮演着至关重要的角色。截至2022年8月，中国现役燃煤发电机组装机容量约为11.8亿千瓦，约占全球煤电产能的50%。中国拥有世界上最高效的燃煤发电机组群，百万千瓦级超超临界高效发电技术目前占煤电总装机容量的26%以上。煤电机组平均供电煤耗为302.7克/千瓦时，低于世界平均水平，但平均服役年限却仅约为12年，不足全球煤电机组平均运行年限的一半，总体呈现"存量大、机组新、效率高"的特征。鉴于中国庞大而年轻的煤电机群和电力系统结构，在没有经济可靠的大规模储能技术支撑的情况下，目前迅速淘汰煤电是不现实的。在"双碳"目标条件下，煤电低碳化转型的压力正在逐步突显，先进煤电机组亟待结合CCUS技术实现低碳化利用，以满足中国未来发展中对可负担的能源电力供应及环境可持续发展的双重要求。

虽然相比目前规模化发展、技术成熟度高、发电成本已经大幅降低的风电和光伏发电而言，实施CCUS技术的燃煤电厂度电成本并不具有优势。但考虑到CCUS技术是目前煤电行业实现深度减排的唯一途径，因此发展燃煤电厂与CCUS集成技术将是保障未来燃煤电厂低碳、持续运行的关键措施，也是促进中国能源系统低碳转型的重要措施。若CCUS技术无法在燃煤电厂中进行商业化推广，未来中国的煤电行业将面临严峻的减排挑战，电力行业的供给格局也将发生深刻变化。

（二）"钢铁厂+CCUS"的应用

2021年，中国钢铁行业的CO_2排放量近18亿吨，约占全国碳排放总量的17.5%；中国粗钢产量10.3亿吨，占全球粗钢总产量的54%。中国钢铁行业面临巨大的减排压力。通过降低能耗实现钢铁行业的间接减排，是目前中国钢铁行业应对气候变化的普遍措施。节能减排对于技术水平较低的中小型钢铁企业非常有效，但对于技术水平较高的大型企业，节能不仅意味着面临重新平衡企业能量系统的挑战,而且随着企业能效的提高,节能空间越来越小,减排的成本也越来越高,难以满足钢铁行业长期减排的需求。将CCUS技术与钢铁厂集成,可以有效地降低钢铁生产过程中的CO_2排放量,使钢铁生产过程更加清洁。

与燃煤电厂的碳排放相比,钢铁厂的碳排放点分散在多个工艺流程(焦炉、高炉、能源中心等)中。钢铁生产中大量的CO_2主要包含在燃烧后的烟气中,因此包括吸收分离技术、吸附分离技术、膜分离技术、低温分离技术在内的多种燃烧后捕集技术均可适用。这些技术中吸收分离技术最为成熟,吸附分离技术在碳捕集应用方面也比较成熟,膜分离技术在气体分离工业中也广泛应用。目前正在实施的CO_2捕集工艺以化学吸收法和物理吸附法为主。

钢铁厂与CCUS技术的集成将缓解中国钢铁行业巨大的减排压力,CCUS技术能有效降低钢铁行业碳强度以及碳排放总量,满足其减排需求,有助于解决能源可持续问题和能源消费引起的气候变化等环境问题。未来,中国城镇化的快速推进和基础设施的大规模建设需要消耗大量的钢铁,钢铁生产过程中因生产原料的不可替代性而产生的CO_2排放难以消除,其在很大程度上需要依赖CCUS技术进行捕集、封存。因此,CCUS技术对钢铁厂的低碳转型发展具有非常重要的作用。

(三)"水泥厂+CCUS"的应用

中国是水泥生产大国。2009年以来,中国水泥产量超过世界总产量的50%。近年来,中国水泥产量及水泥生产碳排放量持续上升。2021年,中国水泥生产量为23.6亿吨,约占世界水泥总产量的55%;水泥生产过程中的碳排放量约为14.66亿吨,约占全国碳排放总量的14.3%。因此,中国水泥行业减排对全球水泥行业减排目标的实现具有决定性作用。实现水泥行业减排的主要手段包括提高能源效率、使用替代燃料、降低水泥中熟料含量以及使用CCUS技术。水泥行业的碳排放中有60%来自原料碳酸盐的分解，在CO_2排放无法避免且难以减排的情况下，CCUS技术的减排优势明显，从水泥生产中捕集CO_2将是该行业减排的关键举措。

水泥厂与CCUS技术的集成能够有效降低全球水泥行业的碳排放量，推动水泥行业绿色转型。在水泥需求不断上升、低碳转型越发紧迫的情况下，CCUS技术在中国水泥厂的应用既可以通过捕集减少CO_2和SO_2的排放，又可以通过CO_2的利用减少传统石灰石矿开采和生产过程中对资源的浪费和对环境的破坏，对保证中国能源安全和水泥行业低碳转型有着至关重要的作用。

四 CCUS全流程技术的未来发展趋势

从CCUS全流程技术与未来多元化的能源系统来看，CCUS全流程技术既可以解决高碳化石能源系统的碳排放问题，又可以与可再生能源、氢能技术相结合，实现系统碳减排甚至负碳排放的效果，解决未来多元化能源系统面临的安全稳定等严峻挑战。

（一）BECCS技术

BECCS技术将生物质能技术与CCUS技术相结合，具有很大的减排潜力。除了能够实现对温室气体CO_2的减排，BECCS技术由于包含生物质能的生产和利用环节，对中国缓解能源压力、保障能源安全也具有重要意义。充分利用生物质资源，有利于合理利用中国丰富的生物质废弃资源，实现资源的高效利用，降低农林业废弃物污染，具有重要的环保意义。BECCS技术在实现CO_2负排放的基础上，也对整体的环境保护、能源安全、粮食安全有着积极的作用。

燃煤电厂加装CCUS并与生物质混燃，能够实现CO_2的大幅减排甚至负排放，是中国2060年实现碳中和目标的重要技术保障。BECCS技术的减排潜力受封存距离的影响较大，导致了燃煤电厂的减排潜力具有明显的区域分布差异。约46.8%的燃煤电厂能在较低运输距离（100千米）内实现封存，此类电厂主要集中在中部地区、东部沿海和北部沿海地区的部分省份，主要包括江苏、河南、山西、山东、安徽、河北、内蒙古7个省区。此外，近60%的CO_2封存量需通过跨省份运输完成。因此，未来应优先在源汇集中地区建立CCUS枢纽以实现基础设施共享和降低CCUS技术实施的成本。

（二）"氢能+CCUS"的应用

近年来，氢能因其清洁、低碳和转化灵活等特点再次受到各方的广泛关注。由于可再生能源电解水制氢（"绿氢"，产量仅占全部制氢产量的1%）的成本目前保持在较高水平，而化石能源制氢（"灰氢"，包括煤制氢，约占全部制氢产量的62%；天然气制氢，约占全部制氢产量的19%）是一个相对低成本的制氢解决方案，将化石能源制氢与CCUS技术相结合，可解决碳排放的问题。这一过程产生的氢气被称为"蓝氢"，将成为中国短期及中期的主要制氢方式。

化石能源制氢与CCUS技术的结合，是摆脱碳约束的关键选择。制氢企业可结合其区位特点，基于CO_2利用技术实施CCUS项目，距离油田相对较近的制氢企业，可基于油田封存并提高原油采收率实施CCUS项目；而其他制氢企业可以结合CO_2化工利用、矿化利用、生物利用等方式的CCU技术，开展氢气低碳化生产。

化石能源制氢技术可以通过为CCUS项目提供低捕集成本排放源、推动低成本CCUS项目集群建设、支撑BECCS技术发展等方式多维度推动CCUS技术的发展。化石能源制氢技术特别是煤炭制氢技术排放的CO_2浓度高，捕集成本相比燃煤电厂、钢铁厂、水泥厂等低50%左右，从而为

CCUS技术的低成本发展提供了更多的机会。

总的来说，CCUS技术与煤制氢工艺的结合，能够实现从"灰氢"到"蓝氢"的转变，同时氢能为CCUS技术提供了更大的利用空间。CCUS技术将在中国制氢技术从以化石能源为主向多元能源体系转化的能源变革过程中扮演至关重要的角色。

五 对策建议

当前，从中国CCUS工程经验的积累、技术研发速度的加快、应用前景的广阔性、国际投资力度的持续加大和研究开展的广泛情况来看，CCUS技术作为中国今后应对温室效应的重要举措，已具备大规模推广的条件。因此，在逐步解决现存问题，建立系统的可复制、能推广的长效机制后，CCUS技术一定会迎来蓬勃发展的新局面，形成绿色发展新常态。

（一）建立针对CCUS的完善法律法规和政策体系

政府部门制定的法律法规、行业标准、产业政策、规划设计在宏观指导CCUS推广发展中发挥着决定性作用。本书建议，一是加快建立CCUS法律框架，在完善现有政策的基础上，制定CCUS相关产业试行政策法规；二是通过示范工程经验先行出台社会团体标准、地方标准和行业标准，让企业在CCUS全流程技术各方面有法可依，使CCUS技术标准化发展；三是建立项目审批和许可制度，明确项目的申请门槛，将全流程技术环节涉及的内容统一纳入同一监管平台，将许可制度贯穿整个项目周期，使CCUS技术规范化发展。

（二）建立跨部门、跨行业的合作平台

CCUS全流程技术涉及多个技术环节和行业部门，本书建议建立跨部

门、跨行业的合作平台进行协调与沟通。在企业层面，本书建议在推广阶段由央企、国企主动投入，以宝贵的示范工程积累技术、商业和管理经验，并积极探索建立可以共享经验及成果的合作交流平台，为其他相关企业提供借鉴，进而为国家制定相关政策提供依据；在政府层面，结合"双碳"目标，梳理各部门职能作用和范围，加强业务交叉管理和沟通，形成合力共同提高监管效率、加大监管力度和扩大监管覆盖面；在社会层面，积极鼓励社会团体和高校加入合作平台，主要负责开展校企合作和技术攻关，实现全面的产学研深度融合。

（三）完善碳交易系统

借鉴欧盟、美国和韩国的碳交易系统，从实际国情出发，加快完善中国的碳交易体系。本书建议，一是完善碳交易市场顶层设计。政府部门统筹开展全国能源行业碳排放总量核查工作，通过总量交易与区域交易相结合的方式，从地区经济、行业差异、技术措施、生产状态等方面合理确定配额分配比例，适时引入有偿配额发放机制，探索市场化运营和碳定价机制。二是加强监管，激发内生动力。对碳排放权划转、交易备案、供求信息、年度总量指标完成情况进行监督管理，形成问责机制，规范碳交易规则。同时出台激励政策，包括碳基金、抵押贷款、绿色融资政策等。

专题讨论之四：
全国戈壁沙漠新能源资源调查及新能源基地规划分析

为推动实现碳达峰、碳中和目标，中国重点领域和行业陆续发布关于碳达峰的实施方案和一系列支撑保障措施，构建起碳达峰、碳中和"1+N"政策体系。随着产业结构和能源结构的持续调整，中国将大力发展可再生能源，在沙漠、戈壁、荒漠地区加快规划建设大型风电光伏基地项目。围绕国家近期提出的规划目标，结合戈壁、沙漠资源的主要分布，本专题全面分析西北五省区（新疆、青海、甘肃、宁夏、内蒙古）电力市场、风光资源、外送条件等情况，对布局的风光基地项目予以经济性测算。

一 中国新能源发展现状

近些年，中国新能源实现了长足的发展。截至2021年底，中国风电装机容量达32848万千瓦，光伏发电装机容量达30656万千瓦，装机容量占比分别达13.8%和12.9%，发电量占比分别达7.8%和3.9%。"十三五"期间风电、光伏发电装机容量及年均增速排名前五的省区市见表8-1。

表8-1 "十三五"期间风电、光伏发电装机容量及年均增速排名前五的省区市

单位：万千瓦，%

风电				光伏发电			
省区市	装机容量	省区市	年均增速	省区市	装机容量	省区市	年均增速
内蒙古	3786	河南	95.45	山东	2272	重庆	247.52
新疆	2361	青海	87.25	河北	2190	贵州	118.92
河北	2274	广西	75.73	江苏	1684	黑龙江	109.15
山西	1974	江西	47.55	青海	1601	湖南	90.69

（续）

风电				光伏发电			
省区市	装机容量	省区市	年均增速	省区市	装机容量	省区市	年均增速
山东	1795	陕西	37.62	浙江	1517	广西	81.18

资料来源：中国电力企业联合会年报。

在2020年12月12日的气候雄心峰会上，习近平主席宣布到2030年中国单位国内生产总值二氧化碳排放将比2005年下降65%以上，非化石能源占一次能源消费比重将达到25%左右，风电、太阳能发电总装机容量将达到12亿千瓦以上。

随着新能源的持续深入发展，目前风电、太阳能发电的发展布局面临土地和生态的双红线限制。中国戈壁沙漠总面积130万平方公里，占全国土地总面积的13.5%，不仅风光资源丰富，还不存在土地和生态红线的问题。因此，在戈壁沙漠区域建设大型新能源基地是中国主要发展方向。

二 戈壁沙漠区域风光资源情况

中国沙漠地区集中地分布在35°50′～49°43′N、76°59′～123°50′E的辽阔地区，在行政区域上主要涉及新疆、甘肃、青海、宁夏、内蒙古、陕西等10个省区。中国风光资源分布概况见表8-2、表8-3。

西北五省区的戈壁沙漠区域风光资源处于丰富区，除青海区域外，如新疆塔城、阿拉山口、达坂城及哈密地区采用目前主流机型发电利用小时数可以高达3000～3500小时，甘肃瓜州、玉门、酒泉区域的发电利用小时数达2900～3300小时，内蒙古阿拉善盟东北部、巴彦淖尔、赤峰北部、乌兰察布、兴安盟、通辽市和赤峰市部分地区的发电利用小时数可达3200～3500小时。西北五省区大部分区域光伏发电首年等效利用小时数

表8-2 中国风资源分布概况

省区	风资源概况	具体区域	利用小时数（小时）
新疆	新疆是中国风能资源最丰富的省区之一，风能资源总储量8.9亿千瓦，技术可开发量7.8亿千瓦，占全国的17%。新疆的风资源主要分布于其北部阿尔泰山区、中部天山山区以及南部昆仑山脉。这些地区的风速较大，最大年平均风速达到8~9米/秒，风速较小的地区其年平均风速也能达到6~7米/秒，具有较大的开发价值	塔城、阿拉山口、达坂城及哈密地区	3000~3500
		塔里木盆地	1800~2200
		其他区域	2400~2800
青海	青海年平均风速总的地域分布趋势是西北部大、东南部小，但青海海拔相对较高、气压低、空气密度较小，同等风速条件下风功率密度较低，沙漠和荒漠化地区空气不稳定度高	海西州高海拔区域	2500~2800
		海西州其他区域	2000~2200
甘肃	甘肃风能资源总体上是河西西部最好，河西中东部、陇中北部、陇东北部次之，甘南高原、黄河谷地、徽成盆地等区域相对较差。风能丰富区为河西走廊西北部区域，约占全省面积的23%，其间地势开阔、地形平坦，且地貌主要为戈壁滩，适合建设大型风电基地。仅河西走廊西端的酒泉地区风能资源总储量就达到1.5亿千瓦，技术可开发量约4000万千瓦	河西走廊瓜州、玉门、酒泉	2900~3300
		东部靖远、庆阳等高山地区	2500~2800
		中部张掖、民勤及陇南	2000~2400
宁夏	宁夏风能资源总储量2253万千瓦，适宜风电开发的风能资源储量为1214万千瓦，占全区总储量的53.9%。按照目前的开发情况和风电技术，宁夏优质风能资源开发基本达到上限，后续的发展方向将趋向分布式和低风速	中卫、盐池、固原等丘陵	2400~2800
		其他区域	1800~2200

（续）

省区	风资源概况	具体区域	利用小时数（小时）
内蒙古	内蒙古地域辽阔，风能资源丰富。内蒙古风能资源总储量13.8亿千瓦，技术可开发量3.8亿千瓦，且风向稳定、连续性强、无破坏性台风和飓风，风能利用率高	阿拉善盟东北部、巴彦淖尔、赤峰北部、乌兰察布、兴安盟、通辽市和赤峰市部分地区	3200~3500
		阿拉善盟中南部、兴安盟北部、鄂尔多斯中部等区域	2500~2800
		阿拉善盟南部、赤峰市东南部、呼伦贝尔北部	2200~2400

注：按照目前主流机型测算，海西蒙古族藏族自治州简称"海西州"。
资料来源：国家能源集团技术经济研究院。

表8-3 中国光资源分布概况

省区	光资源概况	首年等效利用小时数（小时）
新疆	新疆的太阳能资源十分丰富，年日照时间较长，日照百分率为60%~80%，全疆日照6小时以上的天数在250~325天，新疆水平表面年太阳辐射总量为5000~6500兆焦/米^2，年平均值为5800兆焦/米^2，年总辐射量比同纬度地区高10%~15%	最低：克拉玛依1251 最高：双河市1963
青海	青海地处中高纬度地带，太阳辐射强度大，光照时间长，年总辐射量可达5560~7400兆焦/米^2，其中直接辐射占总辐射量的60%以上，仅次于西藏，位居全国第二	最低：黄南藏族自治州1649.41 最高：格尔木2047
甘肃	甘肃各地年太阳总辐射值在1300~1800千瓦时/米^2，其地理分布呈自西北向东南递减的规律。河西走廊大部分地区年太阳总辐射大于1600千瓦时/米^2，这里降水稀少、空气干燥、晴天多，非常有利于太阳能的利用	最低：陇南市1248 最高：金昌市1899
宁夏	宁夏的太阳能资源因地域不同而变化较大，除贺兰山、南华山及六盘山部分地区少于1390千瓦时/米^{2}外，其他均高于1600千瓦时/米^2	最低：中卫市1611.62 最高：石嘴山市1746.88

（续）

省区	光资源概况	首年等效利用小时数（小时）
内蒙古	内蒙古的太阳能资源很丰富，年总辐射量为1319～1806千瓦时/米^2，全区年总辐射量在1528千瓦时/米^{2}以上的太阳能丰富地区和年总辐射量在1359～1528千瓦时/米^{2}的太阳能较丰富地区的面积占全区总面积的61%。内蒙古全区年总辐射值呈东北向西南逐渐递增规律	最低：乌海市1746.43 最高：包头市1847.91

资料来源：国家能源集团技术经济研究院。

可在1500小时以上，如青海的海西州首年等效利用小时数在2000小时以上，新疆双河市、哈密市利用小时数在1900小时以上。从风光资源禀赋看，西北五省区的戈壁沙漠区域适合大规模建设发展风光基地项目。

三 西北五省区新能源消纳现状

"十三五"期间，虽然通过一系列措施，西北五省区的弃风、弃光问题得到有效的缓解，但目前弃风率、弃光率仍居全国前列（见表8-4）。2021年，蒙西新能源利用率为92.3%，同比下降1.5个百分点；青海新能源利用率为87.3%，同比下降5.7个百分点。因此，消纳问题是新能源发展必须首先解决的重点和难点。

表8-4 "十三五"期间西北五省区弃风、弃光情况

单位：%

省区	弃风率					弃光率				
	2016年	2017年	2018年	2019年	2020年	2016年	2017年	2018年	2019年	2020年
新疆	38.0	29.0	22.9	14.0	10.3	32.0	21.5	15.5	7.3	4.6

(续)

省区	弃风率					弃光率				
	2016年	2017年	2018年	2019年	2020年	2016年	2017年	2018年	2019年	2020年
青海	38.0	29.0	22.9	14.0	10.3	8.3	6.2	4.8	7.2	8.0
甘肃	43.0	33.0	19.0	7.6	6.4	30.5	20.8	10.0	4.0	2.2
宁夏	13.0	5.0	2.3	1.9	2.2	7.2	6.4	4.4	—	2.5
内蒙古	21.0	10.3	10.3	7.1	7.0	—	蒙西11.0 蒙东4.0	—	—	蒙西3.6 蒙东0.4

资料来源：国家能源集团技术经济研究院根据公开资料整理。

四 特高压外送情况

从能源流向看，中国能源与电力需求逆向分布，整体呈现"西电东送、北电南送"的基本格局。因资源丰富，西北五省区具备成为"十四五"期间电力主要送出端的基本前提，这也是解决本地电力消纳能力不足问题的重要途径之一。

截至2021年底，西北五省区已相继投产特高压线路12条，包括特高压直流线路9条、特高压交流线路3条。

"十三五"以前，受新能源大规模开发技术、投资经济性等因素制约，送端基地配套电源以单一煤电或水电开发外送为主，新能源外送比例明显偏低。从已投运的特高压线路看，只有天中直流、吉泉直流、昭沂直流、鲁固直流外送电量中可再生能源占比在30%以上（青豫直流除外），其他特高压线路外送电量中可再生能源占比均偏低，尤其是特高压交流线路（见表8-5）。

表8-5 西北五省区已投产特高压线路情况

序号	项目	电压等级（千伏）	输送能力（万千瓦）	利用率（%）	可再生能源占比（%）	投运时间	运行情况
1	天中直流（哈密—郑州）	±800	800	67.5	35.8	2014年1月	电源端具备满送能力，但受制于网架结构和与青豫直流的耦合影响，目前天中直流不具备满送能力。如不解决受端问题，总体送电量增加的话，可再生能源进一步替代煤电送电量的空间有限
2	吉泉直流（准东—皖南）	±1100	1200	67.0	31.4	2019年9月	电源端具备满送能力，但受制于网架结构的影响，目前吉泉直流不具备满送能力。吉泉直流可以进一步提升可再生能源占比，有替代煤电送电量的空间
3	青豫直流（青海—河南）	±800	800	约10.0	98.3	2020年12月	作为全清洁能源送出的青豫直流，从目前运行情况来看，不仅受到电源端调峰电源建设速度缓慢的影响，还因为受端网架结构和天中直流的耦合，青豫直流利用率较低。青豫直流亟须解决受端问题，加快建设调峰电源，依托建成的调峰电源加快新能源基地的建设

（续）

序号	项目	电压等级（千伏）	输送能力（万千瓦）	利用率（%）	可再生能源占比（%）	投运时间	运行情况
4	祁韶直流（酒泉—湖南）	±800	800	69.0	26.1	2017年6月	作为以清洁能源送出为主的祁韶直流，自投运以来外送电量逐年增加，但利用率还是偏低，送端调峰电源不足和受端网架结构是主要原因。如想进一步提高可再生能源电量，需进一步加入送端的调峰电源（煤电电量），只有同步提高，祁韶直流的利用率才能稳步提升，目前祁韶直流可再生能源电量替代煤电发电量的空间不大
5	银东直流（宁东—山东）	±660	400	100.0	11.2	2011年	银东直流作为投产时间较早的特高压线路，已经在转变定位，逐步增加可再生能源外送电量。受宁夏地区内煤炭供应紧张和价格居高不下的影响，煤电机组大部分处于亏损状态，通过增加可再生能源电量不仅可以增大清洁能源占比，还可以缓解煤炭供应问题

（续）

序号	项目	电压等级（千伏）	输送能力（万千瓦）	利用率（%）	可再生能源占比（%）	投运时间	运行情况
6	灵绍直流（宁东—浙江）	±800	800	90.0以上	23.1	2016年	灵绍直流逐步增加可再生能源外送电量。其配套煤电机组同样受宁夏地区内煤炭供应紧张和价格居高不下的影响，通过增加可再生能源电量不仅可以增大清洁能源占比，还可以缓解煤炭供应问题。灵绍直流可以进一步提升可再生能源占比，有替代煤电送电量的空间
7	昭沂直流（上海庙—山东）	±800	1000	57.0	33.7	2017年12月	昭沂直流虽然配套电源建设缓慢，但目前年输送电量已接近设计电量的57%，随着下一步配套电源的建成，昭沂直流将进一步提升输送电量，而影响可再生能源占比的是作为调峰电源的火电机组的建设速度
8	鲁固直流（扎鲁特—青州）	±800	1000	64.0	38.0	2017年12月	作为蒙东区域的特高压线路鲁固直流，随着配套新能源装机的建成，可进一步提高可再生外送电量，蒙东和东北区域的煤电机组同样面临着煤炭供应紧张和煤炭价格居高不下的问题，通过可再生能源电量增加替代煤电发电量，可以实现双赢的局面

（续）

序号	项目	电压等级（千伏）	输送能力（万千瓦）	利用率（%）	可再生能源占比（%）	投运时间	运行情况
9	锡泰直流（锡盟—泰州）	±800	1000	30.0	22.4	2017年10月	锡泰直流投运以来，利用率低，配套煤电机组均尚未建成，主要通过网汇外送电量，加快配套电源建设是提高锡泰直流的主要途径
10	蒙西—天津南	~1000	1000	28.0	0	2016年11月	蒙西—天津南线路利用率低，且可再生能源占比为0，配套煤电机组除现役机组外仅建成魏家峁132万千瓦装机，加快配套电源建设是提高特高压线路利用率的主要途径
11	锡盟—山东	~1000	1000	46.0	0	2016年7月	锡盟—山东线路利用率低，且可再生能源占比为0，配套煤电机组建成过半，加快配套电源建设是提高特高压线路利用率的主要途径
12	蒙西—晋中	~1000	—	—	—	2020年9月	蒙西—晋中特高压交流工程加强了蒙西—天津南、榆横—潍坊特高压交流工程两个横向送电通道之间的联系

注：1.特高压线路输送可再生能源情况为2021年数据。2.特高压线路利用率参考2020~2021年数据。
资料来源：国家能源集团技术经济研究院。

送端配套电源规划和建设滞后，受端电网交直流耦合日趋紧密、"强直弱交"问题日渐严重，新能源大规模接入、系统动态调节能力严重不足等问题，成为特高压利用率提升的制约因素。因此，依托现有特高压线路布局风光储大型清洁能源基地项目可从源端解决特高压线路利用率偏低的问题。

五 经济效益分析

下面按照100万千瓦风电、光伏发电基地项目情景（见表8-6、表8-7），做典型项目的经济性分析。

第一，考虑基地项目单位造价有规模效应，风电单位造价为5250元/千瓦，光伏发电单位造价为3780元/千瓦。

第二，配置储能容量按照各地政策：新疆，储能10%容量，2小时；青海，储能10%容量，2小时；甘肃，储能20%容量，2小时；宁夏，储能10%容量，2小时；内蒙古，储能15%容量，2小时。储能单位造价均为1.5元/瓦时。

第三，送出线路及330千伏汇集站投资按照1.5亿元。

第四，电价取值分别参考现有特高压线路外送新能源项目综合电价，扣减两个细则及调峰辅助服务费用。

第五，风电利用小时数：考虑特高压线路就近汇集，采用目前主流机型按照各地风资源取值。

第六，风电项目限电率：新疆10%、青海10%、甘肃5%、宁夏3%、蒙西10%。

第七，光伏发电小时数按照行政区域划分予以测算。

第八，光伏发电租地费用：参考已投运项目用地指标及租地费用取值。其中，新疆用地指标按照300亩/万千瓦，租地费用500元/亩；青海用地指标按照262亩/万千瓦，租地费用500元/亩；甘肃用地指标按照280亩/万千瓦，租地费用667元/亩；宁夏用地指标按照300亩/万千瓦，租地费用500元/亩；内蒙古用地指标按照300亩/万千瓦，租地费用500元/亩。

按照风光基地项目测算结果，新疆大部分区域、青海区域受电价因素影响，项目资本金收益率不能满足要求；宁夏区域项目接近全投资收益率要求；甘肃风光资源丰富的河西走廊区域项目明显高于全投资收益率要求；内蒙古区域除风资源偏差的阿拉善盟南部、赤峰市东南部、呼伦贝尔北部之外的区域基本上高于全投资收益率要求。内蒙古区域项目收益率高的原因，一是风光资源丰富，二是电价因素。在光伏发电项目的经济效益测算中，租金参考现有部分项目取值，如戈壁沙漠基地项目大规模开发时，具备降低租地费用的可能性，则项目收益率会上浮。

表8-6 戈壁沙漠区域风电基地项目

省区	容量（万千瓦）	单位造价（元/千瓦）	静态投资（亿元）	电价（元/千瓦时）	区域	利用小时数（小时）	项目资本金收益率（%）	全投资收益率（税前）（%）	限电率（%）
新疆	100	5250	57.0	0.2234	达坂城及哈密地区	3300	5.82	5.75	10
				0.2360			7.98	6.58	
青海			57.0	0.1583	海西州高海拔区域	2500	负值	负值	10
				0.1460			负值	负值	
甘肃					河西走廊瓜州、玉门、酒泉	3100	11.97	8.02	5
			60.0	0.2735	东部靖远、庆阳等高山地区	2700	6.22	5.90	

（续）

省区	容量（万千瓦）	单位造价（元/千瓦）	静态投资（亿元）	电价（元/千瓦时）	区域	利用小时数（小时）	项目资本金收益率（%）	全投资收益率（税前）（%）	限电率（%）
甘肃			60.0	0.2735	中部张掖、民勤及陇南	2200	—	2.92	5
宁夏			57.0	0.2395	中卫、盐池、固原等丘陵	2600	2.20	4.35	3
					其他区域	2000	负值	0.60	
内蒙古			58.5	0.2683	阿拉善盟东北部、巴彦淖尔、赤峰北部、乌兰察布、兴安盟、通辽市和赤峰市部分地区	3400	13.92	8.68	10
					阿拉善盟中南部、兴安盟北部、鄂尔多斯中部等区域	2700	4.34	5.14	
内蒙古	100	5250	58.5	0.2683	阿拉善盟南部、赤峰市东南部、呼伦贝尔北部	2300	负值	2.82	10

注：内蒙古对应的限电率是蒙西的数据。
资料来源：国家能源集团技术经济研究院。

表8-7 戈壁沙漠区域光伏发电基地项目

省区	容量（万千瓦）	单位造价（元/千瓦）	静态投资（亿元）	土地租金（万元/年）	电价（元/千瓦时）	区域	首年等效利用小时数（小时）	25年平均利用小时数（小时）	项目资本金收益率（%）	全投资收益率（税前）（%）
新疆	100	3780	42.3	1500	0.2234	乌鲁木齐市	1519.71	1428.52	负值	2.69
					0.2360				负值	3.33
					0.2234	吐鲁番市	1561.23	1467.56	负值	3.00
					0.2360				负值	3.65
					0.2234	哈密市	1939.52	1823.15	5.36	5.64
					0.2360				6.97	6.35
					0.2234	昌吉回族自治州	1509.83	1419.24	负值	2.62
					0.2360				负值	3.25
青海			42.3	1310	0.1583	西宁市	1664.99	1565.09	负值	负值
						海北藏族自治州	1949.39	1832.42	负值	1.69
						黄南藏族自治州	1649.41	1550.44	负值	负值
						海南藏族自治州	1776.03	1669.48	负值	0.68
						果洛藏族自治州	1904.75	1790.46	负值	1.44
						海西州	1853.08	1741.89	负值	1.14
						海西州格尔木市	2046.40	1923.62	负值	2.23

（续）

省区	容量（万千瓦）	单位造价（元/千瓦）	静态投资（亿元）	土地租金（万元/年）	电价（元/千瓦时）	区域	首年等效利用小时数（小时）	25年平均利用小时数（小时）	项目资本金收益率（%）	全投资收益率（税前）（%）
青海			42.3	1310	0.1583	海西州德令哈市	1858.44	1746.94	负值	1.17
						海西州乌兰县	2001.59	1881.49	负值	1.98
						海西州都兰县	1923.16	1807.78	负值	1.54
						海西州天骏县	2022.49	1901.15	负值	2.10
甘肃	100	3780	45.3	1868	0.2735	兰州市	1380.37	1297.54	负值	3.16
						嘉峪关市	1867.59	1755.53	8.27	6.92
						金昌市	1898.8	1784.87	8.80	7.15
						白银市	1506.81	1416.40	1.44	4.20
						天水市	1306.96	1228.55	负值	2.54
						武威市	1860.79	1749.14	8.16	6.87
						张掖市	1828.83	1719.09	7.63	6.64
						平凉市	1581.84	1486.93	3.07	4.80
						酒泉市	1861.47	1749.78	8.17	6.88
						庆阳市	1443.81	1357.18	负值	3.69
						定西市	1534.28	1442.22	2.05	4.42

（续）

省区	容量（万千瓦）	单位造价（元/千瓦）	静态投资（亿元）	土地租金（万元/年）	电价（元/千瓦时）	区域	首年等效利用小时数（小时）	25年平均利用小时数（小时）	项目资本金收益率（%）	全投资收益率（税前）（%）
宁夏			42.3	1500	0.2395	银川市	1681.11	1580.25	2.87	4.72
						石嘴山市	1746.88	1642.06	4.15	5.19
						吴忠市	1733.06	1629.08	3.88	5.09
						固原市	1723.71	1620.29	3.69	5.02
						中卫市	1611.62	1514.92	1.43	4.20
内蒙古	100	3780	43.8	1500	0.2683	包头市	1847.91	1737.03	8.50	7.02
						鄂尔多斯市	1827.69	1718.03	8.16	6.88
						乌海市	1746.43	1641.64	6.82	6.28
						巴彦淖尔市	1776.54	1669.94	7.31	6.50
						乌兰察布市	1823.50	1714.10	8.09	6.84
						锡林郭勒盟	1818.64	1709.52	8.00	6.81
						阿拉善盟	1772.14	1665.81	7.23	6.47
						呼和浩特市	1835.15	1725.04	8.28	6.93

注：1. 除青海风电增加本地消纳的情景测算外，所有风光基地项目的电价均按照外送特高压情景取值。
2. 储能按照各地区现有政策，如后期政策有调整，影响总造价，项目收益率会出现变化。
3. 光伏发电项目造价中光伏组件造价按照2元/瓦测算，如光伏组件价格波动将影响项目收益率。
资料来源：国家能源集团技术经济研究院。

附录：统计数据

一 全球能源消费数据

(一)历年全球能源消费量

1. 2012~2021年全球一次能源消费量(分类型)

单位：Exajoules

能源类型	2012	2013	2014	2015	2016	2017	2018	2019	2020	2021
全球	524.61	534.32	539.56	544.41	551.74	561.82	576.13	581.51	564.01	595.15
石油	176.64	178.54	179.65	183.63	186.87	189.50	191.33	191.89	174.17	184.21
天然气	119.54	121.49	122.40	125.22	128.11	131.53	138.16	140.54	138.44	145.35
煤炭	159.08	161.97	162.50	158.64	156.61	157.40	159.26	157.64	151.07	160.10
核能	23.40	23.45	23.78	23.96	24.17	24.25	24.68	25.46	24.44	25.31
水电	33.84	34.99	35.68	35.38	36.38	36.60	37.37	37.69	41.09	40.26
可再生能源	12.60	14.38	16.04	18.10	20.11	23.06	25.88	28.82	34.80	39.91
太阳能	1.00	1.36	1.92	2.47	3.16	4.27	5.49	6.68	8.00	9.73
风能	5.24	6.24	6.88	8.06	9.27	10.93	12.10	13.48	15.09	17.54
生物质能及其他	4.87	5.27	5.70	6.16	6.25	6.66	7.18	7.54	7.87	8.54

资料来源：英国石油公司(BP) *Statistical Review of World Energy 2022*(《BP世界能源统计年鉴2022》)。

2. 2012~2021年全球新能源消费量(分类型)

单位：Exajoules

能源类型	2012	2013	2014	2015	2016	2017	2018	2019	2020	2021
核能	22.91	22.95	23.28	23.46	23.66	23.74	24.13	24.93	24.44	25.31
水电	33.84	34.99	35.68	35.38	36.38	36.60	37.37	37.69	41.09	40.26

(续)

能源类型	2012	2013	2014	2015	2016	2017	2018	2019	2020	2021
可再生能源	12.60	14.38	16.04	18.10	20.11	23.06	25.88	28.82	34.80	39.91
太阳能	1.00	1.36	1.92	2.47	3.16	4.27	5.49	6.68	8.00	9.73
风能	5.24	6.24	6.88	8.06	9.27	10.93	12.10	13.48	15.09	17.54
生物质能及其他	4.87	5.27	5.70	6.16	6.25	6.66	7.18	7.54	7.87	8.54

资料来源：英国石油公司（BP）*Statistical Review of World Energy 2022*（《BP世界能源统计年鉴2022》）。

3. 2012~2021年全球及主要国家一次能源消费量

单位：Exajoules

全球/国家	2012	2013	2014	2015	2016	2017	2018	2019	2020	2021
全球	524.61	534.32	539.56	544.41	551.74	561.82	576.13	581.51	564.01	595.15
中国	117.43	121.85	125.41	127.02	129.15	133.60	138.88	143.92	147.58	157.65
美国	90.17	92.62	93.59	92.69	92.60	92.95	96.34	95.66	88.54	92.97
印度	25.37	26.26	28.08	28.91	30.16	31.32	33.34	34.15	32.19	35.43
俄罗斯	29.16	28.79	28.86	28.37	28.99	29.17	30.24	30.02	28.88	31.30
日本	19.99	19.84	19.34	19.07	18.82	19.05	18.95	18.51	17.13	17.74
加拿大	14.07	14.42	14.45	14.55	14.35	14.58	14.70	14.63	13.82	13.94
德国	13.54	13.93	13.35	13.60	13.83	14.01	13.65	13.30	12.36	12.64
韩国	11.64	11.68	11.79	12.00	12.35	12.48	12.68	12.51	11.99	12.58
巴西	12.02	12.44	12.73	12.40	12.12	12.25	12.30	12.56	12.00	12.57
伊朗	9.22	9.56	9.99	9.94	10.40	10.83	11.19	11.74	12.02	12.19
沙特阿拉伯	9.74	9.78	10.53	10.87	11.16	11.08	10.94	10.79	10.62	10.82

资料来源：英国石油公司（BP）*Statistical Review of World Energy 2022*（《BP世界能源统计年鉴2022》）。

4. 2012~2021年全球及主要国家可再生能源消费量

单位：Exajoules

全球/国家	2012	2013	2014	2015	2016	2017	2018	2019	2020	2021
全球	12.60	14.38	16.04	18.10	20.11	23.06	25.88	28.82	34.80	39.91
中国	1.49	1.99	2.45	2.90	3.78	5.06	6.37	7.38	8.52	11.32
美国	3.50	3.99	4.30	4.53	5.13	5.60	5.88	6.20	6.65	7.48
巴西	0.96	1.12	1.30	1.55	1.61	1.75	1.96	2.16	2.19	2.39
德国	1.40	1.45	1.58	1.83	1.82	2.08	2.16	2.31	2.44	2.28
印度	0.56	0.63	0.71	0.78	0.88	1.05	1.31	1.48	1.58	1.79
日本	0.38	0.45	0.56	0.72	0.75	0.91	1.01	1.09	1.20	1.32
英国	0.42	0.55	0.66	0.84	0.84	0.99	1.12	1.22	1.35	1.24
西班牙	0.75	0.77	0.74	0.72	0.71	0.73	0.75	0.78	0.86	0.97
意大利	0.58	0.66	0.68	0.70	0.72	0.74	0.72	0.73	0.74	0.76
法国	0.37	0.40	0.44	0.50	0.51	0.56	0.61	0.69	0.73	0.74

资料来源：英国石油公司（BP）*Statistical Review of World Energy 2022*（《BP世界能源统计年鉴2022》）。

5. 2012~2021年全球及主要国家核能消费量

单位：Exajoules

全球/国家	2012	2013	2014	2015	2016	2017	2018	2019	2020	2021
全球	23.40	23.45	23.78	23.96	24.17	24.25	24.68	25.46	24.44	25.31
美国	7.67	7.82	7.85	7.81	7.84	7.79	7.76	7.76	7.54	7.40
中国	0.93	1.05	1.25	1.59	1.97	2.28	2.70	3.18	3.32	3.68
法国	4.03	3.99	4.08	4.07	3.73	3.66	3.77	3.63	3.21	3.43
俄罗斯	1.68	1.62	1.69	1.82	1.82	1.87	1.87	1.90	1.96	2.01
韩国	1.42	1.31	1.46	1.53	1.50	1.36	1.22	1.33	1.45	1.43

(续)

全球/国家	2012	2013	2014	2015	2016	2017	2018	2019	2020	2021
加拿大	0.89	0.97	1.00	0.94	0.93	0.92	0.91	0.92	0.88	0.83
乌克兰	0.85	0.78	0.83	0.82	0.75	0.79	0.77	0.76	0.69	0.78
德国	0.94	0.92	0.91	0.85	0.78	0.70	0.69	0.68	0.58	0.62
日本	0.17	0.14	—	0.04	0.16	0.27	0.45	0.60	0.39	0.55
西班牙	0.58	0.53	0.54	0.53	0.54	0.53	0.51	0.53	0.53	0.51
瑞典	0.61	0.63	0.61	0.52	0.58	0.60	0.63	0.60	0.45	0.48
比利时	0.38	0.40	0.32	0.24	0.40	0.39	0.26	0.40	0.31	0.46
英国	0.67	0.66	0.60	0.65	0.66	0.65	0.59	0.51	0.46	0.41

资料来源：英国石油公司（BP）*Statistical Review of World Energy 2022*（《BP世界能源统计年鉴2022》）。

6. 2012～2021年全球及主要国家风能消费量

单位：Exajoules

全球/国家	2012	2013	2014	2015	2016	2017	2018	2019	2020	2021
全球	5.24	6.24	6.88	8.06	9.27	10.93	12.10	13.48	15.09	17.54
中国	1.02	1.36	1.56	1.80	2.32	2.92	3.48	3.85	4.41	6.18
美国	1.40	1.66	1.79	1.87	2.21	2.46	2.62	2.84	3.23	3.61
德国	0.51	0.52	0.57	0.78	0.77	1.01	1.05	1.19	1.25	1.11
巴西	0.05	0.06	0.12	0.21	0.32	0.41	0.46	0.53	0.54	0.68
印度	0.27	0.29	0.33	0.32	0.42	0.50	0.57	0.60	0.57	0.64
英国	0.20	0.28	0.31	0.39	0.36	0.48	0.54	0.61	0.71	0.61
西班牙	0.49	0.55	0.51	0.48	0.47	0.47	0.48	0.50	0.53	0.59
法国	0.15	0.16	0.17	0.21	0.21	0.24	0.27	0.33	0.38	0.35

（续）

全球/国家	2012	2013	2014	2015	2016	2017	2018	2019	2020	2021
加拿大	0.11	0.11	0.13	0.26	0.30	0.30	0.32	0.31	0.34	0.33
土耳其	0.06	0.07	0.08	0.11	0.15	0.17	0.19	0.21	0.23	0.29

资料来源：英国石油公司（BP）*Statistical Review of World Energy 2022*（《BP世界能源统计年鉴2022》）。

7. 2012~2021年全球及主要国家太阳能消费量

单位：Exajoules

全球/国家	2012	2013	2014	2015	2016	2017	2018	2019	2020	2021
全球	1.00	1.36	1.92	2.47	3.16	4.27	5.49	6.68	8.00	9.73
中国	0.04	0.08	0.23	0.38	0.64	1.13	1.68	2.13	2.47	3.08
美国	0.09	0.16	0.28	0.38	0.53	0.75	0.90	1.02	1.25	1.56
日本	0.07	0.13	0.23	0.33	0.42	0.52	0.59	0.64	0.71	0.81
印度	0.02	0.03	0.05	0.06	0.11	0.21	0.35	0.44	0.55	0.64
德国	0.26	0.30	0.34	0.36	0.35	0.36	0.41	0.42	0.46	0.46
澳大利亚	0.02	0.04	0.05	0.06	0.07	0.09	0.12	0.17	0.23	0.29
西班牙	0.12	0.13	0.13	0.13	0.13	0.14	0.12	0.14	0.20	0.25
越南	—	—	—	—	—	—	—	0.05	0.10	0.24
意大利	0.19	0.21	0.22	0.22	0.21	0.23	0.22	0.22	0.23	0.24
韩国	0.01	0.02	0.03	0.04	0.05	0.07	0.10	0.13	0.18	0.21

资料来源：英国石油公司（BP）*Statistical Review of World Energy 2022*（《BP世界能源统计年鉴2022》）。

8. 2012～2021年全球及主要国家生物质能及其他能源消费量

单位：Exajoules

全球/国家	2012	2013	2014	2015	2016	2017	2018	2019	2020	2021
全球	4.87	5.27	5.70	6.16	6.25	6.66	7.18	7.54	7.87	8.54
中国	0.35	0.43	0.53	0.62	0.71	0.91	1.08	1.30	1.56	1.95
美国	0.85	0.89	0.93	0.93	0.91	0.91	0.90	0.84	0.81	0.83
巴西	0.41	0.47	0.54	0.57	0.59	0.61	0.62	0.63	0.68	0.63
德国	0.50	0.52	0.56	0.58	0.59	0.59	0.59	0.58	0.59	0.58
英国	0.17	0.21	0.26	0.34	0.35	0.37	0.40	0.43	0.45	0.46
印度	0.23	0.26	0.28	0.35	0.29	0.29	0.31	0.36	0.38	0.41
日本	0.25	0.26	0.27	0.32	0.27	0.31	0.34	0.36	0.39	0.41
印度尼西亚	0.09	0.09	0.10	0.10	0.11	0.12	0.27	0.27	0.28	0.32
意大利	0.20	0.25	0.27	0.28	0.28	0.28	0.28	0.28	0.28	0.28
土耳其	0.02	0.02	0.03	0.05	0.07	0.09	0.11	0.13	0.16	0.19

资料来源：英国石油公司（BP）*Statistical Review of World Energy 2022*（《BP世界能源统计年鉴2022》）。

（二）2021年全球能源消费情况

1. 2021年全球一次能源消费结构（分类型）

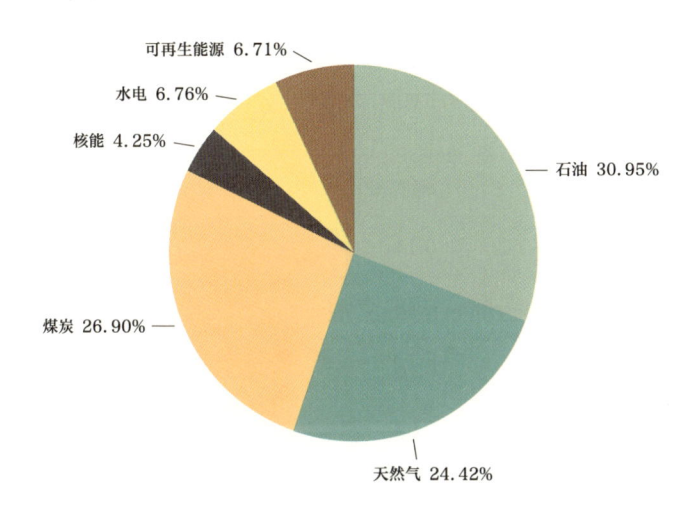

可再生能源 6.71%
水电 6.76%
核能 4.25%
石油 30.95%
煤炭 26.90%
天然气 24.42%

资料来源：英国石油公司（BP）*Statistical Review of World Energy 2022*（《BP世界能源统计年鉴2022》）。

2. 2021年全球新能源消费结构（分类型）

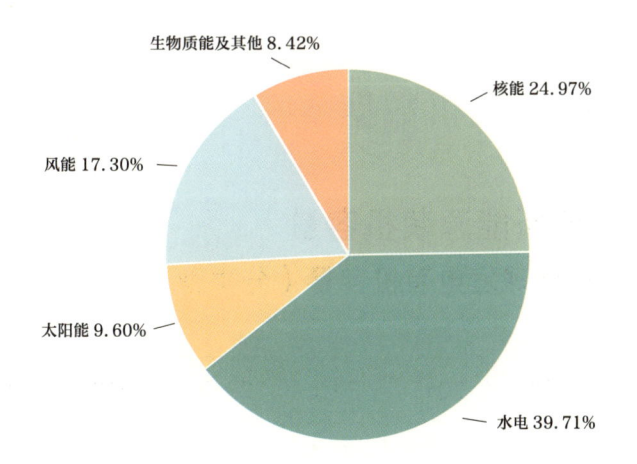

生物质能及其他 8.42%
核能 24.97%
风能 17.30%
太阳能 9.60%
水电 39.71%

资料来源：英国石油公司（BP）*Statistical Review of World Energy 2022*（《BP世界能源统计年鉴2022》）。

3. 2021年全球及主要国家新能源消费量（分类型）

单位：Exajoules

全球/国家	核能	水电	太阳能	风能	地热能、生物质能及其他	可再生能源
全球	25.31	40.26	9.73	17.54	8.54	39.91
美国	7.40	12.25	1.56	3.61	0.83	7.48
中国	3.68	2.43	3.08	6.18	1.95	11.32
法国	3.43	0.55	0.14	0.35	0.13	0.74
德国	0.62	0.18	0.46	1.11	0.58	2.28
巴西	0.13	3.42	0.16	0.68	0.63	2.39
俄罗斯	2.01	2.02	0.02	0.02	—	0.06
印度	0.40	1.51	0.64	0.64	0.41	1.79
韩国	1.43	0.03	0.21	0.03	0.17	0.44
英国	0.41	0.05	0.12	0.61	0.46	1.24
加拿大	0.83	3.59	0.05	0.33	0.11	0.58

资料来源：英国石油公司（BP）*Statistical Review of World Energy 2022*（《BP世界能源统计年鉴2022》）。

二 全球新能源装机数据

（一）历年全球新能源装机容量

1. 2014~2021年全球发电装机容量（分类型）

单位：GW

装机类型	2014	2015	2016	2017	2018	2019	2020	2021
燃煤发电	1786.54	1856.70	1938.40	1986.41	2015.13	2067.23	2098.70	2111.67
燃气发电	1546.90	1592.96	1631.99	1681.62	1749.39	1782.97	1810.33	1848.91

（续）

装机类型	2014	2015	2016	2017	2018	2019	2020	2021
核电	340.39	351.14	361.29	363.66	377.58	380.31	376.84	379.53
水电	1047.36	1078.11	1111.94	1127.81	1147.00	1156.38	1183.48	1210.00
地热能发电	12.81	13.33	13.60	14.36	15.04	15.83	16.26	16.46
生物质能发电	102.40	107.12	115.94	124.08	132.88	141.55	152.24	162.69
陆上风电	359.36	417.85	469.51	517.13	562.49	617.01	708.30	793.21
海上风电	7.79	11.97	12.88	17.55	21.96	29.45	35.90	52.79
公用事业规模光伏发电	95.26	137.90	196.04	269.17	335.57	415.90	498.71	594.74
总计	5298.81	5567.08	5851.59	6101.79	6357.04	6606.63	6880.76	7170

资料来源：彭博新能源财经（BNEF）。

2. 2012~2021年全球可再生能源装机容量（分类型）

单位：MW

装机类型	2012	2013	2014	2015	2016	2017	2018	2019	2020	2021
可再生能源发电	1443923	1566148	1698319	1851651	2013932	2184709	2357495	2541688	2807265	3063926
可再生能源发电（不含水电）	353812	429048	522325	640996	768029	913833	1063876	1229923	1472151	1703872
水电	1090111	1137100	1175994	1210655	1245903	1270876	1293619	1311765	1335114	1360054
风电	266918	299840	349307	416170	466866	514215	563466	621270	731763	824874
陆上风电	261584	292668	340815	404453	452524	495378	539840	592888	697401	769196
海上风电	5334	7171	8492	11717	14342	18837	23626	28382	34362	55678
太阳能发电	104312	141169	180216	228054	300199	395276	488820	591059	716788	849473
太阳能光伏发电	101745	137227	175617	223204	295229	390207	483012	584686	710281	843086

（续）

装机类型	2012	2013	2014	2015	2016	2017	2018	2019	2020	2021
太阳能光热发电	2567	3942	4599	4850	4970	5069	5808	6373	6507	6387
生物质能发电	77198	84545	90605	96351	105245	110966	118256	123940	133025	143371
地热能发电	10479	10717	11157	11812	12137	12697	13169	13738	14073	15644
海洋能发电	509	510	513	513	519	522	526	525	524	524
抽水蓄能发电	105605	107732	109474	111905	116937	119844	120360	120609	124022	130014

资料来源：国际可再生能源署（IRENA）*Renewable Energy Statistics 2022*（《可再生能源统计数据2022》）。

3. 2012～2021年全球及主要国家风电装机容量

单位：MW

全球/国家	2012	2013	2014	2015	2016	2017	2018	2019	2020	2021
全球	266918	299840	349307	416170	466866	514215	563466	621270	731763	824874
中国	61597	76731	96819	131048	148517	164374	184665	209582	282113	328973
美国	59075	59973	64232	72573	81286	87597	94516	104052	118732	132738
德国	30979	33477	38614	44580	49435	55580	58721	60742	62188	63760
印度	17300	18420	22465	25088	28700	32848	35288	37505	38559	40067
西班牙	22789	22958	22925	22943	22990	23124	23405	25590	26819	27497
英国	9030	11282	13074	14306	16126	19585	21767	24095	24485	27130
法国	7607	8156	9201	10298	11567	13499	14900	16457	17484	18676
巴西	1894	2202	4888	7633	10129	12304	14843	15438	17198	21161
加拿大	6201	7801	9694	11214	11973	12250	12816	13413	13627	14304
意大利	8102	8542	8683	9137	9384	9737	10230	10679	10871	11276

资料来源：国际可再生能源署（IRENA）*Renewable Energy Statistics 2022*（《可再生能源统计数据2022》）。

4. 2012～2021年全球及主要国家陆上风电装机容量

单位：MW

全球/国家	2012	2013	2014	2015	2016	2017	2018	2019	2020	2021
全球	261584	292668	340815	404453	452524	495378	539840	592888	697401	769196
中国	61306	76314	96379	130489	147037	161586	180077	203652 e	273123 o	302583 e
美国	59075	59973	64232	72573	81257	87568	94487	104023 o	118703 o	132696 o
德国	30711 o	32969 o	37620 o	41297 o	45303	50174	52328	53187	54414	56013 o
印度	17300 o	18420 o	22465 o	25088 o	28700 o	32848 o	35288 o	37505 o	38559 o	40067 o
西班牙	22789	22953 e	22920	22938 e	22985	23119	23400	25585	26814	27492 o
法国	7607	8156	9201	10298	11567	13497	14898	16455	17482	18674 o
英国	6035	7586	8573	9212	10833	12597	13551	14125	14102 o	14430 u
加拿大	6201	7801	9694	11214	11973	12250	12816 u	13413 u	13627	14304
巴西	1894	2202 o	4888 o	7633 o	10129 o	12304 o	14843 o	15438 o	17198 o	21161 o
意大利	8102	8542	8683	9137	9384	9737	10230	10679	10871	11276 o

注："o"表示数据来源于各国统计机构、政府部门、监管部门以及电力公司等官方渠道。
"u"表示数据来源于行业协会和新闻报道等非官方渠道。
"e"表示数据由国际可再生能源署（IRENA）通过不同数据源进行的预测。
资料来源：国际可再生能源署（IRENA）*Renewable Energy Statistics 2022*（《可再生能源统计数据2022》）。

5. 2012～2021年全球及主要国家海上风电装机容量

单位：MW

全球/国家	2012	2013	2014	2015	2016	2017	2018	2019	2020	2021
全球	5334	7171	8492	11717	14342	18837	23626	28382	34362	55678
英国	2995 o	3696 o	4501 o	5093 o	5293 o	6988	8217	9971	10383 o	12700 u
德国	268 o	508 o	994 o	3283 o	4132 o	5406	6393	7555	7747 o	7747 o

（续）

全球/国家	2012	2013	2014	2015	2016	2017	2018	2019	2020	2021
中国	291	417	440	559	1480	2788 u	4588 u	5930	8990 u	26390 o
丹麦	922	1271	1271	1271	1271	1264	1701	1701	1701 o	2306 o
比利时	381	708	708	712	712	877	1186	1556	2262	2262 o
荷兰	228 o	228 o	228 o	357 o	957 o	957 u	957 u	957 u	2460 o	2460
瑞典	163	212	213	213	203	203 e	203	203 u	203 u	203 u
越南	—	16 e	16 u	99 u	99 u	99 o	99 e	99 u	99 e	994 e
芬兰	26 u	26 u	26 u	32 u	32 u	73	73 o	73	73 u	73 u
日本	25	50	50	53	60	65 u	65 u	65	65 o	65 o
韩国	5	5	11	11	41	46 e	73	73 u	136 u	136 e
美国	—	—	0 u	0 u	29	29	29 o	29 o	29 o	42 o

注："o"表示数据来源于各国统计机构、政府部门、监管部门以及电力公司等官方渠道。
"u"表示数据来源于行业协会和新闻报道等非官方渠道。
"e"表示数据由国际可再生能源署（IRENA）通过不同数据源进行的预测。
资料来源：国际可再生能源署（IRENA）*Renewable Energy Statistics 2022*（《可再生能源统计数据2022》）。

6. 2012~2021年全球及主要国家太阳能发电装机容量

单位：MW

全球/国家	2012	2013	2014	2015	2016	2017	2018	2019	2020	2021
全球	104312	141169	180216	228054	300199	395276	488820	591059	716788	849473
中国	6719	17759	28399	43549	77819	130832	175262	204971	253964	306973
日本	6632	13599	23339	34150	42040	49500	56162	63192	69764	74191
美国	8613	13045	17651	23442	34716	43115	51570	60826	75562	95209

(续)

全球/国家	2012	2013	2014	2015	2016	2017	2018	2019	2020	2021
德国	34077	36710	37900	39224	40679	42293	45158	48914	53721	58461
意大利	16790	18190	18600	18907	19289	19688	20114	20871	21656	22698
印度	982	1599	3773	5693	9979	18252	27453	35203	39385	49684
英国	1753	2937	5528	9601	11914	12760	13073	13346	13462	13689
澳大利亚	3799	4568	5287	5946	6689	7354	8625	12969	17344	19076
法国	4359	5277	6034	7138	7702	8610	9672	10817	12031	14718
韩国	1024	1555	2481	3615	4502	5835	8099	11952	14575	18161
西班牙	6569	6994	7001	7008	7017	7027	7068	11143	12589	15952

资料来源：国际可再生能源署（IRENA）*Renewable Energy Statistics 2022*（《可再生能源统计数据2022》）。

7. 2012~2021年全球及主要国家太阳能光伏发电装机容量

单位：MW

全球/国家	2012	2013	2014	2015	2016	2017	2018	2019	2020	2021
全球	101745	137227	175617	223204	295229	390207	483012	584686	710281	843086
中国	6718	17748	28388	43538	77788	130801	175016	204575 e	253418 o	306403 e
日本	6632	13599	23339	34150	42040	49500	56162	63192	69764 o	74191 o
美国	8137	11759	15984	21684	32958	41357	49812	59068	73814 o	93713 o
德国	34075	36708	37898	39222	40677	42291	45156	48912	53719	58459 o
印度	979 e	1446 e	3444 e	5365 e	9651 e	17923 e	27125 o	34861 e	39043 e	49342 e
意大利	16785	18185	18594	18901	19283	19682	20108	20865	21650	22692 o
英国	1753	2937	5528	9601	11914	12760	13073	13346	13462 o	13689 o

（续）

全球/国家	2012	2013	2014	2015	2016	2017	2018	2019	2020	2021
法国	4359	5277	6034	7138	7702	8610	9672	10808	12022	14709 e
韩国	1024	1555	2481	3615	4502 o	5835	8099	11952	14575 o	18161 o
土耳其	12 u	18 u	40	249	833	3421 o	5063	5995	6667 o	7816 o

注："o"表示数据来源于各国统计机构、政府部门、监管部门以及电力公司等官方渠道。
　　"u"表示数据来源于行业协会和新闻报道等非官方渠道。
　　"e"表示数据由国际可再生能源署（IRENA）通过不同数据源进行的预测。
资料来源：国际可再生能源署（IRENA）Renewable Energy Statistics 2022（《可再生能源统计数据2022》）。

8. 2012~2021年全球及主要国家太阳能光热发电装机容量

单位：MW

全球/国家	2012	2013	2014	2015	2016	2017	2018	2019	2020	2021
全球	2567	3942	4599	4850	4970	5069	5808	6373	6507	6387
西班牙	2000	2304	2304	2304	2304	2304	2304	2304	2304 o	2304 o
美国	476	1286	1667	1758	1758	1758 o	1758 o	1758 o	1748 o	1496 o
摩洛哥	20	20	20	180	180	180 o	540	540	540	540 e
南非	—	—	100 o	100 o	200 o	300 o	400 o	500 u	500 o	500 e
印度	4 e	154 e	329 u	329 u	329 u	329 u	329 u	343 u	343 u	343 u
阿联酋	—	—	100 o	100 o	200 o	300 o	400 o	500 o	500 o	500 e
以色列	6 e	6 e	6 e	6 e	6 e	6 e	6 e	248 u	242 u	242 e
中国	1	11	11	11	31 u	31 u	246 u	396 u	546 u	570 u
阿尔及利亚	25 o	25 o	25 o	25 o	25 o	25 e	25 e	25 e	25 e	25 e

注："o"表示数据来源于各国统计机构、政府部门、监管部门以及电力公司等官方渠道。
　　"u"表示数据来源于行业协会和新闻报道等非官方渠道。
　　"e"表示数据由国际可再生能源署（IRENA）通过不同数据源进行的预测。
资料来源：国际可再生能源署（IRENA）Renewable Energy Statistics 2022（《可再生能源统计数据2022》）。

9. 2012~2021年全球及主要国家生物质能发电装机容量

单位：MW

全球/国家	2012	2013	2014	2015	2016	2017	2018	2019	2020	2021
全球	77198	84545	90605	96351	105245	110966	118256	123940	133025	143371
中国	4617	6089	6653	7977	9269	11234	13235	16537	23583	29753
巴西	9922	11601	12342	13311	14187	14574	14819	15357	15650	16300
美国	11321	12392	12526	13115	13049	12985	12774	12267	12271	13574
印度	3929	4180	5030	5478	8895	9417	10137	10226	10532	10592
德国	7471	7964	8202	8429	8660	8982	9662	9994	10344	10449
英国	3117	3791	4254	4808	5251	5514	6997	7165	7243	7259
瑞典	4348	4013	4483	4716	4850	4822	5021	5299	4462	4462
泰国	2175	2610	2796	3165	3322	3728	4037	4097	4222	4222
意大利	3178	3344	3359	3367	3439	3450	3491	3454	3439	3439
加拿大	2013	2041	2497	2473	2540	2642	2654	2410	2416	2416

资料来源：国际可再生能源署（IRENA）Renewable Energy Statistics 2022（《可再生能源统计数据2022》）。

10. 2012~2021年全球及主要国家地热能发电装机容量

单位：MW

全球/国家	2012	2013	2014	2015	2016	2017	2018	2019	2020	2021
全球	10479	10717	11157	11812	12137	12697	13169	13738	14073	15644
美国	2592	2607	2514	2542	2517	2483	2444	2555	2587 o	3889 o
印度尼西亚	1336 o	1344 o	1404 o	1438 o	1533 o	1808 o	1948 o	2131 o	2131 o	2277 o
菲律宾	1847 o	1847 o	1916 o	1916 o	1916 o	1916 o	1928 o	1928 o	1928 o	1928 o
土耳其	162	311	405	624	821	1064 o	1283	1515	1613 o	1676 o

（续）

全球/国家	2012	2013	2014	2015	2016	2017	2018	2019	2020	2021
新西兰	726	798	924	941	941	941	965	965	984 o	984 e
墨西哥	824	823	813	906	926	926 o	951 o	951 o	951 o	976 o
肯尼亚	206 o	206 o	366 o	619 o	653 o	673 o	684 o	684 o	863 o	863 o
意大利	728	729	768	768	767	767	767 e	767	772	802 o
冰岛	665	665	665	665	665	710	756	756	756	756 e
日本	512	512	508	516	526	476	473	481	481	481 o

注："o"表示数据来源于各国统计机构、政府部门、监管部门以及电力公司等官方渠道。

"u"表示数据来源于行业协会和新闻报道等非官方渠道。

"e"表示数据由国际可再生能源署（IRENA）通过不同数据源进行的预测。

资料来源：国际可再生能源署（IRENA）Renewable Energy Statistics 2022（《可再生能源统计数据2022》）。

（二）2021年全球新能源装机情况

1. 2021年全球可再生能源发电装机容量统计数据（分研究机构）

单位：MW

能源类型	IRENA	BP
风能	824874	824874
太阳能	849473	843086
地热能	15644	—
生物质能	143371	—
非水可再生能源	1703872	1667960

资料来源：国际可再生能源署（IRENA）、英国石油公司（BP）。

2. 2021年全球发电装机容量（分类型）（不含水电）

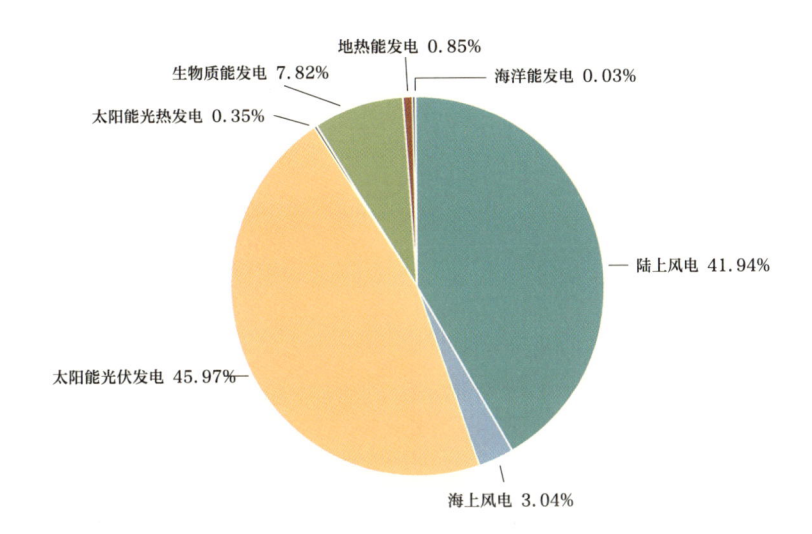

- 地热能发电 0.85%
- 海洋能发电 0.03%
- 生物质能发电 7.82%
- 太阳能光热发电 0.35%
- 太阳能光伏发电 45.97%
- 陆上风电 41.94%
- 海上风电 3.04%

资料来源：国际可再生能源署（IRENA）*Renewable Energy Statistics 2022*（《可再生能源统计数据2022》）。

3. 2021年全球发电量结构（分类型）

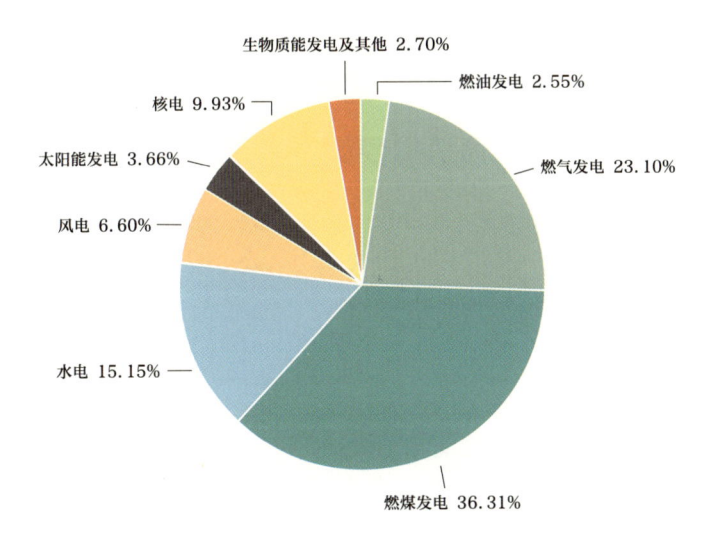

- 生物质能发电及其他 2.70%
- 燃油发电 2.55%
- 核电 9.93%
- 太阳能发电 3.66%
- 风电 6.60%
- 水电 15.15%
- 燃气发电 23.10%
- 燃煤发电 36.31%

资料来源：英国石油公司（BP）*Statistical Review of World Energy 2022*（《BP世界能源统计年鉴2022》）。

4. 2021年全球光伏产业多晶硅制造商产量

单位：吨

多晶硅制造商名称	产量
Daqo New Energy Corp	105000
LONGi Green Energy Technology Co., Ltd.	80000
Wacker Chemie AG	80000
Xinte Energy Co., Ltd.	72000
GCL-Poly Energy Holdings Ltd.	70000
East Hope Group Co., Ltd.	60000
GCL- Poly Energy Holdings Limited/ Tianjin Zhonghuan Semiconductor Co., Ltd.	60000
Tongwei Co., Ltd.	50000
Tongwei Co., Ltd./LONGi Green Energy Technology Co., Ltd.	50000
OCI Co., Ltd.	33500

注：2022年6月"Tianjin Zhonghuan Semiconductor Co., Ltd."变更为"TCL Zhonghua Renewable Energy Technology Co., Ltd."。
资料来源：彭博新能源财经（BNEF）。

5. 2021年全球风电整机制造商装机容量

单位：MW

风电整机制造商名称	装机容量
Vestas Wind System A/S	13083
Siemens Gamesa	7860
General Electric Company	7126
Goldwind	6303
Nordex Acciona	4348

（续）

风电整机制造商名称	装机容量
Envision	3837
Mingyang Smart Energy	3060
Shanghai Electirc Group	2716
CRRC	2636
Windey	2595

资料来源：彭博新能源财经（BNEF）。

6. 2021年全球储能电池制造商装机容量

单位：MWh

储能电池制造商名称	装机容量
Contemporary Amperex Technology Co., Ltd.	821000
BYD Co., Ltd.	496000
EVE Energy Co., Ltd.	428310
China Aviation Lithium Battery Technology Co., Ltd.	420000
SVOLT Energy Technology Co., Ltd.	279000
Envision AESC Holding Ltd.	200100
LG Energy Solution	188000
Ruipu Energy Co., Ltd.	176000
Sunwoda Electronic Co., Ltd.	164000
Hubei Hengxindelong Industry Co., Ltd.	150000

资料来源：彭博新能源财经（BNEF）。

（三）历年全球能源发电量

1. 2012～2021年全球发电量结构

单位：TWh

全球发电量	2012	2013	2014	2015	2016	2017	2018	2019	2020	2021
全球	22817.5	23452.4	24049.8	24292.0	24924.2	25647.7	26677.3	27036.6	26889.2	28466.3
燃油发电	1137.2	1076.3	1027.1	1021.7	949.5	862.2	776.5	700.6	661.7	720.3
燃气发电	5244.6	5127.8	5278.9	5622.2	5858.4	5957.9	6206.6	6421.0	6371.7	6518.5
燃煤发电	9107.2	9576.6	9752.3	9406.5	9423.5	9716.7	10097.7	9863.1	9439.3	10244.0
水电	3649.8	3795.9	3894.2	3885.0	4018.7	4066.7	4176.7	4227.9	4346.0	4273.8
风电	530.5	635.5	705.9	831.3	962.1	1140.4	1270.0	1420.5	1596.4	1861.9
太阳能发电	101.5	138.6	196.4	254.7	327.6	445.5	576.2	703.9	846.2	1032.5
核电	2470.8	2490.5	2541.4	2575.6	2613.9	2637.2	2696.6	2796.6	2694.0	2800.3
生物质能发电及其他	435.7	471.0	510.3	551.1	560.0	596.4	643.0	674.7	703.9	762.8

资料来源：英国石油公司（BP）*Statistical Review of World Energy 2022*（《BP世界能源统计年鉴2022》）。

2. 2012～2021年全球及主要国家发电量

单位：TWh

全球/国家	2012	2013	2014	2015	2016	2017	2018	2019	2020	2021
全球	22817.5	23452.4	24049.8	24292.0	24924.2	25647.7	26677.3	27036.6	26889.2	28466.3
中国	4987.6	5431.6	5794.5	5814.6	6133.2	6604.4	7166.1	7503.4	7779.1	8534.3
美国	4310.6	4330.3	4363.3	4348.7	4347.9	4302.5	4461.6	4411.2	4284.8	4406.4
印度	1091.8	1146.1	1262.2	1322.1	1401.7	1471.3	1579.2	1622.1	1563.3	1714.8
俄罗斯	1069.3	1059.1	1064.2	1067.5	1091.0	1091.2	1109.2	1118.1	1085.4	1157.1
日本	1106.9	1087.8	1062.7	1030.1	1035.1	1042.1	1053.2	1025.8	997.0	1019.7

（续）

全球/国家	2012	2013	2014	2015	2016	2017	2018	2019	2020	2021
巴西	552.5	570.8	590.5	581.2	578.9	589.3	601.4	626.3	621.3	654.4
加拿大	636.5	655.7	647.6	659.3	663.7	664.5	655.8	650.8	649.1	641.0
韩国	531.2	537.2	540.4	547.8	561.0	576.4	592.9	586.8	575.3	600.4
德国	628.9	637.6	625.7	646.1	648.2	651.4	640.2	607.0	573.6	584.5
法国	565.2	575.3	564.8	571.7	556.2	554.0	574.0	562.8	523.7	547.2

资料来源：英国石油公司（BP）*Statistical Review of World Energy 2022*（《BP世界能源统计年鉴2022》）。

3. 2012~2021年全球及主要国家燃油发电量

单位：TWh

全球/国家	2012	2013	2014	2015	2016	2017	2018	2019	2020	2021
全球	1137.2	1076.3	1027.1	1021.7	949.5	862.2	776.5	700.6	661.7	720.3
沙特阿拉伯	145.8	145.9	168.8	183.7	170.4	165.8	134.7	129.2	130.8	139.9
伊朗	77.7	101.6	64.3	56.3	38.3	27.4	27.7	32.2	37.0	48.7
墨西哥	55.7	47.7	32.5	31.2	33.5	38.9	35.7	34.8	32.4	32.8
日本	205.6	165.0	121.5	103.6	92.2	69.5	60.4	37.5	36.7	31.3
埃及	23.6	29.9	35.1	39.8	36.6	27.6	23.8	25.2	22.7	26.9
巴西	18.8	25.5	34.1	28.3	14.6	15.2	12.2	9.9	10.5	21.9
美国	24.9	29.2	32.5	30.4	26.0	23.0	27.1	19.7	18.6	20.2
中国	10.9	10.0	9.5	9.7	10.4	9.9	10.9	10.5	10.8	12.2
西班牙	15.3	13.9	14.1	17.2	16.8	15.8	14.5	12.3	10.7	10.3
俄罗斯	28.1	8.7	10.7	10.1	11.0	6.9	7.9	8.5	8.2	8.5

资料来源：英国石油公司（BP）*Statistical Review of World Energy 2022*（《BP世界能源统计年鉴2022》）。

4. 2012～2021年全球及主要国家燃气发电量

单位：TWh

全球/国家	2012	2013	2014	2015	2016	2017	2018	2019	2020	2021
全球	5244.6	5127.8	5278.9	5622.2	5858.4	5957.9	6206.6	6421.0	6371.7	6518.5
美国	1318.2	1209.5	1211.4	1433.9	1482.1	1394.0	1579.7	1705.2	1746.4	1693.8
俄罗斯	526.1	530.0	534.8	529.8	521.8	516.3	523.7	512.3	464.9	496.8
日本	430.9	419.7	447.7	414.0	394.5	400.4	387.6	363.7	353.6	326.1
伊朗	156.4	137.7	192.0	206.6	225.3	252.5	266.3	244.5	268.2	288.3
中国	110.3	116.4	133.3	166.9	188.3	203.2	215.5	232.5	252.5	272.6
沙特阿拉伯	125.8	138.1	143.0	154.7	167.0	188.5	200.0	206.0	207.0	215.9
墨西哥	153.6	165.5	174.0	186.3	192.0	192.7	200.4	210.8	200.1	203.3
韩国	126.8	141.3	128.7	119.8	128.0	134.2	162.1	154.1	159.9	176.4
埃及	124.4	120.3	121.4	126.4	135.8	150.1	159.3	154.8	151.3	157.6
意大利	129.1	108.9	93.6	110.9	126.1	140.3	128.5	141.7	133.7	146.4

资料来源：英国石油公司（BP）*Statistical Review of World Energy 2022*（《BP世界能源统计年鉴2022》）。

5. 2012～2021年全球及主要国家燃煤发电量

单位：TWh

全球/国家	2012	2013	2014	2015	2016	2017	2018	2019	2020	2021
全球	9107.2	9576.6	9752.3	9406.5	9423.5	9716.7	10097.7	9863.1	9439.3	10244.0
中国	3748.2	4077.4	4203.1	4046.2	4156.4	4430.0	4763.9	4855.2	4920.8	5339.1
印度	787.1	848.0	949.9	1006.6	1073.6	1115.2	1198.9	1198.8	1125.8	1271.1
美国	1640.8	1713.9	1713.7	1468.3	1346.2	1310.0	1250.5	1051.1	844.3	978.5
日本	330.8	359.2	353.1	346.7	322.9	320.1	314.5	307.2	298.0	301.9

(续)

全球/国家	2012	2013	2014	2015	2016	2017	2018	2019	2020	2021
韩国	217.8	218.5	218.9	226.5	227.4	251.7	251.2	241.3	209.8	211.7
南非	236.7	230.7	226.8	224.6	222.0	224.6	225.9	218.2	202.6	209.6
俄罗斯	169.2	161.9	158.7	158.6	171.5	174.0	176.6	187.5	175.8	204.7
印度尼西亚	102.2	111.3	119.5	124.7	135.4	148.0	160.0	174.5	180.9	190.0
德国	277.1	288.2	274.4	272.2	261.7	241.2	228.2	171.4	134.6	162.6
澳大利亚	165.4	155.4	155.2	162.2	162.4	159.2	156.6	149.8	142.9	137.4

资料来源：英国石油公司（BP）*Statistical Review of World Energy 2022*（《BP世界能源统计年鉴2022》）。

6. 2012~2021年全球及主要国家非化石能源发电量

单位：TWh

全球/国家	2012	2013	2014	2015	2016	2017	2018	2019	2020	2021
全球	7180.4	7524.0	7842.9	8091.1	8476.0	8889.5	9372.9	9827.0	10186.5	10731.3
中国	1097.9	1204.9	1422.5	1565.0	1736.0	1915.2	2130.3	2363.3	2551.1	2860.0
美国	1312.2	1363.3	1391.6	1401.4	1479.3	1561.9	1590.7	1621.1	1661.9	1701.2
加拿大	497.6	518.2	513.8	523.1	532.5	541.1	533.4	529.5	533.4	522.8
巴西	472.2	454.0	448.1	446.0	481.7	482.8	511.0	531.6	537.0	521.5
法国	509.7	523.1	530.8	529.4	502.2	491.3	526.4	512.1	478.3	500.1
俄罗斯	341.5	354.2	355.0	364.4	382.3	389.5	396.6	405.2	431.9	442.3
印度	198.4	221.2	236.7	241.5	246.1	272.3	302.7	348.3	360.4	376.1
德国	242.9	249.2	258.2	279.0	272.9	291.1	298.1	315.4	314.5	305.7
日本	129.3	135.2	133.9	158.5	169.4	195.8	228.9	245.9	238.2	269.1
韩国	162.9	153.2	173.9	184.2	183.8	175.4	164.0	179.2	195.1	201.3

资料来源：英国石油公司（BP）*Statistical Review of World Energy 2022*（《BP世界能源统计年鉴2022》）。

7. 2012~2021年全球及主要国家可再生能源发电量

单位：TWh

全球/国家	2012	2013	2014	2015	2016	2017	2018	2019	2020	2021
全球	1067.8	1245.1	1412.5	1637.2	1849.6	2182.3	2489.2	2799.2	3146.6	3657.2
中国	136.8	183.8	229.5	279.1	369.5	502.0	636.4	742.0	863.2	1152.5
美国	228.3	266.2	296.8	315.8	367.4	417.7	451.6	483.7	547.7	624.5
德国	121.7	129.0	141.4	168.3	167.7	194.7	204.4	220.6	231.8	217.6
印度	49.5	55.9	63.0	69.9	79.8	99.1	123.9	141.1	152.0	171.9
巴西	40.8	47.6	59.3	71.6	84.9	96.1	106.3	117.6	126.5	144.0
日本	34.2	41.2	52.2	68.2	72.3	87.5	98.7	106.7	117.8	130.3
英国	35.9	48.5	58.6	77.1	77.6	93.0	104.6	113.7	127.8	116.9
西班牙	66.4	74.2	71.1	68.9	68.2	69.5	69.8	73.8	83.2	95.8
意大利	50.3	59.2	62.1	63.4	65.6	67.7	65.6	69.4	68.8	71.4
法国	25.5	28.6	31.5	37.5	39.1	44.0	49.5	57.1	63.3	62.8

资料来源：英国石油公司（BP）*Statistical Review of World Energy 2022*（《BP世界能源统计年鉴2022》）。

8. 2012~2021年全球及主要国家风力发电量

单位：TWh

全球/国家	2012	2013	2014	2015	2016	2017	2018	2019	2020	2021
全球	530.5	635.5	705.9	831.3	962.1	1140.4	1270.0	1420.5	1596.4	1861.9
中国	103.0	138.3	159.8	185.6	240.9	304.6	365.8	405.3	466.5	655.6
美国	142.2	169.5	183.5	192.6	229.3	256.9	275.4	298.9	341.4	383.6
德国	51.7	52.7	58.5	80.6	79.9	105.7	110.0	125.9	132.1	117.7
巴西	5.1	6.6	12.2	21.6	33.5	42.4	48.5	56.0	57.1	72.3

（续）

全球/国家	2012	2013	2014	2015	2016	2017	2018	2019	2020	2021
印度	27.4	30.0	33.5	32.7	43.5	52.6	60.3	63.3	60.4	68.1
英国	19.8	28.4	32.0	40.3	37.2	49.6	56.9	63.8	75.4	64.5
西班牙	49.5	55.8	52.0	49.3	48.9	49.1	50.9	53.1	56.4	62.4
法国	15.1	16.1	17.3	21.4	21.3	24.5	28.5	34.6	39.7	37.0
加拿大	11.3	11.1	12.8	27.0	30.9	31.5	33.1	32.9	35.6	35.1
土耳其	5.9	7.6	8.5	11.7	15.5	17.9	19.9	21.7	24.8	31.1

资料来源：英国石油公司（BP）*Statistical Review of World Energy 2022*（《BP世界能源统计年鉴2022》）。

9. 2012~2021年全球及主要国家太阳能发电量

单位：TWh

全球/国家	2012	2013	2014	2015	2016	2017	2018	2019	2020	2021
全球	101.5	138.6	196.4	254.7	327.6	445.5	576.2	703.9	846.2	1032.5
中国	3.6	8.4	23.5	39.5	66.5	117.8	176.9	224.0	261.1	327.0
美国	9.0	16.0	29.2	39.4	55.4	78.1	94.3	108.0	132.0	165.4
日本	7.4	12.9	23.5	34.5	43.3	54.2	62.1	67.7	75.1	86.3
印度	2.1	3.4	4.9	6.6	11.6	21.5	36.3	46.3	58.7	68.3
德国	26.7	30.6	34.6	37.2	36.7	37.9	43.5	44.4	48.6	49.0
澳大利亚	2.4	3.8	5.0	6.2	7.4	8.9	12.3	18.3	23.8	31.2
西班牙	12.0	13.1	13.7	13.9	13.6	14.3	12.7	15.1	20.7	26.8
越南	—	—	—	—	—	—	0.1	5.3	10.9	25.8
意大利	18.9	21.6	22.3	22.9	22.1	24.4	22.7	23.7	24.6	25.1
韩国	1.1	1.7	2.7	4.2	5.5	7.7	10.2	14.2	19.3	21.8

资料来源：英国石油公司（BP）*Statistical Review of World Energy 2022*（《BP世界能源统计年鉴2022》）。

10. 2012~2021年全球及主要国家核电发电量

单位：TWh

全球/国家	2012	2013	2014	2015	2016	2017	2018	2019	2020	2021
全球	2470.8	2490.5	2541.4	2575.6	2613.9	2637.2	2696.6	2796.6	2694.0	2800.3
美国	809.8	830.5	839.1	839.1	848.1	847.3	849.6	852.0	831.5	819.1
中国	98.3	111.5	133.2	171.4	213.2	248.1	295.0	348.7	366.2	407.5
法国	425.4	423.7	436.5	437.4	403.2	398.4	412.9	399.0	353.8	379.4
俄罗斯	177.5	172.5	180.8	195.5	196.6	203.1	204.6	209.0	215.9	222.4
韩国	150.3	138.8	156.4	164.8	162.0	148.4	133.5	145.9	160.2	158.0
加拿大	94.2	102.7	106.5	101.1	100.7	100.6	100.0	100.5	97.5	92.0
乌克兰	90.1	83.2	88.4	87.6	81.0	85.6	84.4	83.0	76.2	86.2
德国	99.5	97.3	97.1	91.8	84.6	76.3	76.0	75.1	64.4	69.0
日本	18.0	14.6	—	4.5	17.7	29.1	49.1	65.6	43.0	61.2
西班牙	61.5	56.7	57.3	57.3	58.6	58.1	55.8	58.3	58.3	56.5

资料来源：英国石油公司（BP）*Statistical Review of World Energy 2022*（《BP世界能源统计年鉴2022》）。

11. 2012~2021年全球及主要国家生物质能发电及其他发电量

单位：TWh

全球/国家	2012	2013	2014	2015	2016	2017	2018	2019	2020	2021
全球	435.7	471.0	510.3	551.1	560.0	596.4	643.0	674.7	703.9	762.8
中国	30.1	37.1	46.3	54.1	62.1	79.6	93.7	112.7	135.6	169.9
美国	77.0	80.7	84.1	83.7	82.7	82.8	81.9	76.8	74.3	75.5
巴西	35.8	41.0	47.1	49.9	51.3	52.9	54.4	54.9	58.7	55.0
德国	43.2	45.6	48.4	50.5	51.1	51.1	51.0	50.3	51.1	50.9

（续）

全球/国家	2012	2013	2014	2015	2016	2017	2018	2019	2020	2021
英国	14.7	18.1	22.6	29.3	30.1	31.9	35.0	37.3	39.3	40.0
日本	22.1	23.2	23.6	28.5	23.7	27.4	30.1	32.2	34.8	35.8
印度	19.9	22.5	24.7	30.6	24.8	24.9	27.2	31.5	32.9	35.5
印度尼西亚	9.7	9.6	10.3	10.5	11.2	13.4	26.4	26.3	27.9	30.9
意大利	18.1	22.7	24.6	25.6	25.8	25.6	25.3	25.6	25.7	25.8
土耳其	1.5	2.2	3.4	4.7	7.2	9.1	11.1	13.6	15.8	18.7

资料来源：英国石油公司（BP）*Statistical Review of World Energy 2022*（《BP世界能源统计年鉴2022》）。

12. 2012~2021年全球及主要国家水电发电量

单位：TWh

全球/国家	2012	2013	2014	2015	2016	2017	2018	2019	2020	2021
全球	3649.8	3795.9	3894.2	3885.0	4018.7	4066.7	4176.7	4227.9	4346.0	4273.8
中国	862.8	909.6	1059.7	1114.5	1153.3	1165.1	1198.9	1272.5	1321.7	1300.0
加拿大	380.3	391.8	382.5	382.2	385.4	394.6	385.9	381.8	386.5	380.8
巴西	415.3	391.0	373.4	359.7	380.9	370.9	389.0	397.9	396.4	362.8
美国	274.0	266.5	255.8	246.5	263.8	296.8	289.5	285.5	282.8	257.7
俄罗斯	163.5	181.2	173.4	168.0	184.6	185.2	190.6	194.4	212.4	214.5
印度	115.8	132.0	139.0	133.3	128.4	135.8	139.8	162.1	163.7	160.3
挪威	141.7	128.2	135.4	137.3	142.4	142.0	139.0	125.1	140.7	143.1
日本	77.1	79.3	81.7	85.8	79.4	79.3	81.1	73.6	77.4	77.6
越南	53.3	57.8	62.2	57.2	64.2	87.6	84.5	66.5	73.4	75.9
瑞典	78.9	61.4	63.8	75.3	62.0	65.0	62.1	65.2	72.1	71.5

资料来源：英国石油公司（BP）*Statistical Review of World Energy 2022*（《BP世界能源统计年鉴2022》）。

三 全球新能源投资数据

（一）投资

1. 2012~2021年全球新能源投资（分类型）

单位：十亿美元

能源类型	2012	2013	2014	2015	2016	2017	2018	2019	2020	2021
风能	109.1	104.4	148.3	164.5	166.7	191.8	202.1	231.7	231.0	234.1
太阳能	153.5	126.9	162.6	199.2	186.9	222.1	180.3	163.9	220.8	270.9
海洋能	0.1	0	0.1	0	0.1	—	0	—	—	—
生物质能及废弃物	16.5	15.5	13.9	14.4	16.7	12.1	17.9	16.5	11.7	13.0
生物燃料	5.7	3.4	4.3	1.8	1.2	1.7	1.9	4.8	1.7	4.6
小型水电	7.3	7.5	7.5	5.9	4.6	4.4	3.6	2.2	1.4	1.3
地热能	1.9	1.1	3.0	2.9	2.5	3.6	3.0	1.4	3.8	2.8
全球	294.1	258.8	339.7	388.7	378.7	435.7	408.8	420.5	470.4	526.7

资料来源：彭博新能源财经（BNEF）。

2. 2012~2021年全球新能源投资（分国家）

单位：十亿美元

全球/国家	2012	2013	2014	2015	2016	2017	2018	2019	2020	2021
全球	294.0	258.8	339.7	388.6	378.8	435.7	408.0	423.8	471.8	528.6
中国	54.2	62.7	91.7	126.5	117.2	152.7	103.5	113.4	117.8	173.0
美国	58.5	45.1	69.7	68.6	82.3	94.5	87.3	95.7	95.4	103.7
其他主要国家	27.1	20.4	26.3	25.8	21.9	19.7	40.7	28.2	27.7	45.5
日本	16.6	30.8	37.4	35.6	24.1	22.5	21.4	18.3	26.2	18.9

（续）

全球/国家	2012	2013	2014	2015	2016	2017	2018	2019	2020	2021
西班牙	5.6	1.2	2.4	5.7	4.4	3.6	11.7	18.2	24.1	18.4
英国	14.9	17.6	25.9	37.4	36.1	24.8	29.3	19.5	22.5	18.0
德国	29.6	17.7	17.9	19.2	17.9	19.6	11.4	10.8	16.8	15.7
印度	6.7	5.1	6.8	8.2	13.3	17.0	12.5	10.7	9.4	14.5
巴西	10.3	6.6	9.7	10.1	8.0	12.3	7.1	9.8	11.3	13.0
越南	0.2	0.2	0.1	0.2	0.5	0.5	5.2	3.5	19.5	10.3
澳大利亚	5.3	6.5	3.1	3.8	4.2	8.6	12.6	9.6	8.4	10.1
荷兰	1.8	1.8	6.2	1.3	4.3	7.6	6.4	6.9	12.6	10.0
朝鲜	1.7	1.6	2.2	1.8	2.3	1.8	2.3	3.6	7.3	9.6
加拿大	7.8	10.3	8.4	7.0	6.0	4.7	5.7	3.1	3.3	9.3

资料来源：彭博新能源财经（BNEF）。

3. 2012~2021年全球及主要国家风能投资

单位：十亿美元

陆上风能投资	2012	2013	2014	2015	2016	2017	2018	2019	2020	2021
全球	99.6	93.0	125.2	137.3	130.4	150.0	157.3	184.2	156.8	183.1
中国	24.1	26.2	40.0	45.3	35.2	40.2	39.0	55.5	48.0	62.7
美国	27.8	17.6	33.5	31.2	33.6	43.0	48.7	53.0	38.9	40.5
其他主要国家	9.2	6.9	7.5	6.2	6.2	6.0	13.9	12.8	10.1	11.5
加拿大	4.8	7.2	4.3	4.9	4.2	3.1	5.2	2.6	2.4	6.9
巴西	5.1	4.5	6.9	8.1	6.4	8.5	2.6	5.5	5.7	6.1

(续)

陆上风能投资	2012	2013	2014	2015	2016	2017	2018	2019	2020	2021
芬兰	0.3	0.4	0.8	1.0	1.0	0.6	0.5	2.4	2.6	5.6
西班牙	1.7	0.1	1.5	0.4	1.6	0.6	2.8	8.0	5.5	5.2
印度	3.0	3.1	2.9	3.9	6.1	5.1	4.5	2.9	2.7	4.5
越南	0.1	—	—	0.1	0.2	0.2	0.3	0.4	3.2	4.5
德国	3.0	5.8	8.1	9.7	9.5	7.9	4.0	3.1	4.5	4.4

海上风能投资	2012	2013	2014	2015	2016	2017	2018	2019	2020	2021
全球	0.4	1.1	2.4	3.3	3.9	11.8	11.1	15.3	25.1	12.4
中国	4.4	2.9	8.7	15.2	20.9	12.2	20.1	11.8	15.9	11.0
英国	3.1	6.5	6.5	7.0	6.3	9.8	4.1	3.2	7.3	5.8
德国	—	—	—	—	0.1	0.1	1.3	9.2	7.8	5.5
美国	—	—	—	0.3	0.2	0.1	0.5	0.5	0	5.2
荷兰	—	0.7	4.5	—	0.5	5.7	2.4	1.8	6.4	3.2
法国	—	—	—	0	0.2	—	0.1	3.0	4.6	3.0
越南	—	0.2	—	—	0.3	0.1	—	0.4	1.7	1.5
爱尔兰	—	—	—	—	—	—	0.5	0	0.4	1.2
丹麦	—	0.1	0.6	0	1.2	—	1.7	—	—	0.9

资料来源：彭博新能源财经（BNEF）。

4. 2012～2021年全球及主要国家太阳能投资

单位：十亿美元

光伏投资	2012	2013	2014	2015	2016	2017	2018	2019	2020	2021
全球	146.8	124.9	152.9	188.7	183.0	218.4	175.1	158.8	215.1	257.2

（续）

光伏投资	2012	2013	2014	2015	2016	2017	2018	2019	2020	2021
中国	23.2	28.8	44.1	72.7	73.2	93.9	45.0	32.9	39.6	87.7
美国	25.8	23.7	26.2	34.8	46.9	49.2	36.4	38.7	53.3	51.8
其他主要国家	11.7	9.7	13.8	11.3	10.5	11.2	23.4	12.7	15.8	31.9
日本	16.1	29.7	35.2	33.1	21.3	19.3	15.7	14.7	19.2	12.8
印度	2.5	1.5	3.5	4.2	6.7	11.4	7.2	7.2	6.3	9.5
西班牙	0.7	0.4	0.1	1.1	1.3	1.0	5.7	9.5	14.0	8.0
巴西	0.1	0	0.1	0.5	0.8	3.1	3.4	3.6	5.3	6.7
朝鲜	0.7	1.0	0.7	0.6	0.6	0.9	0.9	2.4	6.6	6.0
澳大利亚	3.5	2.4	2.0	1.4	1.9	5.0	5.6	4.4	6.5	5.9
光热投资	2012	2013	2014	2015	2016	2017	2018	2019	2020	2021
全球	6.8	2.0	9.7	10.5	4.0	3.7	5.2	5.1	5.6	13.7
中国	0.1	0.3	0.4	0.6	0.2	1.9	1.5	—	—	8.3
西班牙	2.9	0.7	0.6	4.2	1.4	1.5	2.9	0.5	4.5	5.0
其他主要国家	2.6	0.6	1.0	5.7	1.6	0	—	0.7	0.3	0.2
印度	0.5	—	—	—	—	—	0	—	—	0.1
法国	—	0.1	—	—	0.1	—	0	—	0.1	0.1
美国	0.4	0.3	7.5	—	0.7	—	—	—	0.7	—

资料来源：彭博新能源财经（BNEF）。

5. 2012～2021年全球及主要国家生物质能投资

单位：十亿美元

生物质能投资	2012	2013	2014	2015	2016	2017	2018	2019	2020	2021
全球	16.5	15.5	13.9	14.4	16.8	12.1	15.9	17.9	11.7	13.0
日本	0.2	0.4	1.6	1.9	1.3	2.0	3.2	3.1	3.7	4.3
英国	2.7	3.6	3.0	3.9	5.8	2.7	2.7	1.9	1.5	2.7
中国	3.8	3.6	1.4	2.2	2.2	2.8	4.6	7.5	4.1	1.5
阿联酋	0	—	—	—	—	—	0.2	—	0.9	1.2
波兰	0	0	0.4	0.2	—	—	—	—	0.2	1.0
朝鲜	0.5	0.3	0.9	0.9	1.0	0.3	1.1	—	—	0.7
印度	0.8	1.1	0.9	0.2	0.7	0.8	0.6	0.9	0.6	0.3
法国	0.3	0.2	0	0	0.4	0.4	0.4	0.3	0.2	0.3
美国	0.2	1.3	0.3	0.2	0.2	0.1	0.2	0	0.1	0.2

资料来源：彭博新能源财经（BNEF）。

6. 2012～2021年全球及主要国家地热能投资

单位：十亿美元

地热能投资	2012	2013	2014	2015	2016	2017	2018	2019	2020	2021
全球	1.9	1.1	3.0	2.8	2.5	3.6	3.0	1.4	3.8	2.8
美国	0.4	0.2	0.3	0.3	0	0.3	0.2	0.5	1.6	2.3
其他主要国家	1.0	0.4	0.8	1.6	2.2	0.9	1.8	0.4	0.1	0.3
加拿大	—	—	—	—	—	—	—	—	—	0.1
印度尼西亚	0.2	0.4	1.7	—	0.1	1.5	0.7	0.2	2.0	—
菲律宾	—	—	0.1	0.4	0	0.6	—	—	—	—

资料来源：彭博新能源财经（BNEF）。

（二）融资

1. 2012～2021年全球可再生能源产业融资情况（能源类型）

单位：十亿美元

能源类型	2012	2013	2014	2015	2016	2017	2018	2019	2020	2021
风能	47.2	42.9	68.0	149.4	80.5	92.2	102.2	115	114.3	97.8
太阳能	31.8	33.2	36.8	57.8	55.9	62.4	64.1	47.6	57.2	64.9
生物质能及废弃物	8.0	8.3	9.3	9.0	6.3	8.1	6.7	9.0	4.5	8.4
生物燃料	4.5	2.9	1.7	0.9	0.7	0.3	1.3	3.4	1.7	2.1
小型水电	1.6	2.5	2.0	1.2	1.0	0.5	0.7	0.6	0.4	0.1
地热能	0.6	0.5	2.2	0.9	1.3	1.8	1.5	0.2	2.6	2.5
海洋能	0.08	0	0.1	0.014	0.06	—	0.05	—	—	—
合计	93.78	90.3	120.1	219.214	145.76	165.3	176.55	175.8	180.7	175.8

资料来源：彭博新能源财经（BNEF）。

2. 2012～2021年全球可再生能源产业融资情况（资产类型）

单位：十亿美元

资产类型	2012	2013	2014	2015	2016	2017	2018	2019	2020	2021
资产融资	98.7	95.2	121.5	153.1	153.3	169.6	178.4	179.3	182.5	181.2
兼并重组	8.7	8.7	6.0	14.3	25.4	20.4	21.4	19.7	20.5	29.5
私募股权	1.4	1.6	3.5	3.5	3.6	8.1	13.0	3.3	10.1	17.2
风险资本	1.6	1.0	1.8	1.5	0.9	1.6	1.5	1.5	2.4	8.2
合计	110.4	106.5	132.8	172.4	183.2	199.7	214.3	203.8	215.5	236.1

资料来源：彭博新能源财经（BNEF）。

3. 2012~2021年全球新能源产业融资情况（投资类型）

单位：十亿美元

投资类型	2012	2013	2014	2015	2016	2017	2018	2019	2020	2021
新增投资	76.2	66.3	98.6	114.1	113.8	120.7	117.9	135.1	132.8	143.0
收购	19.5	25.9	24.5	38.6	48.0	46.9	64.7	39.1	48.6	62.4
再融资	14.8	14.3	9.7	19.8	21.6	31.4	31.7	29.6	34.1	30.7
合计	110.5	106.5	132.8	172.5	183.4	199.0	214.3	203.8	215.5	236.1

资料来源：彭博新能源财经（BNEF）。

4. 2012~2021年全球光热融资情况（投资类型）

单位：十亿美元

投资类型	2012	2013	2014	2015	2016	2017	2018	2019	2020	2021
新增投资	19.2	22.6	28.2	41.8	40.5	45.8	38.5	29.6	36.4	46.4
收购	5.2	4.7	4.6	6.6	6.0	4.4	13.4	3.5	5.6	4.8
再融资	3.1	4.4	2.8	4.6	7.1	9.7	9.0	9.4	11.6	10.1
合计	27.5	31.7	35.6	53.0	53.6	59.9	60.9	42.5	53.6	61.3

资料来源：彭博新能源财经（BNEF）。

5. 2012~2021年全球光伏融资情况（投资类型）

单位：十亿美元

投资类型	2012	2013	2014	2015	2016	2017	2018	2019	2020	2021
新增投资	3.9	0.9	0.9	3.2	0.9	1.6	0.9	4.6	0	0.5
收购	0.2	0.3	0	0	0.1	0.2	1.4	0.1	0.6	0
再融资	0.3	0.4	0.4	1.5	1.3	0.8	0.9	0.4	2.9	3.2
合计	4.4	1.6	1.3	4.7	2.3	2.6	3.2	5.1	3.5	3.7

资料来源：彭博新能源财经（BNEF）。

6. 2012~2021年全球陆上风能融资情况（投资类型）

单位：十亿美元

投资类型	2012	2013	2014	2015	2016	2017	2018	2019	2020	2021
新增投资	28.8	24.9	34.3	43.1	35.0	45.2	44.0	57.0	40.0	41.5
收购	2.5	5.2	7.4	9.7	9.0	6.1	7.8	8.1	5.6	6.0
再融资	9.8	7.2	5.6	10.7	9.8	12.0	10.7	12.5	12.8	8.9
合计	41.1	37.3	47.3	63.5	53.8	63.3	62.5	77.6	58.4	56.4

资料来源：彭博新能源财经（BNEF）。

7. 2012~2021年全球海上风能融资情况（投资类型）

单位：十亿美元

投资类型	2012	2013	2014	2015	2016	2017	2018	2019	2020	2021
新增投资	4.4	4.5	15.9	11.8	19.7	16.3	22.2	28.3	44.0	31.8
收购	1.4	0.7	4.2	3.4	4.1	6.6	8.2	4.2	7.7	5.0
再融资	0.4	0.4	0.5	2.3	2.9	6.1	9.3	4.8	4.2	4.6
合计	6.2	5.6	20.6	17.5	26.7	29.0	39.7	37.3	55.9	41.4

资料来源：彭博新能源财经（BNEF）。

8. 2012~2021年全球生物质能融资情况（投资类型）

单位：十亿美元

投资类型	2012	2013	2014	2015	2016	2017	2018	2019	2020	2021
新增投资	7.6	7.9	8.7	7.8	6.1	4.3	5.2	7.8	4.4	6.4
收购	0.3	0.3	0.6	1.0	0.1	1.5	0.4	0.7	0.01	1.8
再融资	0.1	0.1	0.1	0.3	0.1	2.4	1.2	0.5	0.02	0.2
合计	8.0	8.3	9.4	9.1	6.3	8.2	6.8	9.0	4.43	8.4

资料来源：彭博新能源财经（BNEF）。

9. 2012~2021年全球地热能融资情况（投资类型）

单位：十亿美元

投资类型	2012	2013	2014	2015	2016	2017	2018	2019	2020	2021
新增投资	0.4	0.06	2.1	0.9	1.3	1.0	1.3	0.1	0.1	0.2
收购	0.01	0.1	0.01	0.02	0.04	0.3	0	0	0.03	0.4
再融资	0.2	0.4	0.1	0.01	—	0.5	0.2	0.06	2.5	1.9
合计	0.61	0.56	2.21	0.93	1.34	1.8	1.5	0.16	2.63	2.5

资料来源：彭博新能源财经（BNEF）。

（三）成本

1. 2022年上半年全球陆上风电平准化度电成本（LCOE）

单位：$/MWh

国家	技术类型	LCOE（低）	LCOE（高）
阿根廷	陆上风电	32	70
澳大利亚	陆上风电	41	103
巴西	陆上风电	19	40
加拿大	陆上风电	33	51
智利	陆上风电	28	59
中国	陆上风电	29	57
法国	陆上风电	40	74
德国	陆上风电	41	74
印度	陆上风电	31	49
印度尼西亚	陆上风电	97	205
意大利	陆上风电	45	70

(续)

国家	技术类型	LCOE（低）	LCOE（高）
日本	陆上风电	12	179
墨西哥	陆上风电	32	79
荷兰	陆上风电	47	661
巴拿马	陆上风电	72	93
秘鲁	陆上风电	34	59
菲律宾	陆上风电	62	163
波兰	陆上风电	50	72
南非	陆上风电	59	96
韩国	陆上风电	87	187
西班牙	陆上风电	31	66
瑞典	陆上风电	37	61
泰国	陆上风电	81	184
土耳其	陆上风电	40	70
英国	陆上风电	43	65
美国	陆上风电	33	67
越南	陆上风电	63	166

资料来源：彭博新能源财经（BNEF）。

2. 2022年上半年全球海上风电平准化度电成本（LCOE）

单位：$/MWh

国家	技术类型	LCOE（低）	LCOE（高）
比利时	海上风电	93	112

(续)

国家	技术类型	LCOE（低）	LCOE（高）
中国	海上风电	62	109
丹麦	海上风电	57	91
法国	海上风电	142	221
德国	海上风电	84	164
荷兰	海上风电	71	77
英国	海上风电	65	99
美国	海上风电	116	152

资料来源：彭博新能源财经（BNEF）。

3. 2022年上半年全球陆上风电+储能平准化度电成本（LCOE）

单位：$/MWh

国家	技术类型	LCOE（低）	LCOE（高）
澳大利亚	陆上风电+储能	65	174
中国	陆上风电+储能	44	102
德国	陆上风电+储能	57	119
印度	陆上风电+储能	46	112
日本	陆上风电+储能	147	298
英国	陆上风电+储能	51	110
美国	陆上风电+储能	46	1112

资料来源：彭博新能源财经（BNEF）。

4. 2022年上半年全球公用事业电池储能平准化度电成本（LCOE）

单位：$/MWh

国家	技术类型	LCOE（低）	LCOE（高）
澳大利亚	公用事业储能（1h）	177	201
中国	公用事业储能（1h）	151	223
德国	公用事业储能（1h）	218	277
印度	公用事业储能（1h）	198	232
日本	公用事业储能（1h）	568	607
英国	公用事业储能（1h）	211	268
美国	公用事业储能（1h）	174	185
澳大利亚	公用事业储能（4h）	108	172
中国	公用事业储能（4h）	107	169
德国	公用事业储能（4h）	164	211
印度	公用事业储能（4h）	141	166
日本	公用事业储能（4h）	284	633
英国	公用事业储能（4h）	162	208
美国	公用事业储能（4h）	116	164

资料来源：彭博新能源财经（BNEF）。

5. 2022年上半年全球太阳能光伏发电平准化度电成本（LCOE）

单位：$/MWh

国家	技术类型	LCOE（低）	LCOE（高）
阿根廷	太阳能光伏（非跟踪支架）	43	99
澳大利亚	太阳能光伏（非跟踪支架）	35	98

（续）

国家	技术类型	LCOE（低）	LCOE（高）
巴西	太阳能光伏（非跟踪支架）	31	63
加拿大	太阳能光伏（非跟踪支架）	37	49
智利	太阳能光伏（非跟踪支架）	25	49
中国	太阳能光伏（非跟踪支架）	32	61
多米尼加	太阳能光伏（非跟踪支架）	65	122
厄瓜多尔	太阳能光伏（非跟踪支架）	61	114
萨尔瓦多	太阳能光伏（非跟踪支架）	66	107
法国	太阳能光伏（非跟踪支架）	37	58
德国	太阳能光伏（非跟踪支架）	46	64
印度	太阳能光伏（非跟踪支架）	27	47
印度尼西亚	太阳能光伏（非跟踪支架）	60	126
以色列	太阳能光伏（非跟踪支架）	40	54
意大利	太阳能光伏（非跟踪支架）	40	55
日本	太阳能光伏（非跟踪支架）	63	179
马来西亚	太阳能光伏（非跟踪支架）	47	96
墨西哥	太阳能光伏（非跟踪支架）	36	76
秘鲁	太阳能光伏（非跟踪支架）	42	63
菲律宾	太阳能光伏（非跟踪支架）	55	115
南非	太阳能光伏（非跟踪支架）	51	62
韩国	太阳能光伏（非跟踪支架）	82	153

（续）

国家	技术类型	LCOE（低）	LCOE（高）
西班牙	太阳能光伏（非跟踪支架）	38	51
泰国	太阳能光伏（非跟踪支架）	52	97
土耳其	太阳能光伏（非跟踪支架）	50	66
阿联酋	太阳能光伏（非跟踪支架）	30	47
英国	太阳能光伏（非跟踪支架）	57	82
美国	太阳能光伏（非跟踪支架）	38	57
乌拉圭	太阳能光伏（非跟踪支架）	141	214
越南	太阳能光伏（非跟踪支架）	47	105
澳大利亚	太阳能光伏（非跟踪支架+储能）	67	190
中国	太阳能光伏（非跟踪支架+储能）	56	170
德国	太阳能光伏（非跟踪支架+储能）	77	195
印度	太阳能光伏（非跟踪支架+储能）	53	136
日本	太阳能光伏（非跟踪支架+储能）	158	370
英国	太阳能光伏（非跟踪支架+储能）	94	232
美国	太阳能光伏（非跟踪支架+储能）	51	145
澳大利亚	太阳能光伏（跟踪支架）	33	83
智利	太阳能光伏（跟踪支架）	21	46
哥伦比亚	太阳能光伏（跟踪支架）	44	76
约旦	太阳能光伏（跟踪支架）	36	43
南非	太阳能光伏（跟踪支架）	44	55

（续）

国家	技术类型	LCOE（低）	LCOE（高）
西班牙	太阳能光伏（跟踪支架）	32	43
土耳其	太阳能光伏（跟踪支架）	46	62
美国	太阳能光伏（跟踪支架）	33	52

资料来源：彭博新能源财经（BNEF）。

6. 2022年上半年全球核能平准化度电成本（LCOE）

单位：$/MWh

国家	技术类型	LCOE（低）	LCOE（高）
白俄罗斯	核能	101	186
中国	核能	65	83
芬兰	核能	90	428
法国	核能	143	439
阿联酋	核能	132	137
英国	核能	126	308
美国	核能	212	430

资料来源：彭博新能源财经（BNEF）。

7. 2022年上半年全球地热能平准化度电成本（LCOE）

单位：$/MWh

国家	技术类型	LCOE（低）	LCOE（高）
印度尼西亚	闪蒸地热能	59	168
日本	闪蒸地热能	255	255

(续)

国家	技术类型	LCOE（低）	LCOE（高）
肯尼亚	闪蒸地热能	18	120
马来西亚	闪蒸地热能	58	167
菲律宾	闪蒸地热能	63	190
泰国	闪蒸地热能	74	195
越南	闪蒸地热能	50	192

资料来源：彭博新能源财经（BNEF）。

8. 2022年上半年全球生物质焚烧平准化度电成本（LCOE）

单位：$/MWh

国家	技术类型	LCOE（低）	LCOE（高）
中国	生物质焚烧	47	103
芬兰	生物质焚烧	167	181
印度尼西亚	生物质焚烧	34	156
日本	生物质焚烧	184	236
马来西亚	生物质焚烧	43	153
菲律宾	生物质焚烧	30	140
西班牙	生物质焚烧	227	271
泰国	生物质焚烧	36	142
英国	生物质焚烧	256	551
越南	生物质焚烧	33	153

资料来源：彭博新能源财经（BNEF）。

四　全球主要国家新能源发展数据

（一）主要国家发电装机容量、发电量

1. 2021年全球及主要国家新能源发电装机容量（分类型）

单位：MW

全球/国家	可再生能源水电	风电	太阳能发电	地热能发电	生物质能发电
全球	1230040	824874	849473	15644	143371
中国	354530	328973	306973	—	29753
美国	79982	132738	95209	3889	13574
日本	28125	4471	74191	481	4592
德国	5441	63760	58461	40	10449
印度	46779	40067	49684	—	10592
意大利	18772	11276	22698	802	3439
西班牙	16785	27497	15952	—	1278
英国	2193	27130	13689	—	7259
法国	23985	18676	14718	16	1939
韩国	1841	1708	18161	—	2400
加拿大	82563	14304	3630	—	2416
印度尼西亚	6602	154	211	2277	1912

资料来源：国际可再生能源署（IRENA）Renewable Energy Statistics 2022（《可再生能源统计数据2022》）。

2. 2021年全球及主要国家新能源发电量（分类型）

单位：TWh

全球/国家	核电	可再生能源发电	太阳能发电	风电	生物质能发电及其他
全球	2800.3	3657.2	1032.5	1861.9	762.8

（续）

全球/国家	核电	可再生能源发电	太阳能发电	风电	生物质能发电及其他
中国	407.5	1152.5	327.0	655.6	169.9
美国	819.1	624.5	165.4	383.6	75.5
日本	61.2	130.3	86.3	8.2	35.8
德国	69.0	217.6	49.0	117.7	50.9
印度	43.9	171.9	68.3	68.1	35.5
意大利	—	71.4	25.1	20.6	25.8
英国	45.9	116.9	12.4	64.5	40.0
西班牙	56.5	95.8	26.8	62.4	6.6
法国	379.4	62.8	14.6	37.0	11.2
韩国	158.0	40.2	21.8	3.2	15.2
加拿大	92.0	50.0	5.2	35.1	9.7
印度尼西亚	—	31.5	0.2	0.4	30.9

资料来源：国际可再生能源署（IRENA）*Renewable Energy Statistics 2022*（《可再生能源统计数据2022》）。

3. 2021年中国新能源发电装机容量结构、发电量结构

装机容量结构
- 可再生能源水电：32.25%
- 风电：30.09%
- 太阳能发电：34.75%
- 地热能发电：0.00%
- 生物质能发电：2.92%

发电量结构
- 核电：15.02%
- 可再生能源发电：42.49%
- 太阳能发电：12.06%
- 风电：24.17%
- 生物质能发电及其他：6.26%

4. 2021年美国新能源发电装机容量结构、发电量结构

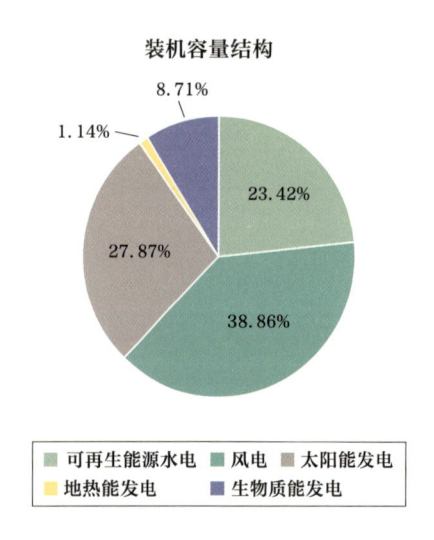

装机容量结构
- 可再生能源水电：23.42%
- 风电：38.86%
- 太阳能发电：27.87%
- 地热能发电：1.14%
- 生物质能发电：8.71%

发电量结构
- 核电：39.61%
- 可再生能源发电：30.20%
- 太阳能发电：8.00%
- 风电：18.55%
- 生物质能发电及其他：3.65%

5. 2021年德国新能源发电装机容量结构、发电量结构

装机容量结构
- 可再生能源水电：3.94%
- 风电：46.15%
- 太阳能发电：42.32%
- 地热能发电：0.03%
- 生物质能发电：7.56%

发电量结构
- 核电：13.69%
- 可再生能源发电：43.16%
- 太阳能发电：9.72%
- 风电：23.34%
- 生物质能发电及其他：10.10%

6. 2021年法国新能源发电装机容量结构、发电量结构

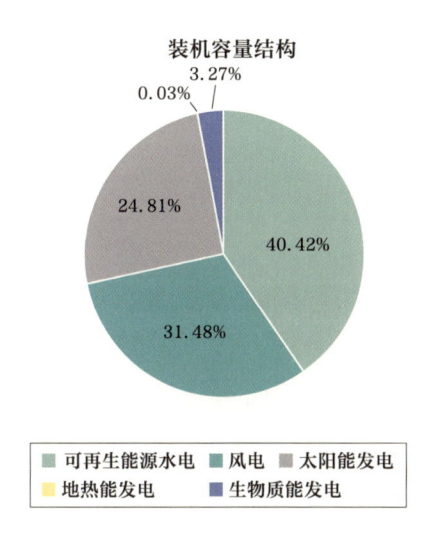

装机容量结构
- 可再生能源水电：40.42%
- 风电：31.48%
- 太阳能发电：24.81%
- 地热能发电：0.03%
- 生物质能发电：3.27%

发电量结构
- 核电：75.13%
- 可再生能源发电：12.44%
- 太阳能发电：2.89%
- 风电：7.33%
- 生物质能发电及其他：2.22%

7. 2021年英国新能源发电装机容量结构、发电量结构

装机容量结构
- 可再生能源水电：53.97%
- 风电：14.44%
- 太阳能发电：27.23%
- 地热能发电：0.00%
- 生物质能发电：4.36%

发电量结构
- 核电：16.41%
- 可再生能源发电：41.79%
- 太阳能发电：4.43%
- 风电：23.06%
- 生物质能发电及其他：14.30%

8. 2021年日本新能源发电装机容量结构、发电量结构

装机容量结构
- 可再生能源水电: 25.14%
- 风电: 4.00%
- 太阳能发电: 66.32%
- 地热能发电: 0.43%
- 生物质能发电: 4.11%

发电量结构
- 核电: 19.02%
- 可再生能源发电: 40.49%
- 太阳能发电: 26.82%
- 风电: 2.55%
- 生物质能发电及其他: 11.12%

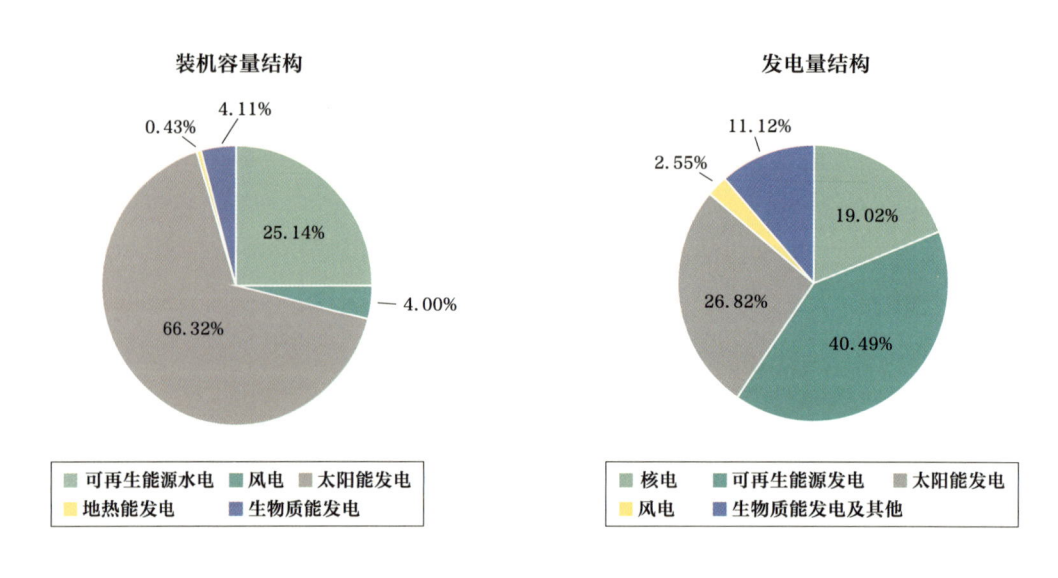

9. 2021年韩国新能源发电装机容量结构、发电量结构

装机容量结构
- 可再生能源水电: 7.64%
- 风电: 7.08%
- 太阳能发电: 75.33%
- 地热能发电: 0.00%
- 生物质能发电: 9.95%

发电量结构
- 核电: 66.28%
- 可再生能源发电: 16.86%
- 太阳能发电: 9.14%
- 风电: 1.34%
- 生物质能发电及其他: 6.38%

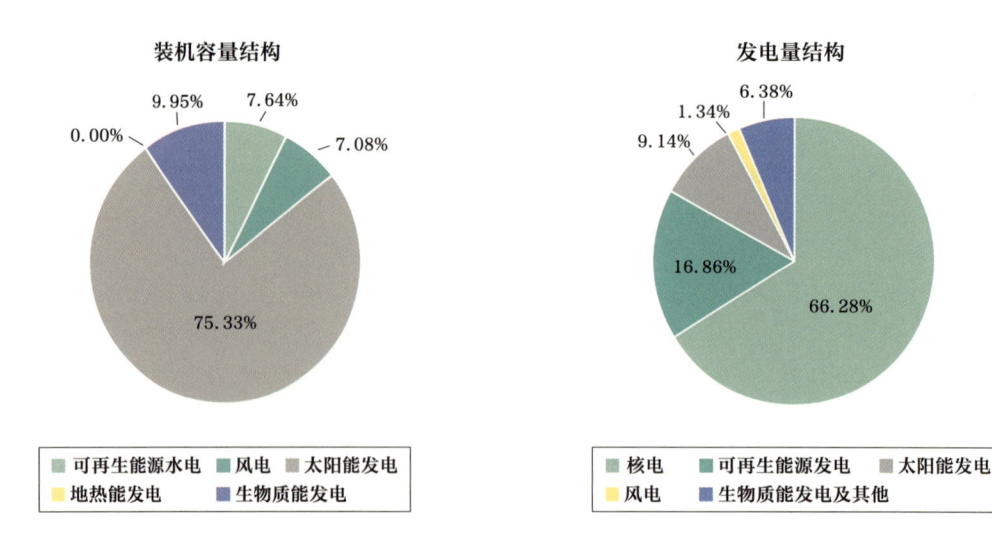

10. 2021年印度新能源发电装机容量结构、发电量结构

装机容量结构
- 可再生能源水电: 31.80%
- 风电: 27.23%
- 太阳能发电: 33.77%
- 地热能发电: 0.00%
- 生物质能发电: 7.20%

发电量结构
- 核电: 11.32%
- 可再生能源发电: 44.34%
- 太阳能发电: 17.62%
- 风电: 17.57%
- 生物质能发电及其他: 9.16%

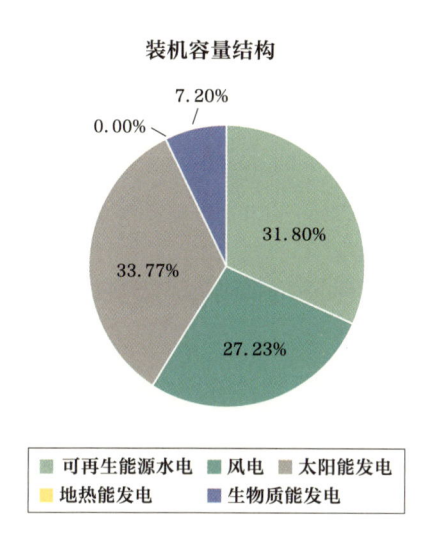

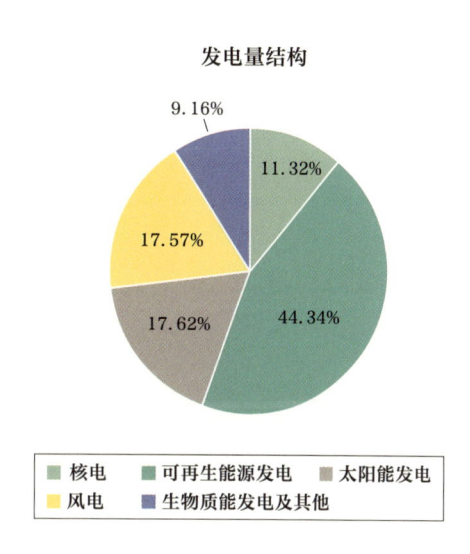

11. 2021年意大利新能源发电装机容量结构、发电量结构

装机容量结构
- 可再生能源水电: 32.94%
- 风电: 19.79%
- 太阳能发电: 39.83%
- 地热能发电: 1.41%
- 生物质能发电: 6.03%

发电量结构
- 核电: 0.00%
- 可再生能源发电: 49.97%
- 太阳能发电: 17.56%
- 风电: 14.42%
- 生物质能发电及其他: 18.05%

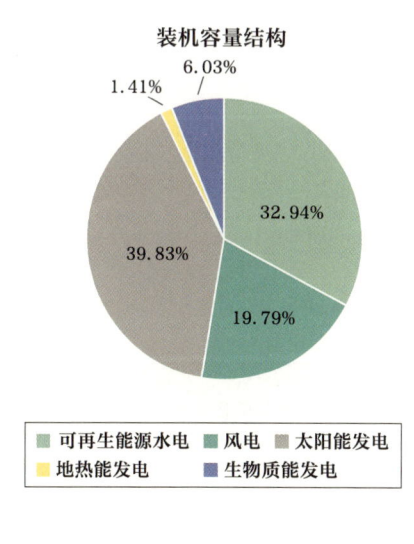

12. 2021年加拿大新能源发电装机容量结构、发电量结构

装机容量结构
- 可再生能源水电：80.23%
- 风电：13.90%
- 太阳能发电：3.53%
- 地热能发电：0.00%
- 生物质能发电：2.35%

发电量结构
- 核电：47.92%
- 可再生能源发电：26.04%
- 太阳能发电：2.71%
- 风电：18.28%
- 生物质能发电及其他：5.05%

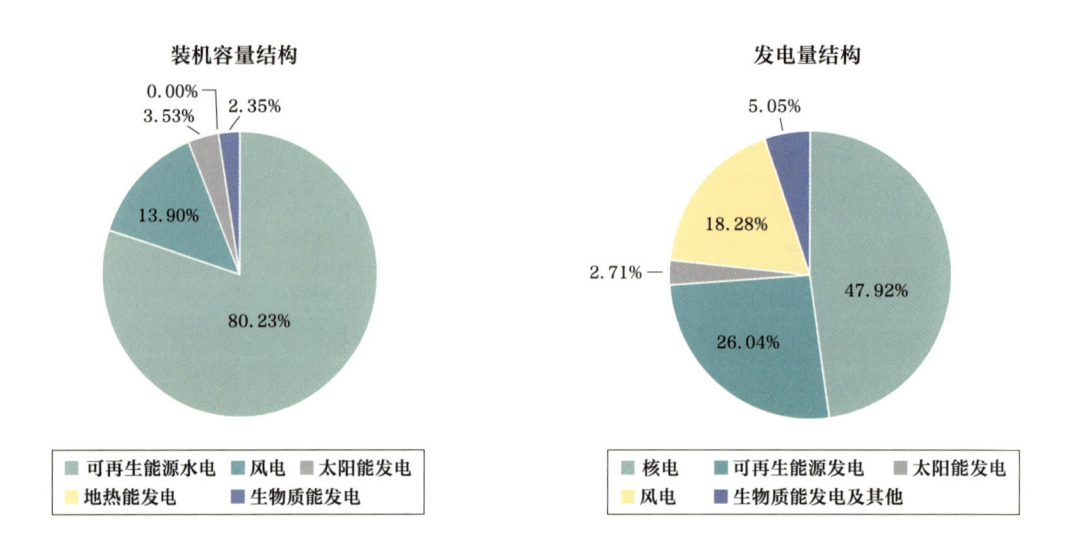

13. 2021年印度尼西亚新能源发电装机容量结构、发电量结构

装机容量结构
- 可再生能源水电：59.18%
- 风电：1.38%
- 太阳能发电：1.89%
- 地热能发电：20.41%
- 生物质能发电：17.14%

发电量结构
- 核电：50.00%
- 可再生能源发电：49.05%
- 太阳能发电：0.32%
- 风电：0.00%
- 生物质能发电及其他：0.63%

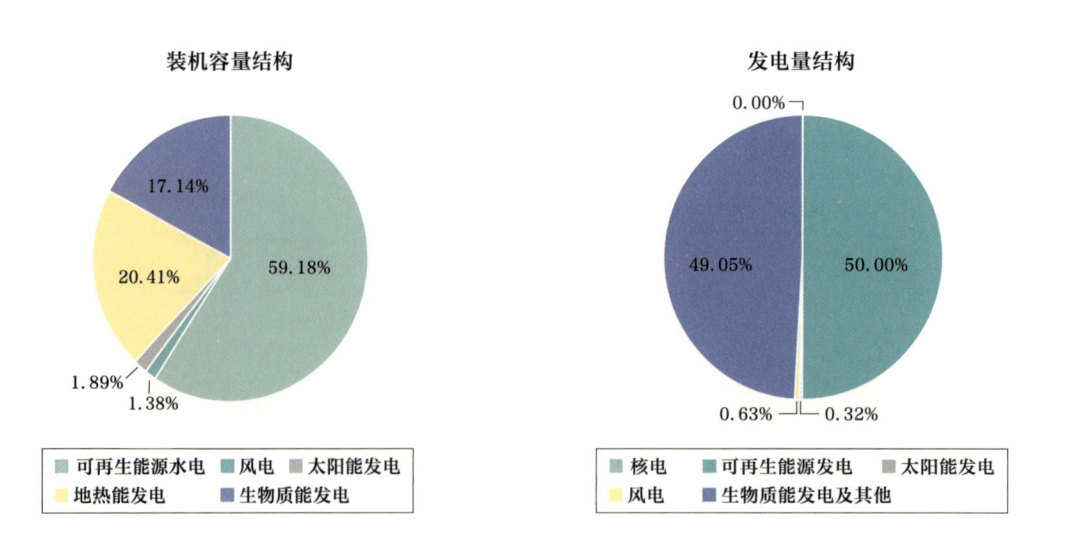

注：上述国家新能源发电装机和发电量数据来源于国际可再生能源署（IRENA）Renewable Energy Statistics 2022（《可再生能源统计数据2022》）、英国石油公司（BP）Statistical Review of World Energy 2022（《BP世界能源统计年鉴2022》）。

图表索引

图1-1　2011～2021年全球风电新增装机容量和累计装机容量 …… 3
图1-2　2021年全球风电新增装机容量分布情况 …………… 4
图1-3　2020～2021年全球各地区及主要国家陆上风电新增情况 … 5
图1-4　2021年海上风电新增及累计装机容量按国家分布………… 7
图1-5　2001～2021年全球风力发电量及其占比 …………… 9
图1-6　2020年、2021年全球主要风电国家风力发电量占比……… 10
图1-7　2010年、2021年不同发电技术的LCOE变化………… 12
图1-8　2020年、2021年陆上风机订购机型占比对比情况………… 16
图1-9　2020年、2021年海上风机订购机型占比对比情况………… 17
图1-10　2017～2021年全球风电整机企业市场占比 …………… 18
图1-11　2017～2021年全球海上风电整机企业市场占比………… 20
图1-12　2012～2021年中国风电新增装机容量及累计装机容量 …… 21
图1-13　2018～2021年中国风电新增装机容量区域分布………… 22
图1-14　2017年、2021年中国海上风电累计装机容量分布………… 24
图1-15　2012～2021年中国风力发电量情况 …………… 25
图1-16　2020～2021年中国风电平均利用小时数分析 …………… 26
图1-17　2019年7月至2021年12月风机投标价格 …………… 28
图1-18　2014年上半年至2022年上半年新开工风电项目LCOE …… 29
图1-19　2011～2021年新增吊装风机平均单机容量 …………… 30

图1-20	2021年海上风电新增及累计装机的不同机型占比 ………… 31
图1-21	截至2021年底中国风电开发企业累计装机容量及其占比 … 32
图1-22	截至2021年底中国海上风电开发企业累计装机容量及其占比 …………………………………………………………………… 33
图1-23	2019~2021年新增吊装容量前十大风电整机企业市场份额 … 35
图1-24	2020年、2021年风电整机企业海上新增装机市场份额 …… 37
图1-25	沿海省区市"十四五"期间海上风电新增装机容量目标 … 49
图1-26	2021年下半年至2022年7月的陆上风机招投标机型分布 …… 51
图2-1	2020~2021年主要国家光伏发电新增装机容量及其增长率 … 62
图2-2	2022年上半年全球主要国家大型光伏发电项目（非跟踪支架）加权平均LCOE ………………………………………………… 71
图2-3	2012~2021年全球光伏发电项目拍卖中标电价 …………… 72
图2-4	光伏电池片最佳实验室效率 …………………………………… 74
图2-5	2008~2021年中国太阳能发电新增装机容量及其增长率 …… 82
图2-6	2021年各省区市太阳能发电量及其同比增幅情况 ………… 84
图2-7	2016~2021年中国大型地面光伏电站系统造价占比变化情况 …………………………………………………………………… 89
图2-8	2021年1月1日至2022年1月1日光伏企业资本市场权益融资情况 …………………………………………………………… 91
图2-9	中国太阳能电池最高效率进展 ………………………………… 95
图2-10	2021年1月至2022年6月硅片、电池片和组件价格情况 …… 97
图2-11	2020年、2021年中国光伏产品主要出口国家和地区 ……… 98
图2-12	2014~2030年全球太阳能发电新增装机容量及预测 ……… 99

图2-13	2021~2023年中国、美国、印度、日本、德国和澳大利亚太阳能发电新增装机容量及预测	100
图2-14	2010~2030年全球集中式光伏发电项目（固定支架）系统造价	103
图2-15	中国、印度、美国、日本、澳大利亚和德国光伏发电（非跟踪支架）度电成本趋势预测	105
图2-16	2021~2030年集中式（左图）和分布式（右图）光伏电站不同等效利用小时数LCOE估算	108
图3-1	储能分类示意	119
图3-2	截至2021年底全球电储能市场累计装机容量分技术占比	120
图3-3	2021年全球新增投运新型储能项目地区分布	121
图3-4	2021年水电新增装机容量区域分布	122
图3-5	截至2021年底各国水电累计装机容量分布	123
图3-6	利用现有湖泊或河流作为下水库的抽水蓄能项目的成本结构	126
图3-7	2016年和2030年抽水蓄能主要技术和成本参数对比	127
图3-8	主要地区抽水蓄能各时期新增装机容量与展望	128
图3-9	2012~2021年全球新型储能新增装机量	129
图3-10	2012~2021年全球分国别新型储能累计装机量（按功率）	130
图3-11	2012~2020年全球分国别新型储能累计装机量（按容量）	130
图3-12	2012~2021年全球固定式储能电站技术占比	131
图3-13	2021年不同国家交钥匙储能系统成本	132
图3-14	2017~2021年20MW/80MWh储能项目建设平均成本变化	132

图3-15	2021年不同时长储能项目平均成本	133
图3-16	不同时长直流侧电池系统和电池架价格	134
图3-17	2010~2021年锂离子电池包平均成本走势	135
图3-18	2013~2021年锂离子电池包（电芯和其他组件）平均成本	136
图3-19	2012~2020年主要国家或地区锂离子电池累计产能	136
图3-20	2021~2026年全球锂离子电池需求量（分行业）	137
图3-21	2021年全球锂离子电池需求分布（分地区）	138
图3-22	国内外主要电池企业技术选择	138
图3-23	2021年全球锂资源储量（左图）和产量（右图）分布	140
图3-24	2017~2030年全球锂资源需求及供给展望	141
图3-25	2020年12月1日~2022年7月1日锂资源价格	142
图3-26	2021~2026年全球钴资源需求和理论产量	142
图3-27	2021年全球钴资源储量（左图）和产量（右图）的主要分布国家	143
图3-28	2021~2026年全球镍矿需求和产量	144
图3-29	2018~2021年中国镍矿进口来源	145
图3-30	2020年全球硫酸镍产能和分布	145
图3-31	2022~2030年全球储能新增装机容量预测（分地区）	146
图3-32	2022~2030年全球储能新增装机容量预测（分应用）	147
图3-33	2015~2050年全球储能累计装机容量预测（分地区）	148
图3-34	2016年、2030年不同电化学储能成本趋势预测	149
图3-35	2019~2050年全球4小时锂离子电池储能成本预测	149
图3-36	2010~2035年储能系统成本统计及其趋势预测	151

图3-37	2010~2035年储能度电成本统计及其趋势预测	152
图3-38	截至2021年底中国电储能市场累计装机容量分技术占比	154
图3-39	2021年中国新增投运电储能项目的技术分布	154
图3-40	"十三五"和"十四五"（预测）期间中国抽水蓄能投资成本	156
图3-41	中国抽水蓄能年综合运行小时数与欧洲、美国的比较	157
图3-42	2017~2021年新型储能项目新增投运装机容量及同比	159
图3-43	截至2021年底中国已投运新型储能项目累计装机容量排在前10位的省区	160
图3-44	中国储能产业链上下游主要企业及其主要产业分布	161
图3-45	2021年中国储能电池供应企业新增投运装机容量	161
图3-46	2021年中国储能电池供应企业海外出货量	162
图3-47	2021年中国变流器供应企业新增投运装机容量（中国市场）	163
图3-48	2021年中国变流器供应企业海外出货量（国际市场）	163
图3-49	中国新型储能累计装机容量及预测（上图为保守场景，下图为理想场景）	173
图4-1	全球燃料电池汽车销量情况	179
图4-2	2020年、2021年全球主要国家加氢站保有量	180
图4-3	截至2022年6月底国家各部委发布的氢能产业相关政策数量	187
图4-4	2021年1~12月燃料电池汽车产销量情况	196
图4-5	2022年1~6月燃料电池汽车产销量情况	197
图4-6	2021年至2022年6月底国内风光制氢项目的地区分布情况	198
图4-7	2021年至2022年6月底国内风光制氢项目的资源分布情况	199

图4-8	历年来中国新建加氢站数量统计	199
图4-9	截至2022年6月工信部目录新增燃料电池车型中燃料电池系统的额定功率分布	209
图4-10	上市公司氢能产业布局领域分布统计	213
图4-11	布局制氢的上市公司2021年主营业务收入	214
图4-12	布局制氢的上市公司2021年主营业务收入增长率	215
图4-13	布局储运加的上市公司（除中集集团和中国石油外）2021年主营业务收入	217
图4-14	布局储运加的上市公司2021年主营业务收入增长率	218
图4-15	布局氢能全产业链的上市公司2021年主营业务收入增长率	221
图5-1	全国碳市场启动一周年交易情况	229
图7-1	CCUS全流程技术	246
图7-2	CCUS技术集成匹配流程	247
表1-1	2021年风力发电量排名前10位国家	11
表1-2	2010年、2021年全球主要国家或地区海上风电LCOE	13
表1-3	2010年、2021年不同发电技术的项目总造价、容量系数及LCOE	14
表1-4	各省区市"十四五"规划风电、光伏发电并网目标概览	44
表1-5	浙江、山东、广东三省海上风电补贴标准	49
表1-6	整机企业10MW级海上风机进展情况	51
表2-1	2021年全球光伏发电新增装机容量在1GW以上的国家及其装机容量	60
表2-2	2020~2021年全球太阳能发电量和占比情况	67

表2-3	2010~2021年全球大型光伏发电项目加权平均容量系数	69
表2-4	组件最佳转换效率	74
表2-5	2021年全球产量前十多晶硅料生产企业及其产量	76
表2-6	2021年全球产量前十硅片生产企业及其产能、产量	77
表2-7	2021年全球产量前十电池片生产企业及其产能、产量	77
表2-8	2021年全球产量前十组件生产企业	79
表2-9	2021年全球光伏产品产能、产量及中国占比	80
表2-10	各地区2020~2021年弃光率及其增长情况	85
表2-11	2018~2021年光伏产业链各环节产量排名前五企业的产量之和占比变化	92
表2-12	"十四五"和"十五五"期间太阳能发电装机容量增长情况预测	107
表2-13	2022年新规划的多晶硅料产能	109
表2-14	部分多晶硅料签订长单情况	112
表3-1	全球较大规模的在建抽水蓄能项目	123
表3-2	2021年新增投运抽水蓄能电站一览	155
表3-3	发电侧、电网侧、用户侧储能应用相关情况	164
表3-4	2020~2021年储能项目初始建设成本变化	164
表3-5	中国储能顶层设计政策	166
表3-6	中国储能相关价格机制政策	167
表3-7	地方政府新能源配储要求概况	168
表4-1	部分国家和地区发布氢能产业发展战略	177
表4-2	美国氢能在交通领域的应用	182

表4-3	日本氢能应用探索部分案例	183
表4-4	韩国氢能应用部分案例	184
表4-5	德国氢能产业发展相关政策	184
表4-6	德国部分制氢案例	186
表4-7	国家发改委发布的氢能相关代表性政策	189
表4-8	工信部发布的氢能相关代表性政策	190
表4-9	科技部发布的氢能相关代表性政策	192
表4-10	财政部、交通运输部及其他部委发布的氢能相关代表性政策	192
表4-11	截至2025年各省区市燃料电池汽车的推广数、加氢站的保有量	195
表4-12	中国新建加氢站数量统计	200
表4-13	中国上游产业链关键技术动态	202
表4-14	中国中游产业链关键技术动态	205
表4-15	中国下游产业链关键技术动态	207
表6-1	大基地在西北地区新建项目状况	241
表6-2	测算相关条件	241
表8-1	"十三五"期间风电、光伏发电装机容量及年均增速排名前五的省区市	257
表8-2	中国风资源分布概况	259
表8-3	中国光资源分布概况	260
表8-4	"十三五"期间西北五省区弃风、弃光情况	261
表8-5	西北五省区已投产特高压线路情况	263
表8-6	戈壁沙漠区域风电基地项目	268
表8-7	戈壁沙漠区域光伏发电基地项目	270

图书在版编目（CIP）数据

全球新能源发展报告.2022/国家能源集团技术经济研究院编.--北京：社会科学文献出版社，2023.3
ISBN 978-7-5228-1260-1

Ⅰ.①全… Ⅱ.①国… Ⅲ.①新能源-能源发展-研究报告-世界-2022 Ⅳ.①F416.2

中国版本图书馆CIP数据核字(2022)第250613号

全球新能源发展报告（2022）

编　　者/	国家能源集团技术经济研究院

出 版 人/	王利民
组稿编辑/	宋月华
责任编辑/	韩莹莹
文稿编辑/	王红平
责任印制/	王京美

出　　版/	社会科学文献出版社·人文分社（010）59367215 地址：北京市北三环中路甲29号院华龙大厦　邮编：100029 网址：www.ssap.com.cn
发　　行/	社会科学文献出版社（010）59367028
印　　装/	三河市东方印刷有限公司
规　　格/	开　本：787mm×1092mm 1/16 印　张：21.5　字　数：287千字
版　　次/	2023年3月第1版　2023年3月第1次印刷
书　　号/	ISBN 978-7-5228-1260-1
定　　价/	258.00元

读者服务电话：4008918866

版权所有　翻印必究

本报告全部采用可循环利用纸张